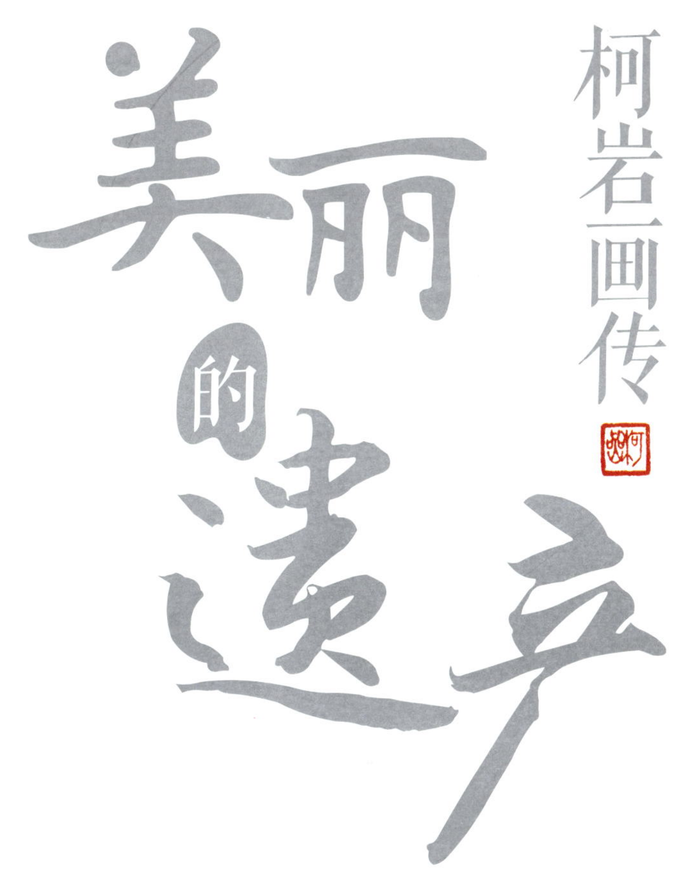

我的名字是柯岩
柯 岩
音译成英文 似乎只是两个互不关联的单音节字
但在中文里 是有它独特的含义的
我们中国的古人把绿绿的小树称之为柯
岩呢 当然是大大的 坚硬的石头
岩石上是很难长出树来的
因此 凡是能在岩石上成活的树
它的根须必须透过岩石的缝隙寻找泥土
把根深深地扎入大地
它的生命力必须加倍的顽强

胡笳 编著

作家出版社

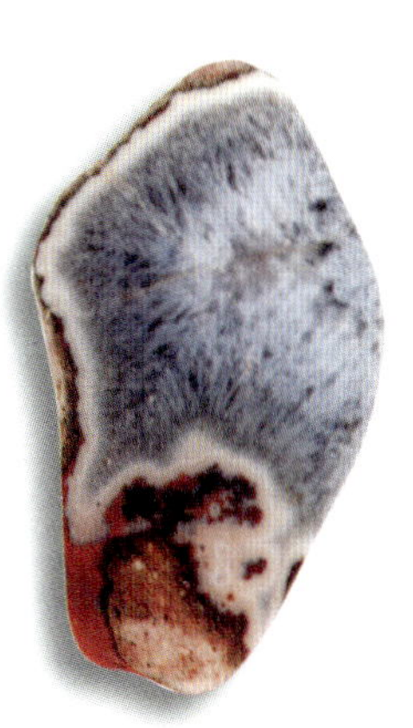

一粒雨花石
一滴相思泪
岩上小树影
入梦长青翠

下卷 一九七七——二〇一二

中贰卷

1950·1976

目录

美丽的遗产 柯岩画传

上 壹 卷

1929·1949

下卷

1977·2012

下卷

1977·2012

	1	2
5		3
		4
6	7	8

1.柯岩致答谢辞《我是谁》
2.日本读者山田晃山在发言
3.著名评论家仲呈祥就柯岩电视剧创作的启示意义发言
4.著名朗诵表演艺术家殷之光在会上朗诵《柯岩是一团火》
5.座谈会主席台，左起：中宣部原副部长、中国作协原党组书记翟泰丰，中国作家协会主席铁凝
中宣部副部长翟卫华，中国作家协会党组书记、副主席李冰
6.留下珍贵的镜头，把历史告诉未来
7.全国人大常委、教科文卫副主任、中国作协原党组书记金炳华与柯岩热情交谈
8.铁凝向柯岩热情祝贺

留下珍贵的镜头 把历史告诉未来
——摄自北京中国现代文学馆的一组图像

诗人称她一团火，
老兵敬她火辽阔。
赤心为民多雅颂，
华夏此树有几棵。

——祝贺柯岩从事创作六十年 迟浩田

2009年是新中国成立六十周年，也是柯岩从事文学创作六十周年。在这个不平凡的年度里，由中国作家协会主办的柯岩创作生涯六十周年暨《柯岩文集》首发式座谈会在北京中国现代文学馆举行。座谈会由中国作协党组书记、副主席李冰主持。与会者对柯岩六十年来的文学创作生涯进行了全面总结，对她的创作成就给予高度评价。此时，2009年8月27日的中国现代文学馆的大会议厅，弥漫在每一升空气中的声音，无不是向一位为国家和人民作出贡献的作家表达真挚的敬意。

用柯岩的话来说，“对中国作家协会召开这样大的一个座谈会”（筹备之初的会址是选在人民大会堂，是柯岩执意降低会议的成本和规格的。她说：丁玲的座谈会都是在文学馆开的，我为什么一定要请人上人民大会堂去座谈？），对四川出版集团、四川文艺出版社为她出了这样精美的一套文集并派员前来出席，对为这个会议的召开和这套书的出版而操心费力的工作人员，对将在百忙中抽身前来参加这个会议和写来贺信、贺电的领导和同志们、朋友们，她同样是心存感激的。所以，为“创作生涯六十年座谈会”准备一篇“答谢辞”的案头工作，早在开会前一个月——2009年7月下旬，在海风吹、海浪响的避暑胜地北戴河，就悄然启动了。

初跨八〇门槛的柯岩——一个接近黄昏时段的生命，是格外钟情这里露水晶莹黎明的！每当见到这一棵棵分列在道旁，是高是矮都得撑一片天，是大是小都得担一分累的“同类”们，她总会想起过往的一些事情，和人们如树一般的生活：昂然站立或扑倒在地。自诩是“祖国密密森林里的一棵小树”的诗人，在北戴河完稿的“答谢辞”，将其一生劳作追求的目的披露于世：“像我的前辈老树们那样学习着为人民送去新鲜的氧气、片片绿荫和阵阵清风。”

“我是谁？”同在这篇五千余字的“答谢辞”中，人们读到了“新中国成立后的一代作家中，秀出班行、无出其右”的这一位，作家本人对柯岩二字的另一个自定义：

“我是我们祖国无边无际海洋里的一粒小小的水滴，我只有和我十三亿兄弟姐妹一起汹涌澎湃，才会深远浩瀚，绝不能因为被簇拥到浪花尖上，因阳光的照耀而误以为是自己发光；如果我硬要轻视或蹦离我十三亿海水兄弟姐妹，那么，我不是瞬间被蒸发得无影无踪，就将会因干涸而中止生命——”

手不释卷的柯岩

7版 •作品副刊• 光明日报 2009年9月20日 星期日

每年至少有8-10个月下去生活，与群众同吃、同住、同劳动。长长的60多年过去了，我至今是那样地感念这个规定

为什么有些极富才华的文学青年昙花一现就不再闪耀？而无数已故的文学前辈却永远被人怀念？就是在这样正反两面的教育下我慢慢成长，终于知道了——

我是谁

■柯岩

作家见证

在我每次动了大手术疼痛难忍时，我总是想着他们。于是，我也就活了过来，努力继续工作。他们才是我的老师，是我终身都在学习的亲人

只要想到劳动人民不但为我们提供衣食住行，还在用他们崇高的精神叩击我们的心灵之门，我就会立即严肃起来，绝不敢轻薄为文

柯岩（中）和工人们在一起

《我是谁》——柯岩的创作生涯六十周年座谈会答谢辞
反映了文艺工作者个人和人民的正确关系 具有启示意义
在《光明日报》《文艺报》发表以后
在文化界引起热烈反响

在我每次动了大手术疼痛难忍时，我总是想着他们。于是，我也就活了过来，努力继续工作。他们才是我的老师，是我终身都在学习的亲人

奇异的书简
柯岩
QIYI DE SHUJIAN

"小兵"的故事
柯岩著

和『巨人』对话
柯岩著

"小迷糊"阿姨
柯岩

他乡明月

奇异的书简
柯　岩著
人民文学出版社

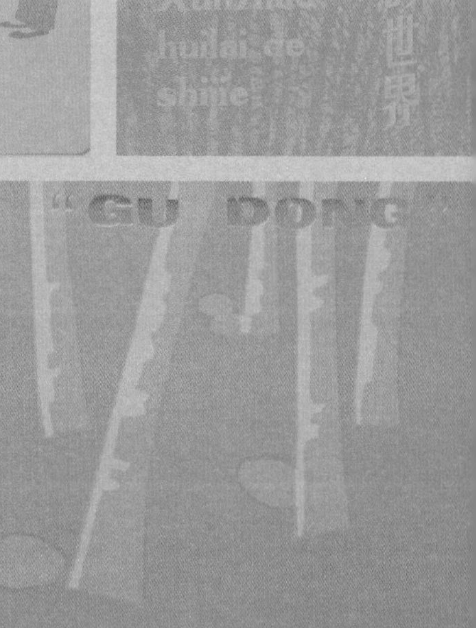
寻找回来的世界
柯岩
Xunzhao huilai de shijie
FAIRY TALE "GU DONG"
童话
"咕咚"

上 壹 卷

1929-1949

柯岩简历表

1929—1949

上 壹 卷

1929 1949

一九二九年七月十四日　出生于郑州一个铁路职员家庭　原籍广东南海

一九三四年　进长辛店扶轮小学读书

一九三五年—一九三八年　进湖北江岸扶轮小学　汉口扶轮小学读书

一九四〇年　进云南保山小学读书

一九四一年　进云南保山国立华侨中学读书

一九四二年　转入昆明粤秀中学

一九四三年　入昆明南菁中学

一九四四年　考入昆华女师

一九四五年　作为昆华女师罢课委员会主席　和同学们一起　去西南联大参加民主集会

一九四六年冬　入希理达中学

一九四八年七月　考入苏州社会教育学院戏剧系学习

一九四九年五月　参军北上　分配到北京中国青年艺术剧院创作组任编剧

我是谁
我只不过是一个从旧社会走来的
出身贫寒的知识分子
考不上公费学校拿不到奖学金就得辍学或没钱吃饭
如果不是投身革命
可能早就和那个社会的无数知识分子一样
不是葬身于饥寒
就是沉沦于黑暗

家庭·童年
对其文学人生有过“很大影响”的一双背影

柯岩原姓冯，名恺。1929年7月14日出生于中原交通枢纽郑州。铁路职工老冯家二妹子出生的年代，比震惊中外的京汉铁路工人在郑州普乐园（今二七纪念堂），成立京汉铁路总工会，继而发生帝国主义势力及封建军阀血腥镇压惨案的1923年，晚六年；比蒋介石、冯玉祥、阎锡山中原大战，拉锯在郑州、漯河、商丘一带主战场的1931年，早两年时间。同年的9月18日，日本帝国主义发动了侵华战争。前是二七大罢工、军阀混战，后是九一八事变，铁蹄入侵，柯岩传奇的人生，在动荡的年代写出了开篇。

柯岩祖籍为广东南海。满族。据《我的文学之路》一文（2007）记述：“祖父是清朝的一个小官，本来家里生活条件应该很好，但我父亲因为婚姻问题和家里决裂了。”柯岩用这样一个让人瞠目结舌的浪漫情节，就把从小就有反抗性格的父亲唤醒在纸上了。柯岩的叔叔、姑姑都受过很好的教育，上大学、留学什么的，这在那个时代是很少的。而被赶出家门的父亲念完中学便无法继续念书了，到铁路上就业，从给人家抄抄写写的工作干起，慢慢从技术员升为帮工程师（相当于现在的助理工程师）、副工程师，直到中年以后才转成工程师，并在“交大”上函授，取得了函授文凭。按现在的说法，柯爸爸是一个靠勤奋、刻苦，自学成才的知识分子。他酷爱读书，喜欢文学，省吃俭用，节约下来的一点点钱，往往都买了文学书籍。他爱才，崇拜知识，爱陆游的诗词，更尊崇他高尚的爱国主义情操。他从来都鄙弃那些祸国殃民的豪门权贵，经常满腹牢骚地用愤懑的口吻嘲讽或谩骂那些不学无术、靠吹牛拍马往上爬的大小官吏。一个在心情纠结时，就在家里大声朗诵“生不用封万户侯，但愿一识韩荆州”的“愤青”。

“不知是不是受‘五四’思潮的影响，他业余曾写小说和翻译文学作品。”爸爸的法文是自学的。翻译了一些今天看起来没有多大文学价值的，法国当时风靡一时的樊德摩斯侦探小说。今天看起来虽然没有多大文学价值，但它反映了法国当年的社会和黑社会，非常有可读性。他文笔优美的译文，是留在柯岩童年时光里很吸引人的一幕，却远远没有“写作是很神圣的事”这一从小被灌输的观念深入记忆。

柯岩曾在《我为什么写作》一文中，描绘过对其文学人生有过“很大影响”

1 | 2

1 幼年的柯岩与母亲

2 一九四三年长辛店寓所。柯岩（左一）与母亲

的一双背影——上世纪三十年代，她父亲母亲的背影：

"……（爸爸）经常出差在外，可只要他在家，晚饭后默默地把房门一关，妈妈就如临大敌似的制止我们说话……一人动静稍微大一点，哪怕是喘气粗了点儿，或是偶然笑出一声，都会受到妈妈的责备：'不知道爸爸在写东西吗？'

"你说吓人不吓人！

"由于时局动乱，很快就开始抗日战争，公教人员生活日更艰难，也由于父亲的个性太强，专反顶头上司，他不时处在失业状态，终日要为全家的生计奔波，不得不放弃了写作。但妈妈省吃俭用，也要把他的那些作品精装成册，后来逃难时除了随身衣物，什么都丢得精光时，这些厚厚的黑皮精装书却一路被珍藏在妈妈随身的包裹里。

"你说神圣不神圣？

"父亲没有成为作家，但对写作的这种神圣感却给幼小的我留下了极深的印象。他坎坷的生活道路，他对当时社会的满怀悲愤，加上他的审美需求，使他无限喜爱和尊崇陆放翁（宋代大诗人）。他并没有教过我们姐妹背诗，像妈妈曾经做过的那样。但至今只要一想起小时候偶然深夜醒来，看见父母对坐桌前，一灯如豆。父亲一边喝酒，一边慷慨激昂地背诵陆游的诗句，妈妈泪眼盈盈如醉如痴地看着他听着他，"于是"僵卧孤村不自哀，尚思为国戍轮台。夜阑卧听风吹雨，铁马冰河入梦来"——《十一月四日风雨大作》及《示儿》——"死去元知万事空，但悲不见九州同；王师北定中原日，家祭无忘告乃翁"等那些浸润着中华传统文化精髓的诗词，"就自然而然地流入我的心里。那氛围，那情景，是不能不深深镂刻在一个孩子的心底的"。

从摄于三十年代那张黑白照片上看，柯岩的面容基本是复制了她母亲一脸的聪明、美丽。柯岩的母亲上过中学，外祖父是个"县太爷"，祖父的官大些，但他在后来政治上不得意就弃政从商了。柯岩的父母因自由恋爱而被赶出家门。父母组成的新家庭不崇拜权势，而是崇拜知识、崇拜才能。母亲虽然只是粗通文字但却是一个具有天生艺术感的女子，渴望知识，梦想美好的未来，当她的热情和追求不断受到艰难的生计打压之后，除了偶尔背诵一些唐诗、宋词借以抒发情怀

1 | 2

1 抗日战争爆发前的郑州，
柯岩幼年对一边喝酒，
一边慷慨激昂地背诵古诗的父亲印象深刻

2 抗日战争爆发前的郑州，
柯岩父母亲留影于寓所前

之外，就是把终生未竟之志寄托在儿女身上，经常对他们讲述各种她所尊崇的仁人志士、忠孝仁义的故事，盼望他们能奋发向上，学有专长。家庭经济困难，家里孩子多，也经常闹得不愉快。闹得不愉快的时候，因为父亲是养家糊口的人，他可以发脾气，母亲就得忍气吞声。所以母亲主张妇女独立，“认为像我姑姑、表姑那样活着才有意思”。（柯岩的姑姑是：北京老协和医院的眼科大夫，叫冯惠禧。1977年发表了鲁迅给冯惠禧大夫的诗，就是她，年轻时在协和医院，是一个很有名的眼科大夫。）

许广平是我父亲的一个表妹，在北平上学时经常到我家来。过去我们从来不说，因为鲁迅太有名了。我妈妈也非常羡慕许广平这样的人，认为她们很有本事。她认为妇女有本事才不受人欺压……特别是女孩子，她认为一定要有出息，要像我姑姑们那样，所以整天让我们读书、读书。”

父亲还找来格林、安徒生的童话书让母亲给她读。这就是柯岩最早的文学启蒙。

老早老早地就让哥哥姐姐背起书包上了学堂。这就让学龄前的她独自一人在家，特别地可怜。柯岩在《我怎样开始读书》一文中，曾有过如下一段“情景还原”：“妈妈很可怜我，就常常在缝衣和做饭时把我带在身边，讲故事给我听。她的那些《岳飞抗金兵》《孟姜女哭长城》《木兰从军》《白蛇传》《路遥知马力》《铸钟娘娘》《缺手姑娘》……的民间故事，迷住了我……”而之前那个父母终日为衣食奔忙，哥哥姐姐都要为奖学金拼命读书，家里没人理，就到外边去野，常常因奔跑跌入泥塘水坑，搞得通身湿透；或者追着邻居家的大孩子玩耍，被他们捉弄得哭兮兮回家的冯家小妹，之后，就成天像条小尾巴似的黏在了母亲身边。而在早于《我怎样开始读书》的一篇文章中，为让小读者们分享在妈妈膝前度过的童年，她更是笔墨酣畅地作过“情景再现”：“小时候，常常是在我生病时她坐在我的床头，或是当我倚在她的膝前要求她讲故事时，她就会半蹙着眉头那样笑吟吟地说：‘从前，有个小姑娘长得很丑很丑……’

“这时我多半会忸怩地猴在她身上捂着耳朵嚷道：‘不听，不听，不听！我知道又是说我呢……’

“母亲这时候就会大笑起来，还是那样半颦着眉头充满怜爱地说道：‘真不明白，你小时候怎么会那么丑的？夏天头上长满脓包，只好给你剃个光头；冬天眼睛也会发炎，红通通地整天流泪。偏偏肚子还鼓胀胀的，人家给了个偏方绑上一个猪尿泡……喔唷唷……’妈妈笑得很开心，可我却满怀愤懑，因为虽然我看不见自己昔日的形象，可因为这副尊容所受到的小朋友们的嘲弄却深深地铭刻

在我的心头。人都有爱美的天性，孩子毫不掩饰的表现有时更是残酷。那时，他们不和我玩儿，有的手拉手地转脸跑开，有的在我面前就斜着眼咬耳朵：‘呀！快看！’‘哟！为什么肚子上顶那么个大水泡？’‘你说他到底是男孩还是女孩？’……

“‘谁让你老给我剃光头的？’虽已时过境迁，可只要母亲提起，我就会气哼哼地怨她，‘弄得小朋友都不肯跟我玩了。还笑呢！还笑呢！’

“‘可不剃光头脓包会感染的呀……人丑心不丑就行。’妈妈安慰我说，‘再说要不剃几年光头，哪儿来的这一头好头发？’

“真的呢，据母亲说，四岁半以后我长了一头浓密的黑发，比哥哥姐姐的都浓都密。于是，决定给我改为女儿装了。她攒钱要给我织一套毛衣裤，问我要什么颜色，奇怪的是我竟坚持要翠绿，而且是最鲜亮的那种翠绿。‘也不知中了什么邪，一口咬定就不改了，可这种翠绿只适合那种娇滴滴白嫩嫩的女孩，而你那会儿……’母亲又笑起来，大概也不好再说我‘那么丑’了，于是说，‘我只好左劝右劝织了一套浅藕荷色的……看，穿着多么配你。又给你买了一双小白鞋，从此不知怎么就那么爱起整洁来，每天午睡必得给你把鞋刷干净，晒在太阳地里……从此家里人就都管你叫藕荷姑娘了……’

“于是我也就伏在母亲怀里笑了起来。为什么那么执拗地要翠绿色？长大了之后分析，可能是孤独使我只能去亲近大自然的潜意识流露吧？反正不管怎样，自从成为藕荷姑娘起，谁说我丑，我也就不急不恼，而是跟着笑了：‘真是的，怎么那么丑的呢？’

“可故事总有讲完的时候，母亲开始教我背她小时候学会的古诗，不知为什么小时候我的诗兴很差，背着背着就烦了，妈妈只好把老故事一再重复，常常是她一张嘴，我就接下茬儿，或固执地纠正她每一个与前次讲述中稍有不同的词儿和语气……弄得妈妈疲惫而厌烦。”

母亲可怜女儿，爸爸怜惜妻子，于是，买回来些减价或残缺的格林、安徒生的童话书让她读给女儿听。这是柯岩最早的文学启蒙。从此，贪婪地爱着世界上一切故事的小姑娘，知道世界上有一个“卖火柴的小女孩”、一个“稻草人”，她希望也像永明一样有个紫衣姐姐、美丽的大姐姐……她觉得书里有许多许多可爱的人物在等着她，他们美丽而有趣的故事，母亲是不可能不知道的，也是永远永远讲不完的。

“劳累的母亲常常读着读着就睡着了。我轻轻地推她，她有时睁睁眼又睡了过去，有时连眼都睁不开，四五岁的我已经开始懂得心疼妈妈了，只好从她手里

母亲
在三十岁时生我
可我直到三十岁
儿一点也不了解母亲

母亲
在六十四岁时弃我而去
我在向六十四岁的跋涉途中
才一点一滴地读懂了母亲

——柯岩诗《母亲》

轻轻地取过书，看里边的插图，或试图把妈妈念过的地方和底下的字反复对比着看，连猜带蒙地往下走，急于知道故事的结局和人物的命运。居然不知不觉就这样地认识了一些字，爸爸妈妈很惊讶……"

小姑娘那年刚刚五岁，第一次让亲人们大大地惊讶之后，产生一个"被提前送进小学"的结果——她到长辛店铁路职工子弟学校念书去了。

"从上小学开始，我就'解放'了妈妈，自己想方设法地和书交朋友。"虽然是"班上最小的孩子"，也是最用功的学生。从二年级（六岁）开始，就如饥似渴地阅读能弄到手的一切书籍，跳过那些不认识的字和不懂得的词句，贪婪地追逐着书中的故事和人物。她从书中获取的精神营养是终身受用的。《爱的教育》使她认识到友谊的温暖和力量。叶圣陶的童话帮助她辨别是非善恶；冰心的作品让她向往大海，追寻诗意；张天翼的《大林和小林》使她初步明白了穷人和富人的关系，建立了质朴的爱和憎……

"人的一生都在路上"，是柯岩在六十多岁时说过的一句话。借这句来说柯岩的人生经历，也是再恰当不过的。不是宿命，出生在铁路职工家，就注定了从儿时起就和路关系密切。她启蒙上的长辛店铁路职工子弟学校和后来在江岸上的扶轮小学也是"路"字号的——抗战前湖北铁路职工的子弟学校。沿着铁路线，像火车轱辘一样不停地奔跑，永远不会停在一个站上的柯岩，被气喘吁吁的父亲牵引着，读一阵子书，转一回学，趁机插班跳一级、两级，再转学，又玩一回跳级插班。"我念完四年级，父亲去修铁路、公路了……在没有学校的地方，就只能在家里待着看闲书。到了另一个地方长了一岁了，但是没有学历，同时上学交学费很难，就努力跳班。小学我大概念了四年，中学一直到抗日战争结束，我念到高二，本来应该是五年，我大概顶多念了两年半，上初一就逃难去了，初一下没念，就念初二上，初二上没念完，二下干脆没念，又去念初三上，初三下没念，就去考师范学校，因为上师范学校不要钱。""我们家的人就是要念书，家再穷也要出读书人！"这是柯岩家口口相传的家训。

一朵飘向云南的云和《六十年后的作业》牵动的少年情怀

书，也有读不下去的时候，柯岩记得八岁那年，也就是刚刚念完小学四年级，抗日战争初期父亲随平汉铁路节节“撤退”的头一年，一家人被临时寄放在湖南湘潭一个世交村屋里。无学可上，不等于无书可念，“能向房东奶奶伯母辈借来的书，不是《天雨花》《笔生花》之类的唱本，就是武侠剑客之流……也许因为抗日战争的残酷现实，使我从小就很讨厌公子小姐腻腻歪歪的悲欢离合，而一下子迷上了《七侠五义》《小五义》《薛丁山征西》《薛刚反唐》……之类的书。不但非常崇拜那些行侠仗义的绿林好汉，而且幻想哪天有个剑侠能收自己为徒，学会一身本领，能一道白光，就杀伤无数鬼子，给死难同胞报仇；或一口仙气，就能使人起死回生，使被炸毁的道路房屋重新矗立”。在三五个月的时间里，从书里结交的这帮“朋友”，把这个沉溺进书海就文静起来的小姑娘，变成了嘴里整天念着杀杀杀的“刀马旦”。大她一岁的姐姐，也常常和她一起躲进后山习起武来，不是跳沟爬树，大声吼道：“此山是我开，此树是我栽，若要从此过，留下买路财！”就是向西方顶礼膜拜，祈求黎山老母，或深山剑客能收姐妹为徒，使她们能像白玉堂、樊梨花什么的一样，练就十八般武艺，能征善战……

柯岩曾经在自述这段童年习武史时，用了“幸好”二字：“幸好我们很快就离开了那个深山野村，到了云南。”生活也像云一样变得五彩缤纷。

抗日战争爆发后，柯岩一家跟随任职土木工程师的父亲，沿平汉、湘桂铁路节节“撤退”，直到无铁路可以撤退而被遣散。失业之后，颠沛流离，几经辗转，才又投身到两年前开建的滇缅公路建设中去。滇缅公路原本是为了抢运中国政府在国外购买的和国际援助的战略物资而紧急修建的，随着日军进占越南，滇越铁路中断，滇缅公路竣工不久就成为了中国与外部世界联系的唯一的运输通道。柯岩对这一段学龄前儿童生活，曾经在六十多年后的漓江游船上对人描绘过那张流民路线图：“我们一家从湖北到湖南到桂林再到贵州，最后在云南定居下来，我才在那里上小学。在桂林待了几个月，长沙一场大火，难民像潮水一般涌往桂林，我们也赶紧往桂林跑。到了桂林整天躲在山洞里，印象中天下怎么会有这么美丽的山水和这么多的难民呀。所以我从小就见到了人民的苦难。”

九岁十岁时，她一直在云南山清水秀的保山下关上小学。

柯岩兄弟姊妹十人，就靠父亲薪金收入生活。度日本来就很艰难，在民族灾难之时，更加重了这个普通公务人员的家庭负担。物价一日数涨，父亲经常失业……但不管生活怎样艰辛，母亲给人打毛衣、做针线、卖破烂，也要挣扎着供孩子们读书。为了减轻家庭负担，柯岩和姊妹们都拼命读书，力争考入公费学校，领取奖学金；那段时间，家里生活极其凄苦，父亲一失业，家里便要断顿，没有饭吃，她和母亲、姐姐常上街卖旧衣物，给人家打毛衣、缝袜子……不管如何苦，幼小的柯岩心里总燃烧着求知的火焰。在云南昏暗的小油灯下，她默默地读了不少书，歌德、海涅、普希金、托尔斯泰、莎士比亚、巴尔扎克、莫泊桑、海明威、巴金、冰心、张天翼的作品及很多童话，都是她认识社会和生活最初的源泉。美与丑、崇高与卑鄙、诚实与虚伪，在她心海里有了泾渭分界；人类同情心，正义感，光明与自由，大自然的美的根须都伸进了心田。甚至那些描写绿林好汉的小说，也能使她崇拜英雄，渴望自己长大以后也能路见不平，杀富济贫。当时，她并不懂阶级压迫，但贫富悬殊的现实，使她的思想里朦胧地有了对旧社会的不满。至今她还记得那时背诵的民歌：

卖油娘子水搽头，
做鞋婆子赤脚走，
瓦木匠人没房住，
卖盐的老头喝淡粥，

织布娘，光脊梁，
种麦的人儿吃菜糠，
打席的，躺光床，
抬棺材的死路旁……

不平的歌，使她滋长了心中的不平。她每天手不释卷，同书中的人物相亲，而鄙弃同学中那些胸无大志、专讲吃喝打扮的阔家小姐和纨绔子弟。

柯岩小时候，性格泼辣，很像个男孩子。从小她就知道，如果不努力，得不到奖学金，或考不上公费学校，就要失学。因此，她像哥哥姐姐一样，孜孜不倦地奋斗着，以至多次跳班成功。这时期，这位才十岁左右的小姑娘，文学的情愫已有表现——当父亲接到她的一封富有文学色彩的信后激动地对家人说：“我们

家要出谢冰心了！”

“如果不仅仅以铅字为准，我的第一个作品应该是给我父亲的一封信。

“那大约是在1940年，我十岁左右时候的事。

“一天深夜，我突然惊醒，朦胧中听得好像是父亲回来了。那时父亲长年在外奔波，孩子们对‘出差’二字十分熟悉，对父亲来来去去，时有时无，并不十分着意。正待倒头再睡，却听得一阵嘤嘤的啜泣声，竟是一向自持、从不在孩子们面前流泪的母亲！我一下子睡意全消，刚要翻身扑向母亲，只听父亲说：

“‘好了，好了，我这不是好好的吗……看让孩子们听见……’

“母亲抑制了一下呜咽，抽抽噎噎地说：‘就是……为了孩子，也得保住你自己呀！这整天泥里水里，又是塌方，又是抢险，再不吃饱肚子，万一有个好歹……’

“‘谁说我不吃饱了？你，净是瞎想……’

“‘出去快一个月了，还剩回来这么些钱。我每天数着米下锅，还不知道物价是怎么的？’

“‘你放心吧！命，我会要的。每天我都吃饱了，就是没……买菜就是了。’

“‘有你给炸的干辣子，下饭可香呢！’父亲显然是想让母亲高兴。

“‘母亲却越发哭起来了：‘一个月，尽吃干辣子，怪不得你老流鼻血呀……’

“‘这年头！有干辣子吃，就比老百姓强多了。好了，好了……看吵醒了孩子们！他们明天还要上学呢……’

“我一动也不敢动地躺在床上，偷眼看父亲把摊在灯下那一摊零散钞票一张张叠起来，一张张数过，卷起来放在母亲手心里。母亲却不接，又强塞进父亲口袋里说：

“‘你出门在外，我们在家……也可以吃干辣子。’

“‘那怎么行？’父亲马上惊慌起来，‘孩子们正在长，青菜，总是要吃的呀！’

“‘你放心，有我这十个手指头……’

“泪水像决了堤一样从我眼里流出来，我死死地咬住被头不敢出声，怕让父亲和母亲知道。但我明白了，什么都明白了。原来父亲每次出差，都要母亲给他炸一瓶干辣子，我还真以为他是为了怕菜不下饭呢；原来每次我和姐姐只要一提帮母亲织毛活，母亲总拒绝，我还真以为她是怕我们织不好呢……我这时真恨我自己呀！为什么半夜老起不来，没帮母亲织毛活，为什么平时不听母亲的话好好念书，老是上课看小说，下课踢毽子、跳房子，鞋破得那么快，为什么每次吃饭老嫌分给我的菜少，还把母亲偶尔给的早点钱偷偷地买了书……

“第二天上课，我简直什么也听不进去，课上课下，只是埋头给父亲写信。

写我的悔恨，我的决心，我对他的爱，请求他以后一定要为我们保重他自己……

“放学时，我把攒下的早点钱买的几本书统统卖给了同桌，跑去给父亲买了两个烧饼夹肉，飞跑到公路汽车停车场，连同那封信，一股脑儿塞给了正要出发的父亲。

“我没有想到，很快父亲就给我写来了长长的信。称赞我是好孩子，称赞我写了很好的信，说我的信深深地感动了他，使他情不自禁地给了他的同事们看，大家也很称赞，说有一位张伯伯还说：‘呀！才几岁的孩子……你家莫不是要出个谢冰心吧？’

“由于这封信是专门用一个信封单独寄给我的，信封上写着我的学名，大大增加了信的郑重气氛，就也惊动了全家，惊动了邻居，更成了母亲的骄傲。但是谁也没想到，它成了我的重负。谢冰心，是我从二年级起就知道的大作家。老师曾在课堂上给我们读过她的《寄小读者》。之后，我从《小学生文库》中又读了她许多作品。她，在我看来，是了不起的、云端上的人物。我从来做梦也不可能把她和自己联系在一起。而现在，居然有人提出这么个问题。震惊之下，使我恍惚间似乎也醒悟了点什么。于是，自然而然地就萌发了一点要偷偷学习她的愿望。

“大约从这时候起，我就几乎摒弃了一切孩子们喜爱的游戏，终日手不释卷起来。几乎什么书、什么作家都读，还偷偷地开始了写作。记得父亲和母亲都

1 二〇〇二年，柯岩于昆明群鸥飞舞的翠湖之滨

1 贺敬之、柯岩夫妇在云南民俗村

曾专门给我买过本子，自己也曾订过不少小本，也记得这个时期我不但偷偷写过诗、散文，甚至还写了小说。当然，这些全凭编造而成的作品，由于脱离一个十岁孩子的实际，由于缺乏生活实感，因此，尽管到处摘章寻句，在辞藻上大力堆砌，'为赋新词强说愁'，在小圈子里着实热闹了一阵。终究，仍然统统失败了。"

十二岁后，柯岩先后在云南华侨中学、保山师范、昆明粤秀中学、昆华女师等校读书。在昆华女师时，她每天盼着语文课，那位边背边写王勃的《滕王阁序》："落霞与孤鹜齐飞，秋水共长天一色。渔舟唱晚，响穷彭蠡之滨；雁阵惊寒，声断衡阳之浦。"的女老师，是曾经让她爱上并深深地影响过她的两位老师之一。另一位则是十一岁时，她在保山完小语文课堂上，幸遇的朱老师。令地处西南边陲的保山完小师生们万万没有想到的，是六十年后，即二十一世纪开始的年头，年过七十的老学生，竟然"肋生翅膀脚生云"回到了彩云之南！

"虽然想着保山，念着保山，常常和人谈着保山，六十年来却再也没有能够返回保山。甚至几次到昆明开会，都错过了回保山的机缘……

"我很难想象自己会在身患重病年过七十之后回保山，因为云南地处高原，连对我改变环境或乘飞机都很勉强同意的医生，是根本不批准此行的，然而我居然就来了！哈，来了！我的保山已经完全变了样！长长六十年的流水早已逝去，我当然知道她决不会再残留我临去时的惨状，但她竟是如此美丽！我在梦中曾想象过她会这样美丽吗？不，好像没有！她是实实在在地超出了我的想象令我惊异啊！

"虽然只有短短两天，我首先要去寻找的是我的母校，我的老师，是在那里，我写下了我漫漫人生中的第一首'诗'；是我的朱老师，在那湛蓝天空下的秋千架前，为我上了第一节有关诗的启蒙课。

"在抗日战争的艰苦岁月，生活条件很差，当我所在的保山完全小学的师长们想方设法地为我们在校园搭起一座秋千时，我的心就很难再留在教室里了。常常是眼睁睁地望着黑板，可眼前呈现的却是湛蓝天空下往返翻飞的秋千。唉，所有的课程都是要在课堂里讲满四十五分钟的，哪里有可能跑出去呢？幸运的是

语文课的朱老师很开明，在五年级的下半年时，就宣布作文可以用各种体裁来写，交了卷就可以做别的事。我的心怦怦地跳了起来，马上举手问道：‘写诗行吗？’朱老师笑眯眯地答道：‘当然可以。’因为我很小的时候妈妈就教我背古诗，我又乱七八糟地看过许多《天雨花》《笔生花》之类的小唱本，我以为写诗是最容易的事，立即挥笔就写：‘日本鬼子太猖狂，一心想把我灭亡，人心不足蛇吞象，一定要把你灭亡。’把本子往老师手里一塞，转身就往外跑。老师一把拉住我说：‘一共四句，二、四句句式几乎完全相同，你觉得可以吗？’我的心早就飞了，马马虎虎给他把第四句改成：‘看我把你来灭亡！’老师看着我的眼睛说：‘对倒是对应了，可短短二十八个字就有两个灭亡，你不觉得重复吗？’我很不高兴地抓过本子把最后三个字改成‘消灭光’，就急煎煎地夺门而出了。大概老师看我不可救药，再说下去也不会有什么效果，就放我走了。后来同学告诉我说老师在我背后直摇头，可那时我哪里听得进去，反而以为找到了窍门，就这样接二连三地作开了‘诗’，直到一天朱老师找我到秋千架前，说‘秋千就这么好玩？’我说：‘当然啦！’朱老师叹了一口气说：‘你完全可以写得比这更好……你比当地的同学多走了几千里路，看见了那么多的苦难，也读过一点书，为什么就不多下点功夫呢？’于是给我讲开了什么叫绝句，什么是律诗，新诗和旧诗的区别，甚至还讲到了诗为什么不同于其他的文学样式……可怜我那时哪里听得进去，我那时心里想的只是怎样快快地交卷，好赶快跑出去和同学争抢秋千座位。因为在我之后，不少的调皮鬼也和我一样，纷纷写起‘诗’来。等我终于熬到了十二岁，成为了一名中学生时，我曾想到我会很快离开保山吗？从来没有。虽然因父亲参加修建滇缅公路，家是随着他的工作不断迁徙，但搬入保山后，已经停留了几年。孩子就是孩子，在孩子眼里，一个月就是无数的日子，何况已是长长的几年！我的家就在这里，在这儿我已上了两年小学，现在又升入了中学！我熟悉这里的大街小巷，我的同学大都成了我的朋友。下雨，我们一起赤脚奔跑在青青的石板小路上；晴天，我们会从高高的城墙上跳出去，涉过清亮的小溪，钻进田里去偷吃鲜嫩的豌豆荚和蚕豆瓣儿。我说一口地道的保山话，我早已自认为是保山人，在偶尔和母亲一起逢街赶集时，我常常会指着那些衣着鲜丽的少数民族妇女叫妈妈看：‘多漂亮啊！真好看哦！只可惜她们不是保山人……’

“怎么也没想到，我会那样快地离开了保山，而且是在那样一种惨烈的情景下。

“那是1942年5月4日，学校正在开运动会，操场上彩旗飘飘，同学们兴高采

1 | 2
3

1 二〇〇二年，柯岩与贺敬之在昆明翠湖与海鸥同乐

2 走出「洞房」的贺敬之、柯岩兴致勃勃地在大理蝴蝶泉边合影留念

3 二〇〇二年，柯岩与贺敬之在大理洱海畔与白鸽共舞

烈。我和姐姐参加的是一百米短跑，正在我们一个个摩拳擦掌、蹦蹦跳跳地准备上起跑线时，忽然天空里黑压压地飞来了几十架飞机，开头大家还不以为意，因为并没有拉警报啊！可就在人们完全没有思想准备的情况下，成排成排的炸弹已落在了兴高采烈的人群中，一时间哭声顿起，满眼血肉横飞……我和姐姐毕竟有些逃难的经历，已遭受过不少的意外袭击，于是一人拉着一个边上的同学，飞奔进了最近的教室，钻在了课桌底下。等整个轰炸过去，我们急急地往家里跑时，已经找不到了街道，整个小城已成了一片废墟，到处是横七竖八的尸体和缺胳臂断腿的伤残人在呼叫，那种惨绝人寰的情景，终我此生，也不会遗忘。此后，就是大规模的瘟疫流行，我们又重新踏上了逃难的流亡之旅……

“一个人的童年经历往往会影响他的一生，何况是这样独特而惨烈的经历！从此，无论是天南海北，还是人海沉浮，保山永在我梦中，越是痛恨不义战争的残酷，也就越怀念我英勇抗日将士流血牺牲为孩子争取到的短暂安宁，特别是那段温馨记忆中的闪光细节。”

六十年前的老学生，终于到了再次向母校说再见的时刻，现任的老师和校长，哪肯轻意松手，一再恳请柯岩要为校刊写首诗留作纪念。虽再三力辞，以致连陪同的同志，都出面求情说：“她现在都七十二岁了，身体又不好，老师们就别再给她布置作业了！”

没想到，倒是这句求情的话引出一篇文字，将这位自称“曾经是个很调皮孩子”的一段特殊经历，柯岩的“第一首诗”在何时何地诞生？鲜活地呈现于二十世纪行将结束前的读者面前。短短的两天时间，孕育出一篇满纸是情的长文，因为柯岩视其是“自觉自愿地接受了我母校现任校长老师的布置”的作文，所以在发表时用了一个耐人寻味的题目，叫：《六十年后的作业》。

在诗人被尊为贺老的时候
也曾经提供过一份诗情回忆是有关洞房的：

老来并坐洞房中
笑声遥连风雨声
三十六载紧挽手
再向大理向前行

这首新古体诗《洞房留影》所留是
一九八九年三月十二日之影
诗前几十字是贺老的原序：
「参观大理民俗博物馆
主人坚请柯岩和我留影于白族民间洞房展室
因之忆及三十六年前婚事草草
征路匆匆 远非今日景象
不禁相对慨然有风雨计程之思」

六十年前的红土高原上，深深浅浅地踩下了少年柯岩初涉人世的印记，起步文学之旅的足迹……当她与人分享花样年华一页页喷薄着朝气、散发着活力的往事回忆时，只比她年长一岁的姐姐，是从不会缺席的。分享过她回忆的人，无不惊讶快人快语的柯岩，坦率、真诚，犹如一个透明体，从往日印记和足迹中找到的欠缺，往往也会呈现出一种美丽。

与白族「金花」们合影于云南大理

爱的回忆

——读《六十年后的作业》有感

胡笳

逆岁月的河
有船驶去

往事一般喜欢群居
能够一网打起
往往是一般的鱼
有一些往事是脱钩的鱼
它们在远水离群索居
茂盛的水草
将记忆遮盖严密
心平气和地垂钓
需要正视过去的勇气
心跳心痛的感觉
垂钓权当一回复习
愧是一片回旋
悔是一片涟漪
咬钩的鱼
则是贪吃的回忆

泛起在岁月河上的涟漪
是昨天爱的继续

有关《我的同窗》的自述及同窗对柯岩学生时代的回忆

抗日战争胜利后，柯岩一家的生活稍微好些了，几个学理工的哥哥都上了大学，他们毕业后又来供弟弟妹妹。柯岩随哥哥在重庆待了一年，后跟难民辗转到湖北，那时所有的学校都过了考期，只好先到修道院学英文，到打字学校学打字，还在新闻讲习班学新闻；半年后入了冬季招生的希理达中学读最后一年中学。那时，她对写作的钟情已显端倪，那就是日后在柯岩主要著作年表出现的第一行印刷体：

1947年：《我的同窗》，希理达中学校刊；散文《夜》《孤独》《湖北日报》《武汉日报》。

"因为我上的那个高中是武昌一个有名的学校，那本校刊居然还有点影响。事后，怂恿我写稿的居然大不乏人。于是，我也就居然给武汉的报刊写过几篇散文，居然有的也就发表了出来。今日回头看看，都是些很浮泛的东西，其中一篇发表时编辑甚至连题目都给改了，但彼时，却当然还是很沾沾自喜的。"就在接下去的这番自述中，柯岩自曝出第一篇变成铅字的文章：

"那是在我十七岁，在武昌上高二的时候。文章发表在校刊上，题目叫做：《我的同窗》。说来惭愧，是抄来的。说是抄，当然不是全文照抄。因为那位同窗并不是我高中的同学，而是我十二岁时，在云南保山上初中时和我姐姐共同的一位同学。那时，老师以《我的同窗》命题作文时，我和姐姐不约而同都写了她。姐姐写得比我好，给我留下很深的印象。我又羡慕又嫉妒，为什么姐姐写得那样生动，她十分俏皮又潇洒地写活了那个性格原本就十分鲜明的女孩子。当时我不懂，那是因为姐姐对她有着比我更细致的观察和更深刻的理解。我只是从形式上着眼，仔细地研究了姐姐文章的开头、结尾和写作的角度。这样，在高三老师又以《我的同窗》命题作文时，我就毫不客气地把姐姐文章的长处全都照搬过来。由于年龄和知识的增长，阅历的加深，自然轻而易举地胜过了当年的姐姐。老师竟选拔了去印在厚厚的一本校刊上。

"文章发表以后，我很有点不安，讪讪地拿去给姐姐看。姐姐是个很豁达的人，比我只大一岁，当时已在上大学。她读这篇文章时，先是惊诧地看了我一眼，随后淡淡一笑说：'没想到你还有兴致把它又写了一遍。'我当时惭愧得抬

不起头来，姐姐越是说我不是全抄，我越是感到对不住姐姐，懂得即使是自己的姐姐，她写的就是她的，我把她创造性的劳动悄悄地据为己有，是一种不道德的行为。同时姐姐这样轻描淡写地对待这件事，更使我深深感到无论是见识还是胸襟，她早已远远超越我多矣！

“姐姐后来学理工去了。我至今惋惜她舍弃了她的文学才能，否则，她肯定会比我有成就。

“这件事使我懂得模仿别人是最没有出息的事，教会了我要去寻找自己独特的东西。很快，我就发现我的天赋之一是：奇怪！我老是能从别人的作品里发现胜过我的地方。

“因此，从我立志终生从事创作起，我就从未放弃过对别人作品的学习。羡慕，但不嫉妒；赞赏，决不模仿。追赶文学道路上每一个有长处的人，但是，坚定不移地走自己的路。”

抛锚在扬子江滨，读书读到1948年。这一年，柯岩在首次报考大学时，成了一名落榜生。几年前，在保山读小学的时候，在这个十一岁的小小学生眼里，十二三岁的中学生都是了不起的大人啦！“想想我们每天放学，踏着那条窄窄的青石板路叽叽嘎嘎回家的时候，只要一转过街角，看见那些熙熙攘攘从中学校门里走出来的‘大’学生，立即就会收住飞奔的脚步，赶紧站在一边给他们让路，几乎是屏息敛气地仰望着他们，心里羡慕得直痒痒：‘什么时候，什么时候，我们才能长得像他们一样大啊？什么时候，什么时候，我们才能迈进中学的大门？成为像他们这样神气活现的‘大’学生啊……” 说根本不知道有大学，当然是夸张，但当时的大学离备受流亡之苦的人家太遥远了，连上中学都得掰着手指头数日子，煎熬得不行。不久前，震惊中外的“一二·一”昆明学生运动发生时，凭着一时的正义感和爱国热情，积极参加罢课，而且是学校罢课委员会主席的小柯岩，难道现在真的要成梦断大学门前吗？

“我想考复旦大学新闻系，考暨南大学外语系，数学卷子答得一塌糊涂，都没考上。我是在武汉考的苏州社会教育学院。师范和社会教育学院都免收学费，因为人们都不愿进这样的学校。过去有句俗话：家有三斗粮，不当孩子王。我没

上高中，上了昆华女师，不但学费不交还给饭吃，饭吃得很糟，常没菜吃，吃辣酱。社会教育学院也不要钱，有音乐系、戏剧系、电化教育系、图书馆系。我抱着碰碰看的想法考戏剧系，竞争比一般大学更激烈，1948年的武汉考区就上千人，戏剧系只收了三名。后来老师对我说：'当初录取你是很矛盾的，你的数理化卷子都没法看，主要是看你艺术感很好，文艺方面的才能比较突出，破格录取了你。'"

据中国儿童艺术剧院的方掬芬，这位自称与柯岩的友谊，如"小溪中两个相同的水滴，经过四十多年的曲折迂回，一直流淌到现在"的老表演艺术家回忆说："在我系（艺术系）新生联欢会上第一次见到了柯岩，她给我的印象是很亮丽，很有风度，谈吐有教养，不是那种娇滴滴的美，是南国的佳丽，身材高高的，健康美丽，苗条而又丰满，乌黑明亮的眼睛透露出灵气和智慧。""她钥匙圈上挂着个银灰色的金属'小炸弹'。你要凑近看，才知道是颗炸弹形图章！一个小姑娘，怎么用这么一个图章？'人生就是战斗嘛！'她的回答又脆又响。""我们这些年轻的学子，在这么美丽的地方，（苏州最著名的园林"拙政园"就在附近。）受到这么多教授的教导，（洪深、焦菊隐、郑君里、金山等，都去上过专业课。）学习又都是自己喜爱的专业，真是太幸福了！" 1948年秋天入学的新生，不忘曾在这片山水吮吸过文化的芬芳。

1948年的国立苏州社会教育学院艺术教育系学生排演的话剧舞台上，就不只

1 一九四四——一九四六就读于昆明昆华女师的柯岩（前排左四）与同学们在一起

1 中学时代的柯岩（中排左五）

有了一个“天上掉下来的林妹妹”。在入学的第一学期，热衷于学习契诃夫作品的柯岩，演了戏里的女主角。这是一个年轻的、对生活、对未来充满了美好憧憬的漂亮女子，后来由于生活的磨难，她的幻想一个个在现实中破灭了，剧本中有一句台词：“贫穷从门口进来，爱情从窗口飞去”，老同学们记得，被方掬芬等唤作“小大姐”的柯岩也记得，是她令人泪下地道出来的。在曹禺先生的名剧《雷雨》中，方掬芬扮“四凤”，柯岩饰演的则是“繁漪”。虽然不过短短的一年，但好学的她，戏剧理论著作、剧本，也读了不少。稍后在欢庆苏州解放、筹粮备荒举行盛大的义演中，柯岩也有过才艺在舞台上表演。许多年来，与柯岩见过一面的人，无不怀疑眼前的女诗人，她翩翩风度与履历表漏写了的演员经历有着某种关系。“那时她很漂亮，她若坚持演戏一定会是一名很出色的演员。”后来纷纷成了表演艺术家的老同学们为少一个志同道合的漂亮伙伴曾经如此一声叹息。

1949年5月，苏州古城迎来了解放。十九岁的柯岩，被解放的喜悦和向往新生活的激情所鼓荡，在学校动员参军参干时，她就抢先报了名。这就是流行至今的说法：参加革命了。7月，她被遴选进了夏令营。夏令营是由苏州市军管会和驻军组织的，想通过这一活动，挑选一部分革命青年知识分子参加南下服务团去福建工作。但最终南下变成了北上，是由于吴雪到上海搜罗老艺术家进京建立大剧院，发现了这批青年艺术人才。这个聪明伶俐、刻苦好学的戏剧系学生，和她的同学们，当年便高兴地唱着“解放区的天是明朗的天”，踏上新中国首都北京的土地，进入前身是东北文工二团的中国青年艺术剧院，服从革命的需要，成为年轻的编剧。尔后，在反映成渝铁路建设的大型话剧《四十年的愿望》里扮演过台词不多的秘书一角，在前苏联专家来院里导戏的时候灵机一动去当场记，花了不少时间去看戏、学戏剧创作，给剧院上演的剧目写剧评，送去报上发表，也是当时剧院专业创作员的任务。

收藏在柯岩私人相册中的青春靓影

我们曾有过多么美好的青春
火一样的热烈
诗一样的醇美
却又那么天真幼稚
——柯岩

爸爸的眼镜

Xiao Di He Xiao Mao

柯岩作品选

双双和娃娃

记着呵，请记着……

NEWS OF SPRING

我对雷锋叔叔说

中 贰 卷

1950-1976

一九六〇年

加入中国作家协会

一九六二年

加入中国戏剧家协会

「广州会议」之后　参加中国剧协举办的「全国青年编剧进修班」

八月

调文化部创作室工作　专业作家

至一九六六年八月

一九六六年——一九七六年

文化大革命　经风雨　见世面　搁笔十年

柯岩简历表

一九五〇——一九七六

一九五〇年

年初 随中国青年艺术剧院文化列车南下工作 走遍全中南

八月 加入新民主主义青年团

一九五一年

中国青年艺术剧院文化列车从南方回来后

即赴东北参加抗美援朝工作

创作歌剧《争取早团圆》 由中国青年艺术剧院文化列车演出

一九五三年九月十二日

与贺敬之结婚 婚后即随第三届赴朝慰问团到朝鲜前线工作

一九五六年三月

调入中国儿童艺术剧院创作组 专业作家

并担任了剧院艺术委员会委员 直至一九六二年八月

柯岩自述：初到北京　也曾有过闹情绪的日子

“没想到一到北京，不但没有话剧，而且整天叫我们扭秧歌、打腰鼓……虽然革命热情很高，但正在不知天高地厚的年龄段，有时也不免有落寞屈才之感。

“那时候我最欣赏屠格涅夫了。屠格涅夫写的《前夜》，那个细腻，那个诗意，‘眼睫毛轻轻地颤动’，哎呀，这是伟大的艺术，我追求的就是这个！我写的东西就是堆一些华丽的词藻。无论是组内同志还是领导，似乎对我的‘文采’并不欣赏，我的作品，采用率几近于零。倒是组内有个民间艺人出身的同志，无论是快板、琴书，还是小秧歌剧或话剧，都很受演员欢迎。演员们说我的作品‘这是些什么呀，什么玩意儿，没法念！’自己觉得委屈，就跑去找领导哭，说他们不尊重知识分子。稍不如意，就闹情绪，去找领导哭鼻子，常常把班长、排长气得肚子疼，真没少给领导找麻烦……

“花了老同志和领导的多少心血？我心中的那本账，记得最清楚是‘青艺’时期这一笔：

“首先，反复组织我们学习《在延安文艺座谈会上的讲话》，用自己转变立足点的经历来教育我们：作家绝不是精神贵族，创作和所有其他的工作一样，只有革命分工不同；和我谈话的老同志，都不谈我提出的问题，而是和我讲了许多他们深入生活与群众结合的故事，讲了许多文艺与时代，文艺与人民及世界观、立足点的问题。什么是‘大鲁艺’，什么是‘小鲁艺’。然后，又给我们请了那么多大家来上大课：洪深、焦菊隐、曹禺讲戏剧；张天翼、赵树理、孙犁讲深入生活、讲艺术技巧——但是，道理讲得再深刻，听来的毕竟不是亲身经历的，我的眼里仍然没有群众，心里向往的仍然是莫斯科艺术剧院、斯坦尼斯拉夫斯基，是席勒、布莱希特、奥尼尔……很快，就组织我们下乡、下厂、下部队去了。如果说谈话时，我对他们的话还多少有些反感，认为他们把文学庸俗化、功利化了的话，那么，生活却教育了我。”

贺敬之镜头中的小柯——一九五四年摄于北京天坛公园

我们在翻阅柯岩著作年表时
会发现自1949年参加革命工作到1950年独幕剧
《中朝人民血肉相连》首演
在那些激动人心的日子里
初到"青艺"有过什么故事
著作年表上下的空白 该如何解释

生活第一课：天天浸泡在血与泪里的工作

“新中国成立不久，共产党立足未稳，大军还在南进，北京政协会议就提出了社会改造问题，于是，一方面大量安置社会闲散人员，一方面就提出了封闭妓院改造妓女。我记得十分清楚，那时，我们都还穿着解放军的黄色单衣，正待换季呢。一天，新冬衣发下来了，又是棉衣、棉裤，又是棉大衣，一律换成了浅灰色。一群女孩子正在房间里叽叽嘎嘎，又是比划，又是换穿，互相扎皮带、戴帽子，想方设法地把自己怎样装扮得更英姿飒爽些，班长进来把我叫了出去，说：‘组织上交给你一个新任务，去改造妓女，明天一早，打好背包出发。’

“那时，我们早就学过无数遍《在延安文艺座谈会上的讲话》，懂得了文学艺术是为人民大众的。到火热的生活中去对我们也早已毫无异议，工厂、农村，部队也多少都摸爬滚打过一些。”可是，去封闭妓院，去建立妇女生产教养院，去和妓女们朝夕相处，天天浸泡在血与泪里的工作，也因此成为未来作家的一段人生传奇。

“尽管当时许多人反对吴一铿同志（剧院老院长吴雪的爱人、也是我们的领导）带我们几个小姑娘去参加这种工作，说我们太年轻，而那里太污秽了……但吴一铿同志力排众议，说只有去亲身参加了变丑恶为美好的斗争，才会使纯洁的小姑娘成长为坚强的战士。我们的党，我们的生活不是都需要战士吗?

“从此开始了一段何等惊心动魄、热泪横飞的日子啊！收容在妇女生产教养院的那些人，我们看她们很可怜，但她们自己却没有这种感觉。以前我只是从曹禺的《日出》、托尔斯泰的《复活》、左拉的《娜娜》、高尔基的《在底层》、还有清朝的小说《九尾龟》等作品中接触过妓女和她们被摧残、被蹂躏、被玩弄的非人生活。当时国家民族都在水深火热之中，自己又小，家里很困苦，因此这些东西给我的印象不是很强烈、很深刻。而且现在看起来这些作品对娼妓制度的批判写得也不是很深刻，像《九尾龟》描写妓女、嫖客的生活津津有味，还把他们美化了。但一到妇女生产教养院，所见所闻都是一些血淋淋的现实。妓女分一等、二等、三等、四等，直到五等。一等妓女弹钢琴，说英文，住好几间房子，接待社会的阔佬、军阀、美国军官……她们认为自己的生活好得很，出去也是打扮成女学生、阔家小姐。她们都是被卖的，但是叫她诉苦，都说没苦，还说：

‘妈妈对我们好得很，我们在家说一不二，客人我愿意接的我才接。’接客不叫接客，叫交朋友。二等妓女生活还能温饱，到三、四等妓女就惨了，生上疮害上性病，腿烂得呀，到医生那儿给她们上药，叫你觉得那简直就不是人，从腿根烂上去，肠子都看得见，没法走路，疼得要命还要接客，给她们治病她们是感激的。四、五等以下的就更不能看了。这些人在城门外靠着城墙搭一些小木棚、破土屋住，一排一排直到城墙拆掉之前还有人住，都是些不能生活的人才转到这住。没有接触过这种生活的人看不出名堂，但接触过这种生活的一看就知道，都是已经辗转卖到最后病到不能活的妓女住在那儿，领家给搭一个土炕，连床也起不来，吃饭由老鸨给扔两个窝头，一罐凉水，一天却要十几个、几十个地接客像畜生一样，甚至比畜生还不如。就这样把各种性病再流传到社会上……以前自己的阶级觉悟是书本上的，到妇女生产教养院后给我们上的才是活生生的阶级教育课。

“我们启发她们的觉悟，首先让她们讲家史。你家有什么人？为什么走上这条道路？她们就编：家里很阔，怎么在后花园私定终身，半路上又怎么被人抛弃，或者在路上失散了，被人骗了。编一大堆故事，都编得很惨。她们过去给嫖客编惯了。我们几个小姑娘哪里懂，有很多事不清楚。她们非常看不起我们，常讥笑我们说：‘你们懂啥！’她们边讲我们边陪着哭。过几天，她又说：‘同志，对不起你们，我说的是瞎话，我重新给你讲。’又编一套，我们又陪着哭。而且她们有很多旧习难改。因为是军管，有一个班守着，不让她们和解放军接触，人家在那站岗，她们就想方设法去勾引，没事打开帘子就往人家身上扔东西，往脚下泼水。解放军每天晚上开班会就气鼓鼓地说谁招惹我了，谁往我身上泼水了。他们每隔两三天就得轮换，因为她们认识了就会拼命去勾引，积习难改，搞得我们每天也是气鼓鼓的。可是公安局的大姐就不像我们，在她们的带

领下，很快我们的工作就不是这样老让她们讲了，没有用。公安部门的同志或者像吴一铿大姐这样的老的文艺工作者很快就停止了一般性工作，发动苦大仇深的妓女，如四、五等妓女开展诉苦运动，慢慢地这才一点点地提高了认识，开始吐露真情：'这真是畜生样的生活啊！我怎么就落到这一步的呢？我也是好人家的孩子呀！'家里怎么被地主逼租，或原来是童工，后来怎么被人糟蹋，被人拐卖了……那真是血淋淋的民族压迫史和阶级压迫史，慢慢地整个工作被推动了。

"封闭妓院、改造妓女的工作，不但改造了我的人生观，也改造了我的艺术观。我学生出身，学戏剧文学，要么奥尼尔，要么曹禺、莎士比亚。不懂得尊重祖国戏剧传统，地方戏在我们这些洋学生的脑子里更是不入流的。当时我们组织妓女看《日出》，她们嘻嘻哈哈笑，就是翠喜出来的时候安静一会儿，其他地方她们像看西洋景一样东张西望嘻嘻哈哈地乱招呼。平时她们被分别关在八个所里不能外出的，所以到剧场一见面，你叫我，我叫你，大呼小叫地。可是演评剧《九尾狐》时突然就安静了，我印象深极了，演地主怎么把佃户的老婆糟蹋了，把佃户的女儿糟蹋了，怎么卖给人贩子，怎么给人当小老婆，最后又卖给妓院。看到激动的地方，一个人先哭起来：'我的妈呀！'接着全体都号啕大哭：'我的妈呀！'她们的感情既是真实的，又是夸张的，加上表演的成分。台上演戏，下边就妈呀、娘呀地又叫又哭，真是惨不忍睹。

"正是这段天天浸泡在血与泪里的工作使我懂得了自己小资产阶级同情心的可怜与可笑，懂得了比地主、资本家对农民和工人更残忍的剥削压迫，懂得了卖淫制度确实是人吃人的旧社会最丑恶的痈疽，懂得了取缔它的绝对必要性。只要一想共产党刚刚建国一两个月，就立即着手根治已存在于人类社会几千年的痼疾，对党由衷的敬爱与尊崇之情就不禁与日俱增，说这段生活为我此后穿越几十年的风雨人生和崎岖道路指明了方向、打下了坚实的基础，应该是一点也不过分的。"

历时半年多的工作，对柯岩世界观转变起了决定性的作用。

深受清高孤傲、崇拜李白式人物的父亲的影响，柯岩从小就向往当作家而蔑视权贵，决心一辈子洁身自好，远离一切党派之争。曾有共产党地下党员同学看她正义感强，动员她参加党的外围组织，她表示没有兴趣。现在她才明白自己过去太糊涂了。对于她认识到党的伟大，去找带她参加改造妓女活动的剧院领导谈话，她也有过自述：

"我跟吴一铿大姐说：'我要入党。'吴一铿大姐很高兴，问：'你为啥要入党？'我说：'我觉得党伟大。'吴一铿大姐说：'你才十九岁，你首先要解决入团问题。’我说：‘好吧，我在团里待几个月就转党，好吗？’吴一铿大姐觉得我太可笑了，说：‘那要看你的表现。’我说：‘我表现不是很好吗？’完全没有认识，非常幼稚单纯，只不过初步认识到这是伟大事业，投身进去，人生才有意义。”

“半年多的工作结束了，我们打起背包各自回到了原单位，可是这段生活在我心里留下的痕迹终生难退。”对于这段刻骨铭心的经历，如果只是以积累了不可多得的创作素材来衡量收益和支出，这段工作队员的生活或许就不会总是引起作家的频频回顾。“每当我觉得生活十分美满，眼前凸现的似乎只是一片光明时，我会想到那段生活所反映出的各种犯罪问题给生活投下的阴影，而当自己前进道路上遇到挫折，甚至乌云满天、暗夜如磐时（就如文化大革命中）我也会想起解放初期这些妓女那重新挺起的腰杆，那重新焕发的青春，进而使我重温我们党的宗旨、任务和作风。从感情上理智上甚至直觉上，很自然地去辨别那些打着红旗反红旗的政治骗子、那些形形色色的政治流氓和政治娼妓。这段生活不但给了我基本的政治经验，丰富的创造素材，使我对犯罪问题感兴趣，始终注意在深入生活时不忘记公、检、法这条战线，在三十多年后写出了《寻找回来的世界》，手头还有其他几部长篇。更重要的是它锻炼了我，培养了我，使我提高了思想境界，建立了坚定不移的人生信念。”

1987年岁末，也就是在这段刻骨铭心的经历沉淀近四十年之后，作为中国作家访问团成员的柯岩，在墨西哥，一次座谈会上，一个研究民俗学和社会学的青年突然问道：“中国有妓女吗？”那青年又补充说：“据我不少从中国回来的朋友说，中国目前，确有这种现象的。”出乎众人的意料，是柯岩郑重地把话题接了过来。正当在座的都是热爱中国的朋友们，他们很怕中国作家为了面子不说实话或转移话题时，她坦诚相告：在我们年轻共和国的黎明，作家本人有过的参加改造妓女的特殊经历。并底气十足地面对墨西哥青年诚恳明亮的眼睛，让他们相信：绝迹了的卖淫现象在今日中国生活中重又沉渣泛起的事实，已引起我们的警觉，已使我们深思。面对墨西哥的疑惑，在中国，为此失眠的还有许许多多同志……

无法平息朋友们深挚的探询在心中重又掀起的狂澜，在繁星高挂、花香袭人的失眠之夜，柯岩长达万言的散文一挥而就了，那就是1987年岁末成稿的《墨西哥的疑惑》。

一位从事文艺理论研究的朋友，注意到这段史实：勤奋的柯岩，一边当工作组员，一边为创作记下了大量素材，单是妓女们的长短唱词就记录了好几本。同时被他注意到的，是“这次步步扣人心弦的大行动要是写得好”，能取得“跟莫

斯科大剧院的《夜店》等等有的一比”的成功。年仅二十岁的编剧还驾驭不了如此复杂的题材，后来她也没能根据这段经历创作一部长篇小说，这不能不让《柯岩论》的作者认为是中国文学的一个遗憾。历史在此留下了一个个问号：“由于长时期的对文艺创作诸多不合理的限制？”“由于诗人气质的柯岩的美学取向？”“她总是有太多的助人的要务？”尽管如此，这段经历也是命运送给她的一件至宝——经过继续学习理论，思考和深入生活，柯岩确立了坚持终生、矢志不渝的创作目的：使人成为人，使人间更美好。

因此，她发表作品用作笔名，填入中国作家协会会员证、中华人民共和国居民身份证、全国人民代表大会出席证用作正式名；乃至走完八十二载人生长途，老伴“止泪相送”时在姓前加一“小”字亲切相呼的是这两个字：“柯岩”——岩石上的树。这是她送给自己，也送给世人的自我生命的写照。

“能为我的人民贡献一分氧气，能给我们的生活投下一片绿荫。”

作家柯岩的抱负——岩石上一棵生命力无比顽强的树的抱负。

“世上有多少诗篇，是那样温柔地歌唱着月亮，世上有多少诗篇，献给了夜莺，带着迷人的忧伤。但我的党，却教我把自己的歌，献给麦穗，献给钢铁，献给斗争和理想。”

柯岩在《我的歌声》中，曾经如此述说自己的成长。

穿行在抗美援朝的烽火岁月
开始为人民写作的文学生涯

1 一九五三年柯岩（前排中）在朝鲜英雄纪念碑前

1950年6月25日，中国人民志愿军雄赳赳气昂昂跨过鸭绿江，赴朝作战，掀开新中国史册上“抗美援朝”的英雄篇章。结束封闭妓院、改造妓女“天天浸泡在血与泪里工作”的柯岩，打起背包回到原单位不久，再次接到“下生活”的任务。当时有一列挂有四节车皮的特殊火车——中国青年艺术剧院携手铁道部组建的“青年文化列车”，在抗美援朝战争的烽火岁月，沿鸭绿江边的丹东、延边等地活动，为铁道兵、铁路职工及其家属服务，以演出为主，同时开展图书、教唱歌曲等群众文化活动。当年很艰苦的一段基层文化普及工作，对从事艺术的人是一种很好的锻炼。扭秧歌缺人，他们上；群众演员不够，他们也上；露天演出，狂风骤起，幕布要吹飞了，他们冲上去，柯岩就把自己的身躯充当石头，一屁股坐在幕布上。与战火纷飞的朝鲜隔江相望，在美机的空袭侵犯中，把自己的青春生命与祖国的安危紧紧相连，每到一个点，就忙于收集素材，把那里的好人好事，编成节目，放在节目前加以说唱的任务，促成了创作员柯岩最初的收获来自

1
2

1 柯岩与战友们在出征前

2 一九五三年赴朝演出的柯岩与战友们

激情燃烧的岁月，来自烽火征途。

柯岩在忆起这段烽火征途时，也说过："我们曾有过多么美好的青春！火一样热烈，诗一样醇美，却又那么天真幼稚。"

天真幼稚的年轻创作员，正是在这鲜血浴着弹片的绿色车厢里，结束了"那会儿你真叫我们操心"的时段。这里的"我们"指的是青年艺术剧院建院之初一批老领导、老同志、老艺术家，当时的文化列车负责人鲁亚农，就是其中的一位，也是柯岩在回忆"第一个作品时"同时"记下对他怀念"的革命前辈。

柯岩自述：独幕剧——我的第一个作品

“1950年底，文化列车赴前线服务，负责人鲁亚农找我谈话，郑重地交给我一个任务，要我尽快地为抗美援朝写出一个可供上演的独幕剧来。

“在创作组里，我是从来最反对命题作文的一个。我曾不止一次地嘲笑说那是中小学生的活儿，为此还很受过几次批评。但此时，在举国一致同仇敌忾的、热烈甚至有些悲壮的气氛中，我自己的感情也正炽烈如火，使我日夜不宁……于是，我很自然很庄重地领受了这个任务。回到宿舍里，我完全不能入睡，只觉得热血沸腾，生活中曾打动我的无数故事、人物……似乎蜂拥而来，在我脑海里往返映现、浮沉，似乎都疾呼着要我代言。我两天两夜，不眠不休，就写出了这个剧本，不知怎么，竟丝毫也没追求纤丽委婉，那些华丽的辞藻一点都塞不进去，我有生以来第一次这样彻底地服从了真实和朴素，连剧名都就叫做《中朝人民血肉相连》。

“剧本很快就投入了排练，演员同志们热情很高，对我也亲热起来。一周后，剧本上演了，没想到受到了热烈的欢迎，一演就演出了几百场。一次，我在剧场做艺术值日，这也是当时老同志们规定的课题：作者、导演、演员都要尽可能地轮流在演出场地值班，研究演出效果，听取群众反应，提高演出质量，力求能和群众打成一片。那天，演出反应很正常，该有效果的地方都有效果，该有掌声的地方都有掌声。我正在认真地一点一点往小本上记录，不知什么时候，鲁亚农同志悄悄来到我的身后，突然低声对我说道：‘如果你能永远这样重视群众反应，你还会写出比这更好的作品。今天，你这个剧本上演第一百场了，你看，观众反应还这样强烈。’他顿了一顿，又说，‘有的人写了一辈子，还囿在个人小圈子里，你还这样年轻，就走上了正道，真该祝贺你呀，同志！’那天，是在牡丹江一个野台子上演出。演出对象是大部队和当地群众，天气出奇的冷，天上还不时飘落着细雪……鲁亚农同志对我从来很严厉，有时还嘲讽地称我‘大学生’。我没有想到他会对我说出这样的话，只觉心里一股暖流，一时不禁怔住了。而这个天寒地冻、滴水成冰的日子就这样长远地留在我的记忆里了。

“我算这个独幕剧为我的第一个作品，尽管今天看来，它还很粗糙，甚至不如我抄姐姐的那篇作文精致，但正如鲁亚农同志所说，我是从此开始走上正道，开始我的为人民而写作的文学生涯的。因此，我称它为我的第一个作品。”

一九五三年时的柯岩，集美丽与青春于一身的留影

1 | 2
3

1-2 收藏在柯岩私人相册中的青春：青艺的编剧

3 五十年代的柯岩和母亲

长大之后
当我懂得了内在美和外在美的关系
懂得了真正的美其实是气质
是风度 是丰富的内涵
穿着打扮从来是一种文化的表现 而时髦只不过是一种肤浅时 我是多么感谢我的母亲啊

——摘自柯岩《写给爱美的孩子们》

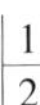

1-2

柯岩参加演出的珍贵留影

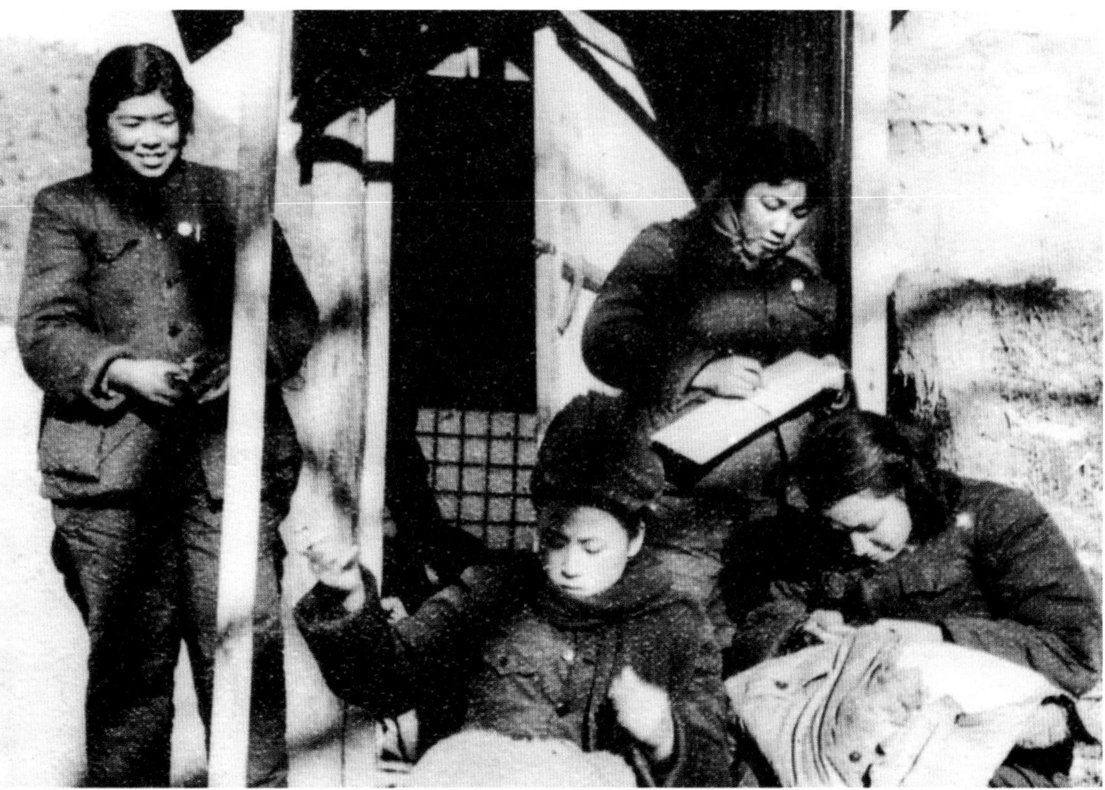

1 | 2
3

1 一九五三年柯岩（左三）与青艺演出队战友们在志愿军的阵地上

2 与战士一起在青年文化列车前留影

3 青年文化列车成员赴朝开展慰问活动（前右一）

1 柯岩的戏剧人生：饰铁路员工（后右一）

2 柯岩的戏剧人生：在青艺演出话剧《四十年的愿望》，饰女秘书一角（中排右三）

柯岩（前右一）与青年文化列车成员的战友们在一起

柯岩赴杭，探望病中的贺敬之 留影在西湖

因戏相识 因爱结缘 牵手在共和国建立之初的诗坛伉俪

中国诗坛，古往今来就是一块宜于播种爱情的土地。不乏情诗，不缺爱侣，也不缺少故事和回忆，让人分享甜蜜与刺激。

他们因戏相识，他们因爱结缘，牵手在共和国建立之初的诗坛爱侣——贺敬之与柯岩，写生命的辉煌在事业上有着值得羡慕的比翼齐飞；写爱情的绝唱在风浪里有着广为传颂的忠贞不渝。

1949年底，中国青年艺术剧院（以下简称“青艺”）培养青年文艺工作者的大课，由在京的一个个大师轮番登场开讲之后，时任中央戏剧学院创作室副主任的贺敬之，受邀来到青年艺术剧院，准备面对那里搞创作的同志和演员、导演，用一上午时间，谈一谈《在延安文艺座谈会上的讲话》精神孕育的第一部优秀作品——歌剧《白毛女》的创作经过。当她作为课代表去面请该剧的主要执笔人时，一见面，柯说：“你是贺敬之？”贺说：“啊，怎么啦？我就是。”柯说：“我们还以为你是老头呢。”

“他的作品我读过，在我脑子里总觉得他是一个‘老头’，不知为什么。”柯岩曾自我解嘲说。

从延安出发的贺敬之，与执笔创作的大型新歌剧《白毛女》随解放军部队一同进入北京时，才二十四岁。在鲁艺参加这部熔铸集体智慧的艺术史诗创作，成为我国新歌剧发展里程碑奠基人之一，二十一岁的年轻人却有着与年龄不尽相称的灿烂青春。“柯岩感到出乎意料。不仅没有大作家的派头，连小作家的沾沾自喜也没有。说话是那么平易、谦虚，又富有幽默感，看样子身体虚弱，可是头发黑密黑密，从黑密的头发中可以感到他有旺盛的生命力，讲着一口普通话，没有某些老干部的哼哼啊啊，却有文人的风趣，断无胜利者自居的趾高气扬。”上面这段写实感很强的文字，出自贾漫先生之手，他是传记《诗人贺敬之》的作者。虽说他也是到了1979年的北京，才第一次在全国诗歌座谈会上见到了年龄已经接近五十岁，“可是风姿飒爽，形貌端丽，体形匀称，绿呢子上衣，头戴绒线帽，非常有风度”的诗人柯岩。笔者较贾兄晚四年，在大连中国作协举办的一次活动中，才与柯岩相识，我们都是无缘得见《白毛女》到处演，《翻身道情》《平汉路小唱》到处唱的时候，还是单身汉一个的贺敬之是个啥模样？更没有见过年方二十的小编剧，引起贺敬之注意时，身上穿的是灰色或是蓝色的列宁装？“洁白的衬衣领，却像菊花瓣一样吐露青春的芳香，两条长长的辫子，乌黑而油亮。”但我相信传记作家，为五十年代之初柯岩与贺敬之造像，真材实料是经过当事人确认的。曾和柯岩在剧院共事多年的老人们，也曾有过如此爆料：“……那时才二十来岁，上海来的姑娘，长得又好，又是大学生，和团里的一帮‘土包子’一比，就很突出了。小伙子们，一个个都追求她，她态度很好，对谁也不得罪，可和谁也不谈对象。没想到，后来跟贺敬之谈成了。”

1 收藏在柯岩书架上的贺敬之作品集
在面见作者之前，二十来岁的柯岩已经认识了《白毛女》《乡村之夜》等

初次相见，彼此留下很深的印象，对日后在交往中，谈文学、谈生活、谈革命、谈创作，从谈成朋友到恋爱的谈成，都起到影响深远的作用。柯岩对此是有过一段答记者问的：

“他来给我们作报告，领导让把我们写的剧本给他看。他来给我们评评：哪个剧本他认为写得好，为什么好？哪个他认为一般，为什么一般？当时我们的本子上都不署名，结果他说好、作者很有才能的那个剧本恰好是我写的，当时对这个剧本有些争论，写抗美援朝的，叫《争取早团圆》，主题是把后方的工作做好，更快取得前方的胜利，争取早团圆。写得有点诗意。当时有人说感情不健康，我不能接受。贺敬之说他比较喜欢这个剧本，因为比较有诗意，又比较完整，像个戏；说其他的还只是一个片段，不像一个戏，或是有些格调不高。他也说我这个戏思想性不高，把抗美援朝这样伟大的政治事件，只看成争取早团圆，思想境界比较低。但是他说能看出来作者的才能、潜力等等。然后说：‘这个作者还写有什么作品啊？能给我看看吗？’当时我觉得他的意见我是能接受的。演出的时候，曲子作得也好，是个歌剧。演出的时候是作为要提高的剧目。对有的人批判我正不服呢，他的意见我又可以接受，对他的印象就又好一点了，这样我们开始接触了。”

所谓的开始接触，应该划入初恋的萌芽范畴吧？贺敬之每隔几天便从东棉花胡同的中央戏剧学院到东单办事发信，信步便来到青年艺术学院。显然他是来找她的。她常常为他平和的气质和独到的见解所吸引，而他对自己的这位同行的才气与志向又十分欣赏。

“谈谈作品呀，创作呀。那时候，我也不知道他有没有对象，他也不知道我有没有对象，就是一般谈事业。我就是觉得比较知心。”柯岩在回忆中还透露过从感觉此人不错到此人可爱，他们之间还经历过这样一件事情：“因为我们接近了，我们单位就有老同志出于爱护去提醒他，说某某人是非常有才气，可是从上海来的，清高得不得了，意思是叫他注意。他呢，当时就觉得我很有个性，没听招呼。其他老同志都提醒我，让我一定改掉高傲的毛病。而他倒觉得年轻人有点傲气没什么坏处。这样互相欣赏，自然而然就好起来了。也许爱情的最高境界就是互相仰慕，互相欣赏吧。”

1949年底到1950年上半年，这段时间的柯岩、贺敬之都在各忙各的革命工作，一个是参加工作队去了北京市封闭妓院的斗争第一线，一个是作为中国民主青年代表团成员赴匈牙利首都布达佩斯出席世界青年与学生联欢节及世界民主青年第二次代表大会，继而访问前苏联。散文《撒巴卡，布达佩斯》《我看见了自由希腊的英雄们》《东南亚青年代表们的联欢会》《记匈牙利青年诗人库兹卡·彼得》等，在《人民日报》《中国青年报》相继刊出，对歌剧《白毛女》剧本的再次修改，又排上了工作日程。

次年，命运借一场大病才把二十一岁的小柯再次送到二十六岁的老贺面前。

1951年初，中宣部组织作家访问团到战火连天的朝鲜前线去，深入志愿军抗美援朝生活。贺敬之积极报了名。当时丁玲是中宣部文艺处处长，行前在组织大家听领导作报告时，她发现眼前的贺敬之，较几年前在延安新歌剧运动中，写《白毛女》拼命拼得吐血时，更加瘦弱，气色也很不好，当即就叫他去医院检查一下。还没来得及去医院，丁玲就通知贺敬之，不要去朝鲜了，改去河北农村，并且很快就交给贺一封组织介绍信。

不久后，贺敬之到了河北省大名县农村。才下去没两天，就大吐血，昏迷不醒。这是在举步维艰登临与山东交界的大名县城墙时，栽倒在地发生的意外情况。百里没有医院，医疗条件好一点的是驻军，且在附近。他们去到那里找到一个大夫，是个日本战俘，名叫高津布布，给了一个初步诊断：肺结核；同时接受建议：立刻转送大医院。被急救车送回北京的贺敬之，住进院址在北京图书馆旁的红十字医院。（这是一个狭长的院子，现在已经没有了）。经透视确诊为两侧浸润性开放性肺结核，在特效药“雷米封”问世之前，这是一个有很大危险性、又具传染性的疾病。贺敬之被医生要求绝对卧床，第一次住在医院的时间长达一年多。

“有一天，她突然到医院来看我，就像以后我每次处在十分困难的境地中，总有她同我并肩携手一样。”贺敬之在2003年10月的《风雨答问录》一文中，曾对“柯岩在您最困难的时候来到身边”一问，有过令人动容的回答：“我很惊讶，因为那时我还在吐血。我说你怎么来了，你不怕传染吗？”她摇摇头，很爽快地说：“这有什么可怕的！我听说你住院了，就马上来了。我觉得，不应该让你这样好的一位同志病倒，我就是要来看看你……”她的话让贺敬之很感动。不仅一时，而是今生今世。不管贺敬之后来对“我的病渐渐好了起来”，有过多种说法，媒体最乐意采用的是：“柯岩的到来，也许，比药还有用。”“那个开朗和洒脱的样子是很打动我的。”贺敬之在多年之后，曾对媒体就这段相遇在患难之时，有过如此实话实说。

因为卧病在床，贺敬之的阅读量很大，柯岩经常借些她认为对病有帮助的书来，有时也带些好吃的。“后来，我到山西去下厂深入生活，一去就是八个月，他托我给他买一本《辞典》。我心想北京没有《辞典》吗？但是人家既然托我买，我就给他买了一本《辞源》。”（《围城》里面有这么一句话，叫做“借书还书是男女交往的开始”，有人借了钱钟书这句话，挑明两个年轻人此时进入恋爱状态，是十分睿智的。）后来，有诗友知道了她这个曾让贺感动的情节，调侃

道：他托柯岩买一本《辞典》，柯岩送的却是《辞源》，想得到一颗星星，捧到的是月亮！

周围的同志也很关心，都劝他俩尽快好。就这样好起来，谈恋爱了。据柯岩说："那时我们谈恋爱已经有一两年了，但谁也没提要结婚。我觉得他在业务上很有成绩、很出名，结婚好像我要沾他什么光似的。"于是，当性格宽厚随和、大病初愈的贺敬之建议："是不是要考虑这个问题？"柯岩的回答很爽快："等我写出点好东西再说吧。"

独幕话剧《中朝人民血肉相连》及歌剧《争取早团圆》，幕启幕落在建国之初的两三年间。先后由中国青年艺术剧院、北京电影演员剧团、上海人民艺术剧院、上海儿童艺术剧院等分别演出。除此之外，柯岩在剧院组织的文化列车和小演出队里，和同志们一起深入工厂、农村、部队。她编过快板等不同形式的群众文艺节目。在太原钢铁厂、株洲车辆厂等地还创作并演出了《师徒合同》《自抛螺丝钉》等小剧目。业余时间还笔耕不辍，发表过剧评、影评及一些散文和诗歌，算不算到了"再说"的达标线呢？

柯岩与贺敬之从文学创作上相互切磋的一对师友到人生路上情投意合的忠实伴侣，是在1953年完成升级版的。

贺敬之对婚姻的回忆，充满了诗人式的炽热的感情：

"当初，我们相互信任，也互相赞赏，她很聪明，很活泼、明快，有五十年代新中国刚刚成立时的女性那种蓬勃向上的精神，那种新的风貌。""她性格中有种百折不挠的、进取的、开拓的精神。""我是从延安来的贫农的孩子，她是高级知识分子的女儿，但在五十年代我们相遇的时候，我们的社会理想是一致的，就是要搞社会主义革命事业。在这个前提下，加上我们都是搞文艺的，兴趣爱好一样，彼此就有了共同的语言。"

柯岩对结婚的情景，具有报告文学作家的现场感：

"结婚很突然。1953年，我参加赴朝慰问团，他到宿舍来看我。大家就一起起哄：'你们还泡什么？结婚吧。'人们一哄，我说：'还没跟组织报告。'大家说：'我们去给你报告。'我们还坐着呢，去报告的同志们都回来了，说：'成了！组织上同意，你们赶快结吧。'这怎么办啊？什么也没有。人家说：'你们两床被面就行了。'晚上铺子都关门了，我们挤进去：'同志我们买两条被面。'还买了一块鲜红色布料，做了一件'布拉吉'。第二天还是第三天就结了婚了，非常简单，领了一个结婚证，两人东西搬进'婚房'—— 一间很小很小的房子，里外还是隔开的，不是原有的结构。地址就在龙须沟旁。"据当年9月

贺敬之、柯岩的结婚照，一九五三年摄于北京

12日应邀参加过婚礼的老朋友们回忆，文艺界的艾青、吴雪、赵寻、陈白尘、刘炽等都曾来这个小套间坐坐，吃糖、吸烟、喝茶、说话，热闹而又亲切。婚礼之后，还曾和几个亲友及家人在一个普通的饭馆里吃了个便饭，这就是当年的婚宴了。结婚不到一个礼拜，柯岩就去了朝鲜。

“她走之后，（贺敬之对“新婚别”，也有回忆）我很想念她，很盼望她来信。她给我来信，信里面有些是很有感情的话，但是让我记忆最深的就是她寄来了一首诗。诗里描写志愿军战士在战壕里休息时的场景和连长怎么关怀战士的情形。收到这首诗以后，我觉得我们的感情又增加了新的因素，我把她的这首诗转寄给了《中国青年报》，很快就发表了。”至今，贺敬之还能记住柯岩从朝鲜寄

1 一九五四年在北京饭店舞池里享受和平生活的诗人伉俪

信的日子：1953年10月12日。这只能说明柯岩在他心中是永远不会忘记的！

柯岩在2011年12月11日辞世之后，报刊上发表了不少纪念文章，她的作品、人品以及她一生中充满情爱的故事，被不能忘记爱的人们不停地追思着。《文艺报》于2012年11月14日在副刊上载出一文《柯岩没有发表的两首诗》。据作者夏红声称："前一段突然翻到了十多年前收集到的一封柯岩从朝鲜前线寄给贺敬之同志的信。1953年10月初，柯岩参加第三届中国人民赴朝慰问团去朝鲜慰问志愿军，那信即是在将要离朝回国时写的，落款日期为12月22日"。"柯岩没有发表的两首诗"即是从这里面抖落出来的。"说是信，倒不如说是一封'诗笺'。"因为一共五页写得密密麻麻的信纸，倒有四页上写的是诗句。诗共两首，前一首又分初稿和修改稿两组。修改稿所写的大小环境、人物、情节和细节，与初稿无大变化，只是文字更精练了，语言更生动了。初稿四三行，二稿即浓缩为二六行。写的是朝鲜的寒冬，一个冰天雪地的深夜，志愿军战士守卫在赴朝慰问团的驻地，"最可爱的人"对来自祖国的慰问团亲人所显示的深厚感情的动人一幕。"白白的头巾飘着，／白白的裙子舞着，／小小的姑娘飞跑着，／像轻快的风，／手拉着手，／紧闭着嘴，／流着汗，／小脸红红。小小的、／圆圆的，／像两个新鲜的小菌，／飞跑着去迎接志愿军叔叔的亲人。"记录在第二首诗中，是两个朝鲜小姑娘热情欢迎中国

人民慰问团的生动情景。

柯岩在信里表示自己对这两首诗都很不满意，而且心生困惑。

她在第一首诗的后面写道："这什么也不是，只是信手写来。'二'（指修改稿）是想了一下之后写的，比'一'要好些。我曾深受感动，但我写不出来，怎么办？"

在第二首诗后面又写道："这也什么都不是，只是信手写来的材料，也不是没想的样子。你不要生我的气，不要骂我，我早已很生自己的气了。原想写的两个东西也时常在闪动，只是乱。信心不足了，但要努力的，放心吧……"

从全信行文的草率和字迹的潦草，都可以看出柯岩是在紧张的工作之后，仓促而就的。她在信的开头就写道："离开哈尔滨已经好几天了，这些天很忙，跑的地方很多，差不多每天要换一个地方，装台，演戏，拆台……又走，以至我不打开日记本就无法确切地清楚地说出行程及地点来。"

从两首未发表的诗作来看，柯岩那时对诗歌写作技艺的驾驭能力、遣词造句的功夫，尚处在"初级阶段"。但这两首诗作所显示出的她对生活的炽热激情和对事物观察的敏锐细致，都预示了柯岩后来几十年在诗歌和其他文学形式创作上呈现的辉煌是必然的。

在这封信里，柯岩不止一次表示了对丈夫的深深思念和关心；同时，柯岩对自己在特殊环境里所受到的锻炼和取得的进步，也向丈夫作了"思想汇报"。她在信里写道：

"我们又调了一个分团，八个女代表七个是军属，有几个丈夫都参军六七年了。可尊敬的妇女啊，你们对祖国贡献是多么多啊！我以对她们无比的尊敬来鞭策我自己。

"（领导）昨天和我谈了一次，肯定我的进步，回来详谈吧。他肯定的恰恰是我在努力和将不断努力的。我也更深入地谈了我的缺点及将努力之道，谈得很好。

"亲爱的，愈深化认识自己的缺点，愈懂得我与共产党员水平距离远，我愈有信心争取（与贺敬之喜结连理的柯岩此时还是个正在积极争取参加共产党的青

因戏相识 因爱结缘
牵手在共和国
建立之初的诗坛伉俪

1/2

1 一九五四年摄于北京中山公园

2 一九五四年在北京颐和园后湖留影

1 证婚人著名剧作家陈白尘(中)，「文革」之后的一九七九年应邀来家中小聚与贺敬之、柯岩及一双儿女小风小雷合影 李江树摄

年团员。她显然是抱着到艰苦但充满了革命英雄主义气概的生活里，去接受教育和考验的目的赴朝的——笔者注）。我急于、但我禁得起党长期的严格的考验。我明白这不是我个人的问题，我要丢去了一切个人的杂念与虚荣……这样道路就更直坦而明确。”

至于情书是否写过？笔者读到的夏红同志新近披露的这一封“柯岩从朝鲜前线寄给贺敬之同志的信”，应该有一个明确的答案了。

在一般人心目中，诗人的生活一定是浪漫的，于是，曾有人好奇地询问他俩在生活中互相写过诗吗？

“没有。你是问我们俩互相写什么情诗之类的吗？我想大约没有。”这是贺敬之的回答。柯岩虽说也对人有过“先笑后答”的类似答案，但在2002年出版的《柯岩诗存》中，细心的读者不能不惊喜地发现，“究竟写？还是没有写过爱情诗？”不再是两位诗家的一桩疑案。

柯岩成稿于2001年的《眼病》（见第七十五页），句句是爱，字字是情，让笔者这《诗人的爱情诗》曾经的主编，也只能是道过一声“难得一见”，又大呼一声“相见恨晚”。

世上有多少诗篇
是那样温柔地
歌唱着月亮
世上有多少诗篇
献给了夜莺
带着迷人的忧伤
但我的党却教我把自己的歌
献给麦穗
献给钢铁
献给斗争和理想

——柯岩《我的歌声》

贺敬之镜头中的小柯

1 贺敬之镜头中小柯——一九五四年摄于北京中山公园

2 贺敬之镜头中的小柯——摄于北京沙土山二巷3号旧居

1 | 2

1-2 贺敬之镜头中的小柯——一九五四年摄于北京天坛公园

1
2 | 3

1 一九五六年摄于北京颐和园

2 贺敬之镜头中的小柯——摄于北京天坛公园

3 新婚的柯岩留影于北京沙土山二巷3号家屋门前

1 一九五三年摄于北京颐和园

2 新婚的柯岩留影于北京沙土山二巷3号家屋门前

一九五四年摄于杭州西湖

1 / 2

1 一九五三年摄于北京颐和园

2 新婚的柯岩留影于北京沙土山二巷3号家屋门前

一九五四年摄于杭州西湖

眼病

我的爱人患了眼病
“很重”他说：
仍像往日那样微笑
可我知道，他害怕
很害怕——失明

我的心怦怦地跳
可我知道，我此刻
此刻我，只能保持镇静
“不要紧”我也微笑
“我还有一双眼睛”

可我愤怒，甚至震惊
因为我也刚从医院回来
我的视力减退、模糊不清
“不可逆转”医生惋惜地责备
“为什么你不早来看病”

我眼疼痛，心也疼痛，
如果我们真的双双失明
谁能领着我们走路
帮我们读书、写字
探望世界上的一切生灵……

我一直只习惯用眼睛察看
花儿怎样开放
小草怎样枯荣
天上有没有乌云
地上是不是泥泞？特别是
特别是每个人形体和面容上
细微又瞬息万变的表情……

而他，也一直事必躬亲
收拾自己的行囊
检点每一封书信
读诗、阅报、上网
追逐世纪风云
清晨，沿着小径慢跑
深夜，细数满天繁星……

我们不禁长长地默默对视
好像过去忘了把对方看清
我们又同时急促地四下环顾
遗憾以前怎么会忽略了
那么多琐碎却可爱的事情……

“幸亏我们不是先天失明”
半晌，他重又对我微笑
“好在我们已记住了那么多
色彩和形象”我立即热烈回应

“我会努力训练自己的听力”
“你从来就爱倾听风雨声”
“你的嗅觉一直比我灵敏”
“这回我要用它来分辨好坏人”

“这回我不得不多听音乐了”
“让我们更深地体会贝多芬”
“这回我更加崇敬海伦·凯勒”
“我也更懂得了保尔·柯察金”

“好在现在电脑可以声音输入了”
“幸亏咱们都能清晰地发音……”
“看来以后咱们会越来越多地交谈了”
“不知会不会减少些争论……”

我们不禁四手紧握哈哈大笑
倒好像得了眼病很是幸运
虽然想起没法查辞海有点发愁
可毕竟这不是最最重要的事情……

她在1955年宣称：什么时候也不会撤销对贺敬之的信任

几年不见新作品发表，贺敬之踏在被称作马雅可夫体——“楼梯诗”上的脚步声……柯岩也只在稍后才听见。在卧室与书房两用的小房间里，柯岩往往在一觉醒来之后，才发现开了一晚上夜车的先生写的不是诗文，而是因为诗文在写检查、作反省。柯岩一双大而明亮的眼睛没有看见的，是他从1950年冬天开始，在建国后第一次文艺整风中的“挨整”。

那是由于一篇文章和一个剧本。具体地说，就是贺敬之发表在当时的《人民戏剧》杂志上的一篇反对公式化、概念化的文章，被某些人指责是接受了胡风唯心论的“主观战斗精神”的影响。另一个是贺敬之执笔创作的歌剧本《节振国》，被扣上了一顶“歪曲了工人阶级英雄形象”的帽子而遭到批判，让年轻体弱的他感到了沉重的压力，在剧本不得不停止排演之后不久，他口吐鲜血，被病魔击倒在下乡深入生活的路上。

接着，一场突来的厄运又降临到了他和她的头上。1955年5月，出院后的贺敬之随中国作家代表团赴东柏林参加席勒逝世的纪念活动。他写的《纪念席勒逝世一百五十周年》的论文墨香犹存，国内就展开了“反胡风运动”，电令他立即回国，他返京后连家都没让回，就被一辆汽车从飞机场直接接走，由本单位负责人宣布他为“胡风反革命集团”一案的重点审查对象，立即隔离审查。与此同时，柯岩所在的单位也绷紧了对敌斗争的神经。柯岩作为贺敬之的妻子，被要求必须与贺敬之划清界限，揭发检举。对此，柯岩从容而干脆地回答：“我没有什么可检举的！”专案组要她交出贺敬之与胡风的“密信”，年轻气盛的柯岩竟把柜门大开，又把仅有的两只衣箱啪一下打开了，把所有的衣物零什都扣在了地上，说：“不信就自己翻！”柯岩在祸从天降面前异常冷静地宣称，她什么时候也不会撤销对贺敬之的信任。“我绝不信他有什么反党问题！”在接受批判尚可回家的时候，贺敬之明显感到小餐桌上加了内容，酒盅里添了深度，和眼睛里比往常更多的温馨。人生在最黑暗时候的坚持，被贺敬之感叹了一生，一次挨整，一次确认，和柯岩的结合，“这是我在那个时期感到幸福，也是我终生感到幸福的事情”。

在贺敬之被隔离审查和批判的过程中，柯岩由于所谓“态度不端正”被清除

出“积极分子”的队伍，被取消了预备党员如期转正的资格。不明真相的人与她划清界限，有些过从甚密的人也对她疏远，但这一切都没能改变她对贺敬之的看法。不管是未相识前对贺敬之作品的阅读和相恋以及婚后的共同生活，都使她坚信这位不满十六岁就投奔延安、毛主席《讲话》后主要执笔写成歌剧《白毛女》的贺敬之，绝不会与包括胡风在内的任何人有过什么“反党”性质的秘密来往，通过什么不可告人的“密信”。特别是她熟悉贺敬之的全部作品及其创作过程，更使她坚信要从这方面批倒贺敬之是绝不可能的。从不相识时就在笔记本上抄写贺敬之的诗开始，她从来不掩饰对贺敬之作品的喜爱。不过这并不是偏爱，这只是她喜爱的各类优秀作品、特别是革命文艺作品之一。好学嗜读的柯岩，从少年时代一直到解放后成为青年作家，在各种艰苦环境下读过了中外许多名著：鲁迅、郭沫若、冰心、艾青、臧克家、李季等前辈，在新中国成长起来的公刘、雁翼、李瑛、严阵、梁上泉、韩笑等同辈，以及被称作“重放的鲜花”的王辽生、流沙河等的作品，乃至日后被她称誉为“共和国热情歌者和一道独特风景”的黄声笑、李学鳌等工农兵诗人的许多佳作，她都能背诵，能侃侃而谈，如数家珍。不用说，在这许多“家珍”中，贺敬之的作品就是她真实的“家”中之“珍”了。正因为如此，当她知道单位领导要在群众会上对贺敬之进行面对面的揭发批判，公然把贺敬之的作品说成是胡风“精神奴役创伤”理论指导下的产物，是胡风“反动文艺思想”的表现，从而被上纲成了严重政治问题时，不能不感到无比的心疼和难忍的愤怒。当贺敬之在会场遭受批判之时，她在家中找出贺敬之的诗集，《并没有冬天》和《乡村的夜》，把这些描写旧社会农民悲惨命运的叙事诗篇一首一首地重读重诵，它们是：《五婶子的末路》《鸡》《夏嫂子》《葬》《儿子是在落雪天走的》《牛》《小兰姑娘》《婆婆和童养媳妇》《老虎的接生婆》《祭灶》《红灯笼》《小金的爹在夜里》《瓜地》《黑鼻子八叔》。柯岩，这个山东贫苦农家子弟的妻子、台儿庄人的媳妇，无须请丈夫站到面前对“十六个年头，/不灭的记忆”作什么解释，再次捧在手中的这些作品，再次使她坚信自己对是非的判断：它们绝不是写什么“精神奴役的创伤”，而是表达对被压迫的农民的阶级情和亲人情，是对旧社会的揭发、控诉和反抗。作品中的夏嫂子、

她在1955年宣称：
什么时候也不会
撤销对贺敬之的信任

五婶子、童养媳妇、小兰姑娘、小全、种瓜的刘老头……这些历历在目的人物形象，正是诗作者早死的父亲、无钱医治而病死的弟弟、苦命而多难的四个姑母、茹苦含辛承受一切苦难的母亲以及流落为矿工死于异乡的锁哥等等亲人直接间接的写照。不错，胡风曾对这些作品称赞过，说使他“想起了俄国写过农村和农民的涅克拉索夫和普希金”，但决不能由此一句话就判定作者本人有什么严重问题。何况作品写成在这之前的延安“鲁艺”，是当时的文学系主任何其芳发现了贺敬之这个年龄最小的考生“有诗的感觉”而决定录取，继而阅读了他的《乡村的夜》（当时题名为《乡村回忆录》）而向周扬院长作了推荐，周扬阅后也称赞说“‘五四’以来的新诗还没见有人这样写过……”固然，这也不能作为评定作品优劣的依据，但至少能够证明：这些作品和胡风在政治上是没有任何瓜葛的。想到这些，柯岩的心疼、愤怒转为平复、淡定。在当时的条件下，她虽无法做出有效的抗争，但作为一名经受考验的真正的革命者和忠贞的妻子，她心存希望，她在期待、期待……

1955年底，终因查不出与胡风和“胡风集团”的人有“勾结”的事实，贺敬之没有被划成“胡风分子”，从而结束了半年之久的隔离审查。不过，仍以“犯有严重错误”为名给予“党内严重警告”处分上报。因此，分配作《剧本》月刊的常务编委之一后，一直不再委以什么重要职务。对此，吃延安小米饭长大的贺敬之和柯岩倾心交谈的不是个人的什么委屈和怨尤，而是经常想起就读延安“鲁艺”时听老师何其芳说过的话：读一读高尔基在《和列宁相处的日子里》吧，列宁劝告高尔基说，应当理解革命者在复杂而紧张的搏斗中，是难以保证每一拳都打得准的，有时误打到自己人身上，这当然令人痛心，但也是难以完全避免的。就是这样，这成为贺敬之和柯岩的共识，增加了“不畏浮云遮望眼”的精神力量。贺敬之激情满怀地重返分别十一年的延安，唱出了“双手搂定宝塔山……”，正在出席第一届全国青年创作会议的柯岩，也心随贺敬之的诗篇一起《回延安》。紧接着，柯岩在她深入生活的工读学校为贺敬之借了一间小屋，在热烈地讨论她的新作《“小兵”的故事》同时，她充满信心地为贺敬之开始动笔的长篇政治抒情诗《放声歌唱》鼓劲并提出建议……

在诗界春华初露的一段佳话

“可以说，柯岩是在一种最为理想、最是温柔的家庭生活中，在浓浓的艺术氛围里，成长成名的。”比柯岩略长几岁、来自山东抗日根据地的老战士丁宁，是和这一对“不仅革命志向一致，在文学道路和革命追求上，更是并肩同步，珠联璧合”的夫妻二人，共事最长、知根知底的女作家，她是最有资格这样“说”的。由于提供了一幅和南礼士路照片同时期的图像，在众多的记述柯岩与贺敬之诗人伉俪生活中平平仄仄的文字中，丁宁《至情的金玫瑰》一文填补了图像存留不多的一段真实情景：

“大约是五十年代中期，我在诗人郭小川家里，第一次见到柯岩，那时，她和著名诗人贺敬之已结为伉俪。第一次的印象很深，她很美，身穿粉红色上装，明亮的眼睛，闪耀着智慧，年龄不过二十左右。我不由得想，她应是舞台和银幕上的明星，郭小川则对我说，她是才女。一个青年女性，既美又有才，令人艳羡。不久，便听到一个有趣的佳话……”再往后就是发表在最权威的《人民文学》上的《儿童诗三首》，这之前发表过剧本的柯岩正式在诗界露头。

柯岩在诗界春华初露的一段佳话，让后人所见是上世纪五十年代中期，在共和国风雨和阳光交叉的路上，柯岩和贺敬之相伴而行的身影……

自从1955年9月16日的《人民日报》发表社论，指出儿童读物奇缺，“要在作家中提倡为少年儿童写作的风气，要求大量创作、出版、发行少年儿童读物，克服轻视少年儿童文学的思想”。中国作协立刻作出快速反应，号召老作家们带头为少年儿童创作。每年至少要为培养下一代提供一件儿童文学作品，成为中国作家人人应尽的一份责任。贺敬之就是在这时候收到约稿信，并立刻投入到写作中去的。

平时，贺敬之写东西有个习惯，就是在屋里拿张小纸片走来走去，嘴里念念有词的，等到他什么时候坐在桌子旁，多半酝酿成熟了，一夜烟雾缭绕，第二天多少有点收获。那一次（就是柯岩有了契机，一夜成名的那一次），很奇怪，一夜不眠，他走来走去，走到后来柯岩头都晕了，第二天早上，起床后凑上前一看，纸上只有六七行，还抹掉了不少。

柯岩问：“什么事这么难？”

他说："没想到给儿童写点东西这么难。"

柯岩说："这有什么难的，你去睡，我来试试。"

照柯岩的说法是："那时我年轻不知高低，自视有点'牛'。"结果一个去睡了，一个接过笔，坐到桌边写起来……

贺敬之起床后，对桌面扫了一眼，先还不以为然，说："你一写就这么一大堆，能行吗？"一大堆是多少？一二三四五六七八九，呀！诗九首！那一天贺敬之睡到自然醒，也就八九个小时，平均一小时成诗一首。结果他看了之后说："嘿，真奇怪，还可以嘛！你什么时候积累的这些生活？"一声"还可以"从贺诗人嘴边溜了出来，柯岩儿童诗的处女作，应该说是让行家评了个不低的分数。他觉得这下省了他的事，挑了六首寄给《人民文学》。寄的时候，他说："这是一个青年作者写的几首诗给我看了，我对儿童文学没有把握，你们是有经验的，请你们审定是否能用？"其中的《小弟和小猫》《我的小竹竿》《坐火车》，在当年的最后一期《人民文学》，即1955年12月号上以《儿童诗三首》为题隆重推出。

《我的小竹竿》，让柯岩诗中的小主人公有了个好玩伴，"我当车夫它当鞭"，"叫它当马就当马"，"我当解放军它当枪"。解放初的孩子们的物质生活水平不高，但精神生活却一点不贫

贺敬之的镜头将小柯定格在幸福的一九五六年
这一年他俩和艾芜 张天翼 汪静之等老作家一起住在青岛海滨的工人疗养院
小柯经过顽强的努力终于学会了游泳
再次显露出诗人的才气
新写成的儿童组诗《看球记》赢得读者一片叫好声

乏，竹竿虽小，作者却有寓教于乐的特殊本领，把自己心中的美投射到了儿童游戏。一颗童心、满腔童趣，将年龄和角色完完全全、自自然然地转换，用儿童的语言去描绘他们的爱和恨，《我的小竹竿》在儿童诗天地拔地而起，在1955年神奇地成为一件名副其实、魅力无穷的艺术作品。

"《坐火车》开创了新中国儿童诗中的一个新品种——儿童游戏诗。这种儿童诗可以让孩子们边唱诵边游戏，把朗诵、唱歌、表演、游戏等综合起来，收到一举多得的良好效果。"（引自李泱著《成长在新中国阳光下的女作家》）

至今，在我国城乡随处可见的幼儿园里，我们还能看到幼儿们在老师指引下，在玩"坐火车"的游戏，在唱诵柯岩的儿童诗。最没少见的就是那一辆辆开进二十一世纪的"小火车"洒得一地的诗情。

二十五岁的柯岩，诗人的才能像开闸的流水，顺着自己最熟悉的渠道奔涌着。她走进了青年诗人、儿童文学作家行列。

柯岩在诗界春华初露的佳话，很多年来让人感叹不已的一夜成名，笔者不仅在多种报刊上见过大体相近的文本，而且听过她回答来访者提问，开玩笑地说她自己是一夜之间"冒"出来的诗人。但是，"冒出来的？哪那么容易！"她爽朗地大笑之后，非常认真地要求《柯岩文学创作足迹》的作者，转告有志于创作的青年同志，一切偶然都寓于必然之中，戏剧性的出现在于戏剧性之外的长久功夫。

柯岩的成名作——《儿童诗三首》

柯岩的成名作
——《儿童诗三首》

小弟和小猫

我家有个小弟弟，
聪明又淘气，
每天爬高又爬低，
满头满脸都是泥。

妈妈叫他来洗澡，
装没听见他就跑；
爸爸拿镜子把他照，
他闭上眼睛咯咯地笑。

姐姐抱来个小花猫，
拍拍爪子舔舔毛，
两眼一眯“妙，妙，妙，
谁跟我玩，谁把我抱？”

弟弟伸出小黑手，
小猫连忙往后跳，
胡子一撅头一摇：
“不妙不妙！太脏太脏我不要！”

姐姐听了哈哈笑，
爸爸妈妈皱眉毛，
小弟听了真害臊：
“妈！妈！快给我洗个澡！”

坐火车

小板凳，摆一排，
小朋友们坐上来，
这是火车跑得快，
我当司机把车开。
　（轰隆隆隆，轰隆隆隆，呜！呜！）

抱洋娃娃的靠窗坐，
牵小熊的往后挪，
皮球积木都摆好，
大家坐稳就开车。
　（轰隆隆隆，轰隆隆隆，呜！呜！）

穿大山，过大河，
火车跑遍全中国，
大站小站我都停，
注意车站可别下错。
　（轰隆隆隆，轰隆隆隆，呜！呜！）

哎呀呀，怎么啦，
你们一个也不下？
收票啦，下去吧，
让别人上车坐会儿吧。
　（轰隆隆隆，轰隆隆隆，呜！呜！）

我的小竹竿 

我有一根小竹竿，
每天跟我来做伴。
我当车夫它当鞭，
　　嘚儿！哦！吁！
赶马赶得真是欢。

我的竹竿很听话，
叫它当马就当马，
不喂水，不吃草，
　　泼拉拉，泼剌剌，
骑上它就满院跑。

我的竹竿实在强，
我当解放军它当枪，
长枪，短枪，机关枪，
　　乒乒乒，乓乓乓，
把强盗土匪消灭光。

写《「小迷糊」阿姨》时的柯岩

收藏在柯岩私人相册中的幸福生活

1 贺敬之镜头中的妻女——荡桨在颐和园

2 贺敬之镜头中的妻女——摄于北京沙土山二巷3号旧居

一切物质的东西都是有价的
只有亲情无价
因此 它 才是世上最可宝贵的
——摘自柯岩《亲情无价》

她的儿童诗每读一首
就会受到一次爱的感染
她对孩子们的爱
正是对少年新中国爱的延伸

——摘自前辈诗人臧克家《柯岩的儿童诗》

1
2

1-2 贺敬之镜头中的小柯与女儿

1 五十年代末 摄于北京

我的孩子都是好孩子
我的丈夫是世上最好的丈夫
我的朋友都是世上最好的人
我的理想及信仰是世上最美好的
我选择的人生道路是正确的
因此 我的一生无悔无怨

——摘自柯岩《一九九四年一月六日手术前留给孩子也留给老伴的「遗书」》

1 五十年代末 摄于北京

2 六十年代初 摄于北京

1 一九七二年母与子 摄于北京

2 「文革」中的诗人伉俪

1950
1976

1 | 2/3

1 六十年代初父与子 摄于北京

2 贺敬之镜头中的儿子小雷

3 「文革」中被关押前 摄于北京

1 六十年代初摄于北京和平街十区十五楼旧居

2 贺敬之镜头中的儿子小雷

不能说天下的妈妈都啰唆
但妈妈啰唆正说明了妈妈爱你们
正因为她爱你们又不能时时刻刻守在你们身边
才这样惦记你们 为你们担惊受怕
替你们设身处地把想到的一切事
甚至一切可能发生的方方面面的事
急不可待地 忙不择言地
三番五次地说给你们 提醒你们
在你们看来 她已经啰唆得很了 可对她来说
还远远没把她的担心 她的忧虑 她的爱表述于万一呢

——摘自柯岩《和「巨人」对话》

1 | 2

1 六十年代初摄于北京和平街十区十五楼旧居

2 摄于「文革」时期

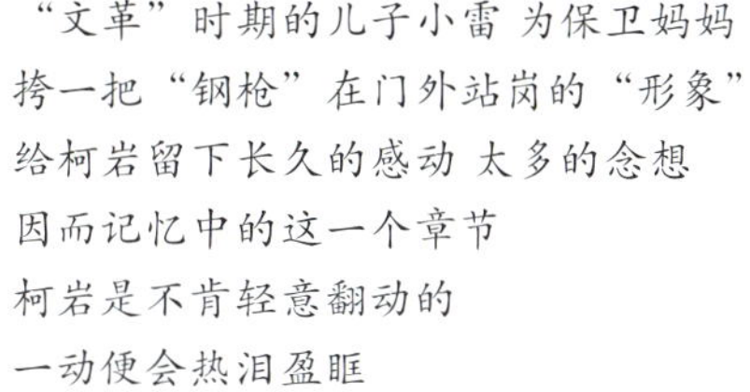

“文革”时期的儿子小雷 为保卫妈妈
挎一把“钢枪”在门外站岗的“形象”
给柯岩留下长久的感动 太多的念想
因而记忆中的这一个章节
柯岩是不肯轻意翻动的
一动便会热泪盈眶

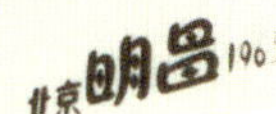

李希凡：我一家三代人都是柯岩儿童诗的“粉丝”

开始读柯岩的作品，真就是她所讲到的，标志着她“生活道路转折点”的、发表在《人民文学》的那三首儿童诗，而认识柯岩本人，却是在第二年，即1956年的第一次全国青年创作会议上。据回忆，四十年后开出一张青创会北京代表团成员名单，当年相会在大栅栏附近胡同的一所院落里，简直就是一个星河世界。李希凡记得其中的多数人都已是名作家，至今活跃在文坛上。他还记得刘绍棠和邓友梅，曾是常在一起 “侃大山”的中心人物。他和柯岩“认识也等于不认识”。是因为“在我的印象里，那时的柯岩端庄文静，已是一副‘严肃的成人’样子，不大和我们这些‘大野小子’搭碴儿。所以认识也等于不认识，因为从没说过一句话”。不过，这并不妨碍日后发生的事，一个接着一个地让人惊讶。李希凡作为建国后成长起来的文学理论批评工作者，首先在红楼梦研究领域向学术权威发起论争的年轻人，据自己说曾经和柯岩同一个小组开会都未说过一句话，却在几年后，成为了“一个能读柯岩诗的女孩的爸爸”。大概是在六十年代初，他从出版社得到厚厚一大本儿童诗集（应该是那年由作家出版社新版的《“小迷糊”阿姨——柯岩儿童诗、剧集》）“孩子读得入迷，也就影响了爸爸”。李希凡声称：在“文革”前，不只读过柯岩的儿童诗，但留下的印象却是柯岩的儿童诗最深。在1996年的时候，在“我的小小家族里，已拥有三代人的读者——我、大女儿萌、孙女儿慧可，譬如《“小兵”的故事》《妈妈下班回了家》《通条、通条不见啦》《绝交》《眼镜惹出了什么事情》《小弟和小猫》《帽子的秘密》等等。直到最近《柯岩文集》（六卷本）到了我家，小孙女慧可抢着看时，萌（她已四十二岁）还惊喜地发现：‘我怎么不记得了，原来《坐火车》也是柯岩阿姨写的，我们在幼儿园时经常唱，也听慧可唱过’”，为同代人有如此丰硕的创作成果而感到自豪，他相信：“今后我们新时代的孩子还会继续唱下去：小板凳，摆一排，小朋友们坐上来……”

1956年出席第一次全国青年文学创作会北京代表团的合影

《诗刊》第一任主编 诗人臧克家：柯岩的儿童诗 读一首受一次爱的感染

《诗刊》第一任主编
诗人臧克家：
柯岩的儿童诗
读一首受一次爱的感染

“我的刚刚会说话的小女孩，整天把一首儿歌挂在口头上：‘我家有个小弟弟，聪明又淘气……’她能一字不差地从头背到底，用那样一副神情朗诵着：‘不妙不妙！太脏太脏我不要！’”臧克家是中国新诗史上一个重量级人物，建国后第一份国家级《诗刊》的首任主编。在五十年代中期，他发现自己家的小女儿整天挂在口头上的那一首首儿歌，孩子们喜欢读，大人也一样欣赏它。老诗人遂想起，曾在《人民文学》读到就留下了一个较深印象的《“小兵”的故事》，和“我的小女孩最喜欢的那首《小弟和小猫》”，同是一个名叫“柯岩”的新人的作品。那时的他并不知道作者是山东同乡贺敬之新婚不久的妻子，也无从得知“这是柯岩第一次用儿童的语言流露出的对于新世界天真的爱，也是她婚后美满生活的毫无阴影的光明”。早在三十年代就已闻名诗坛的臧克家，发现这颗诗坛新星“之所以能写出这样一些比较优秀的儿童诗，显然，她对儿童的生活有浓厚的趣味，曾经仔细地观察，从儿童的外表活动，一直到他（她）们的内心活动”。她的儿童诗每读一首，就会受到一次爱的感染，她对孩子们的爱，正是对少年新中国爱的延伸。“希望作家们多写点东西给孩子读”，已经不止一次“每到‘六一’儿童节我们就感觉惭愧”，已经不止一次加入“他（她）们伯伯姨姨呼吁”的大诗人，按捺不住心中的激动，为柯岩的儿童诗，他洋洋洒洒写出了一篇“过了半个世纪，依然闪耀真理光芒”的评论。最早一篇舒霈所著长文《情趣从何而来——谈谈柯岩的儿童诗》刊出于1957年，虽说分量不比臧老的文章分量轻，但由于是在中国作家协会主办的权威刊物《人民文学》上，并不多见地为新中国的儿童文学，前辈诗人亲自上阵吼了一嗓子，自然是波及的层面更宽影响更大。“以为写给孩子们看的作品不能成为具有很高艺术价值的作品吗？柯岩同志的某些诗就有力地反驳了这一点。”在读者中，在文坛上，《柯岩的儿童诗》当时就有不小的动静，过去很多年，无论是“无法不为这样深刻有味的诗句所打动”的原因，还是当年“读着这些诗，使人感觉活在儿童天地里的美好心情”，不少的人都还能忆起二十六七岁的柯岩，1955、1956年一不小心踏上儿童文学的小径进入诗坛的足音。

柯岩与《诗刊》第一任主编、诗人臧克家

文学生涯的转折点
——从“儿艺”开始专门为儿童写作

“那个平凡而又奇特的时刻永远留在我的记忆中，因为那是我生活道路上的一个转折点；此后，我被调到儿童艺术剧院创作组，开始了专门为儿童写作的生活。”柯岩所说的那个记忆中难忘的春天，是1956年，一纸调函，突然出现在面前的杏花二月。

当许多年后，面对《二十世纪中国女作家研究》一书的作者阎纯德教授，柯岩首次曝出“迎来生活道路上的一个转折点”，当年曾经大哭一场。“最早的时候我提出过上儿童剧院，人家那会儿还不要我，说：‘你在青艺写戏很好嘛，何必非上儿童剧院去呢？’我去报考文学讲习所，文学讲习所通知要我去，一通知要我去，‘儿艺’就赶快要我去了。剧院有好几位同志报名，有的资格比我老，作品送去，人家都没要就要我了……”《儿童诗三首》的发表，成为柯岩文学之路的一个拐点，青年诗人以自己的作品在儿童诗苑里站了起来，“儿艺”的领导看准了她身上的潜质，都听说过这个年轻人“小时候很寂寞。解放后，一看到孩子就觉得他们太幸福了，总愿站在那儿看、欣赏，和他们扎堆儿，为他们使劲儿……”的故事。（柯岩在年纪大了才肯承认，曾经“心口不一”：“那时十八九岁，二十来岁，特别不愿让人家觉得我小，总要装大。人家一看你关心孩子，问：‘你喜欢孩子啊？’我说：‘谁喜欢那玩意呀。’其实心里不是这样。”）她“写作时，不但努力千方百计地使作品吸引孩子，而且希望有能让大人也喜欢读这些作品的艺术本领”早已被儿艺的演员同行认知。多年守望着老朋友，希望成为她剧本中的角色，被柯岩誉为“克服着常人难以想象的困难一辈子在台上蹦蹦跳跳，硬让青春美女化成小顽童”的儿童剧功勋艺术家方掬芬、覃琨等，当年是不是也极力鼓捣要调柯岩过去搞创作的幕后推手？想不通归想不通，收拾起“觉得留在‘青艺’才大有作为”的心情，不再嘀咕“去‘儿艺’好像是大材小用了”。那时候的革命青年，都是把服从组织分配当作第一志愿的。开过青创会后，自然在头上多罩了一个光圈，在“儿艺”走马上任，专业创作之外，还加冕了一个剧院的“艺委会委员”头衔。

柯岩在“青艺”从艺六年，在“儿艺”差不多是十年时间。从文艺新兵青春美女到文学青年再人到中年，有别于以后多个十年的这一个时段，起点正好是被国人认为“文革”以前中国最好时光的1956年。风华正茂的柯岩，再不似如她自己所说，曾是“写了好几个戏已演了几百场了，还没谁叫我一声作家，不大被承认的一个青年创作人员”。脑后两条粗黑的发辫可以作证，当她出现在“儿艺”人视线中的时候，立刻就被发现她就是当年联欢会灯光辉映的舞厅里，周恩来总理身边那个在华尔兹的旋律里无拘无束起舞、知无不言的舞伴——“小鬼是舞蹈队的吗？”“不是。”“是演员？”“我是青艺创作组的！”“噢！”总理锐利的目光发现她藏在上衣口袋里的代表证（第一届全国青年文学创作会出席证）笑了。“还是个作家哩！”一个二十多岁的小姑娘，敢就大剧院该演还是不该演外国戏、文化的普及与提高，和敬爱的周恩来总理辩论。姐不是传说，而是当年流传在文艺界的一篇美谈。现在是1956年3月，这个被总理戏称作“蛮厉害的小鬼”，被剧院老演员呼作“小大姐”的柯岩，到了儿童艺术剧院，专门地为儿童写作，让她端上了一只幸福的饭碗。柯岩曾深有体会地说过：“和所有的作家相比，儿童文学家最幸福。因为他的工作对象的灵魂像一张白纸，有最广阔的空间由他挥洒笔墨。他又像一个在平地上盖楼的建筑师，无须去拆除障碍，清除废墟，修改已有的街巷……”（《柯岩文集》第七卷第二百三十六页）正因为有着这种对于儿童文学家来说的“最幸福”感，柯岩在儿童文学创作道路上，披荆斩棘，艰辛跋涉，克服了许多一般文学家难以克服的困难。

儿童诗《“小兵”的故事》出笼前，她生活在孩子们中间，已有较长一段时间。为了解孩子们的生活、感情、年龄特征、思维及行动特点，她走遍了北京的各类学校和幼儿园：重点幼儿园、一般幼儿园、工厂、农村、街道的幼儿园、学校、专业学校、干部子弟学校、少年犯管教所，并在一些学校讲课，担任过团支部书记和少先队辅导员，同不少学校、幼儿园的老师、保育员和教育机关、幼儿教育研究室的研究人员都是好朋友，从他们那里了解和学习了很多东西。柯岩的儿童文学作品之所以受到几代少年儿童的喜爱，这主要得力于她深入了孩子们的生活，了解孩子们五彩斑斓的生活。

《“小兵”的故事》呈现儿童诗创作高峰期

长期以来人们关注不少、议论也多的是对柯岩优质高产的创作成果，而备受作家本人感激不尽、无数次言说的，却是什么时候想起什么时候回味都还感觉到“很美好、很真挚、很充实的”下去生活。

青创会一完，根本没在“儿艺”落脚，儿周前刚满周岁的女儿，让小时候曾带过自己的张奶奶来家里照看着，她两个星期回一趟家。人称老太太的贺敬之的母亲，这时已被从山东老家接到北京，她有一句名言，就是在儿媳妇把孙女放进她怀里，眼泪一抹，背起背包就出发时蹦出来的：“共产党的女干部，什么都好，就是太忙了！”

太忙太忙，用柯岩自己的话说：“那时，我写得那么多，可能我当时的创作生活正处在《沧浪诗话》里所说的‘学诗有三节。第一节：其初不识好恶，连篇累牍，肆笔而成……’的阶段。”虽然一天成诗九首的奇迹没有再次出现，但在中国作家协会主办的《人民文学》月刊上，《帽子的秘密》《两个“将军”》《军医和护士》和儿童诗三首组成的《“小兵”的故事》，1956年4月号才浩浩荡荡登场亮相，两月后，《爸爸的眼镜》《小红花》又在6月号的《人民文学》上祝孩子们节日快乐。刚刚进入秋天的北京，当时中国作家协会另一份影响很大的青年文学刊物《文艺学习》，在同年9月号上刊出的《看球记》，是儿童诗在北京新秋令人眼前一亮的收获。刚刚一翻过年，亮在上海《文艺月报》1月号醒目位置上的《眼光》，将一个参加“少年运动会”的十三岁小姑娘送到跑道上，就在她“准备好的动作一下子都忘光”，望着前面发呆的时刻，柯岩让她的读者，看到一个白发斑斑的老运动员，一双温暖的大手先是落到小运动员肩上，然后“什么话也没有说，／他跪下去替她系紧了鞋带；／什么话也没有说，／他只那样深深地看了她一眼”。再往后，就是“‘砰’的一声信号枪响了，／小姑娘像箭一样直奔前方。／她那样轻快地撞断了终点线，／没断的是她背后那道深情的眼光”。在1957年2月的《文艺学习》和3月的《人民文学》分别推出的儿童诗《流星》和《小红马的遭遇》，实际上也是1956年的作品。有意识地把刻画人物的细节、预料不到的戏剧效果放在诗里，故而形成了自己的儿童诗特色，这是柯岩在温泉边住下之后，在摇笔杆时作出的很见成效的努力——一个才女的努力。

就在这年年底迎接新年气氛越来越浓的时候，骑车穿城而过，从温泉村工读学校回到家里，“小媳妇”左手提的不是一只鸡，右手提的也不是一只鸭。当柯岩把关系有些生疏的女儿一把揽进怀里时，丈夫从她左手接过一瓶酒，从她右手接过的是一个新拆开的邮包——天津人民出版社寄来了《“小兵”的故事》——青年诗人柯岩的处女诗集。“我们今晚喝一点点酒吧？”爱酒而不贪杯的诗人明知故问。喝酒的理由并不是什么时候都能够让夫人欣然同意的，不过，这1956年拧开在青年贺敬之手上的这一瓶，点点滴滴都将化作诗人伉俪记忆中的片片涟漪。

“我们的党／没有／在酒杯和鲜花的包围中，／醉意沉沉。／党，正挥汗如雨！／工作着——／在共和国大厦的／建筑架上！”以上诗句摘自贺敬之的政治抒情诗《放声歌唱》。《回延安》问世仅过三个月，即1956年6月，借力《北京日报》约稿，放歌中共八大召开，当报社用摩托车将他送到海淀区温泉学校旁边借来的一所房子里，柯岩此时就在工读学校体验生活，也就是在看望并住在柯岩那里的几天中，感情熔液化成的诗句便在《放声歌唱》的第一章中，如潮水奔涌不息了。

……

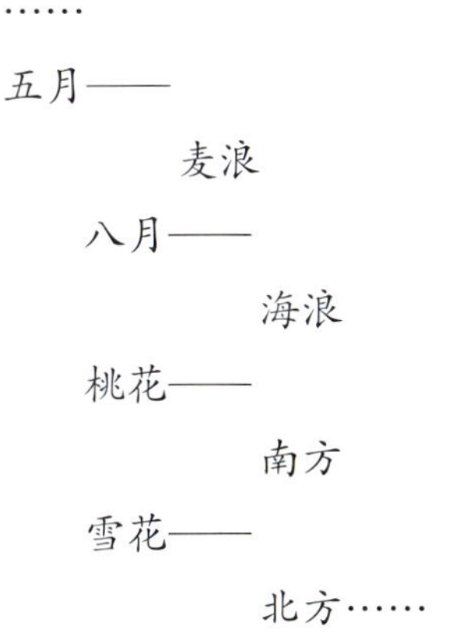

五月——
　　麦浪
　八月——
　　　海浪
　桃花——
　　　南方
　雪花——
　　　北方……

1
五十年代中期摄于北京
正是《“小兵”的故事》、《“小迷糊”阿姨》发表前后

“作者极其简洁精练地运用了一串双音词，在跳行之中都是春秋、晨夕的时空极大的跨越，是桃花雪花极其强烈的冷暖、色彩的对比。”当“把笔变成千丈长虹，好描绘我们时代多彩面容”的诗句，从字里行间跃出之时，一迭连声地叫好，柯岩和痴迷的“粉丝”没有什么两样。在回答“这样写行不行啊？”的时候，《放声歌唱》快读一节的柯岩，叫一声好之后，接着说：“你就这样写！”像“首长同志”发指示。这样写出前两节之后，贺敬之拿给编辑看，问他：“这样写行不行啊？”他们看了，在柯岩的好评上还加了一个好，说很好！现在就拿去发表。这样，《放声歌唱》的前两节便在1956年7月1日《北京日报》上发表了。很快就收到读者来信的热情鼓励。从柯岩体验生活的温泉村工读学校回城以后，写完第三节，后来去了青岛，在那里写完了最后两节，在楼梯式排列的一千六百行最后一级画上句号。

当代中国文学史，由人民文学出版社1980年12月初版、1981年6月再印的“初稿”，着力描绘诗歌在建国后头八年的发展盛况，将一个个能用自己嗓子歌唱的诗人，请进了这本“高等学校文科教材”。柯岩的名字在二十七岁时能被后人首次在文学史上念响，是儿童诗《“小兵”的故事》的“特殊贡献”。贺敬之的《放声歌唱》，在当时众多诗作的繁花竞放之中，如奇峰突起。还有一首早过《放声歌唱》三个来月问世的《回延安》，也是与他夫妻双双进入中国当代文学史同年诞生的名篇。

难忘的1956啊，儿艺、儿童诗、成名成长……

1957　一串眼泪付出的代价

在柯岩的创作年表上，我们可以看见1957年基本绝收的是她的诗创作。虽说在开头的三个月，分别在《文艺月报》《文艺学习》《人民文学》杂志上，露一脸发一首（组）儿童诗。《眼光》《流星》《小红马的遭遇》都应该算是旧作。该年最后一期在《剧本》月刊发表的独幕喜剧《相亲记》，是她在"青艺"时的作品，在北京上海不止一个剧团上演过。5月和8月分别由京、沪两家少年儿童出版社抢在暴风骤雨前推出的儿童诗集《最美的画册》和《大红花》，是头年报选题，次年出结果。

1957年上半年，柯岩延续着已经在去年"青创会"闭幕后就开启的新一幕——"下生活"。新的创作犹如探矿找油的钻机才刚刚定好井位，带着创作任务的剧院创作人员下生活是压力下旋转的钻头。这时期，她每隔一段时间进城回剧院时，最没少做的一件事，就是去找演员队，见见对她以"小大姐"相称的苏州艺校老同学，把一段时间以来自己最激动也最富有诗情的体会诉说一番。据方掬芬后来回忆，曾经就像着了魔似的，和柯岩一同咀嚼那些生活素材，催促她快点写成剧本排演，通过剧中人物，呼唤起全社会都来关心那些伤残的花朵，去歌颂那些工作在特殊战线上的老师。

柯岩的热情，柯岩的追求，让剧院的党组织终于开口了。急风暴雨的1957到来之前，在和风顺畅的1956快到尽头的时候，柯岩的入党申请终于没有再次搁浅在偏见的沙滩上。不能不说她的高级知识分子家庭出身，除了留给她聪明伶俐，刻苦好学，朴素的正义感和悲天悯人的情怀，这样一些优质遗传基因之外，还留在她身上一个在那年月让人心很纠结的"海外关系"，让她怀揣满腔热望站在门外等了很久。从十九岁那年，提出"我要入党"的申请，七年时间，一心向往着早一天跨进这个先锋队的行列，她拼命工作，拼命创作，把整个身心都投入到事业中去了，但她竟没能如愿。事情出现转机，是周总理出面纠正，1956年取消了那条规定。总理说海外也多的是我们的朋友和同志，不能因海外关系而把优秀的同志拒之党的大门之外，于是，正在温泉村工读学校体验生活的柯岩立即被叫回"儿艺"："支部要讨论你的申请。"

下半年再一次被剧院召回城里，是回本单位参加反右斗争，留在初谙人世的

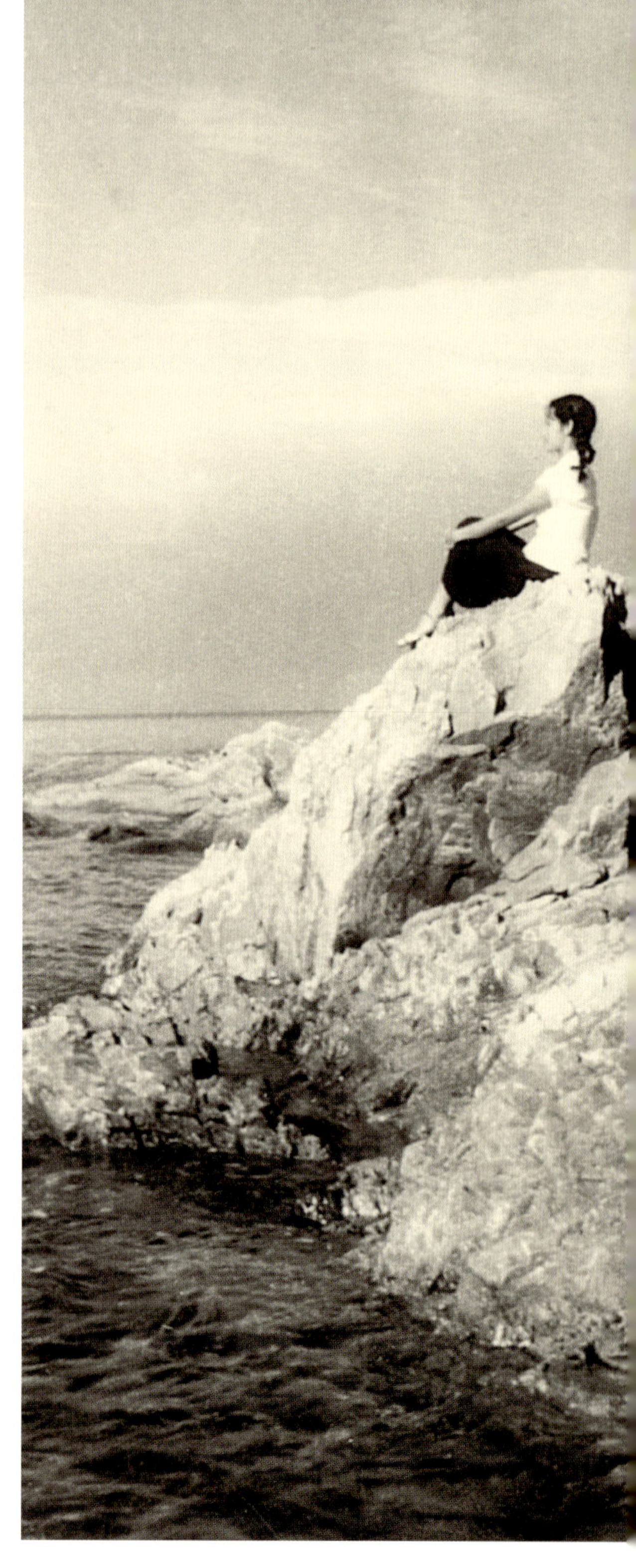

诗人记忆里，是经历了一生也难以忘记的——一串眼泪会付出怎么样沉重的代价？开会、学习……如坐针毡的日子，没有一天是不比预料中难过的那风那雨啊！1957……

当年6月8日，《人民日报》的社论《这是为什么》，毛泽东起草的党内指示：《组织力量反击右派分子的猖狂进攻》，毫无疑问，在过去的半年中，柯岩是认真地学习过这些重要文件的。而在1957年反右开始，“鸣放”期间，由于贺敬之借住在颐和园地区，手边正有要写、要修改的东西（中国作协当时在颐和园、西山八大处等地区有一些房子，提供给作家写作时暂住），诗人夫妇“面对着大鸣大放的活跃空气，他们关心形势的发展，常常进行讨论”。据《诗人贺敬之》一书记载：“彼此在反对教条主义方面取得了共识。但又约定：不轻易发表不成熟的意见，更不对过去批自己批错了的人指名道姓。”后来的事实证明，中国作协提供给作家的房舍，无法让作家用作躲避政治风雨。贺敬之回去参加过一次剧协领导非要他回去参加不可的座谈会。还继续在温泉村工读学校生活着的柯岩，不用到会也知道你贺敬之发言的态度是温和的、慎重的，内容也是没有问题的，因此，发言后，是不会有任何人向他提出过什么异议的。但是，反右派斗争一来，整个情况就会是“覆手为雨”。你“一贯右倾”，这一回会有什么例外？一次又一次的批判之后，最后是那个可以料见的组织处理，“严重警告”批不下来，批准给以党内警告处分，也是拖到两年后的1959年，才让这个每次运动都没有逃脱的对象，又一次知道“右倾机会主义”还罪不至死。不仅在1957、1958、1959……就是在六十年代以后更加骇人听闻的政治风暴中，贺敬之多次陷身险境，同样难以被人一棍子打死。“这应该和他的作品受到成千上万读者的热爱与肯定有关系！”凭着对丈夫非常的了解，柯岩特别地相信：诗不死，诗人就不会死去！

青年柯岩从来不爱参加什么座谈会呀，表态、发言呀，认为作家主要用作品说话。“惜时如金”的书生，在单位上往往被认为“清高”、“不合群”。没有鸣放，并不是她不会鸣放，而是她当时生活在那独特领域的特殊人群中，浓浓的兴趣把她留在交通不便的郊外，因此她没有参加当时号召的各种报刊及协会的鸣放座谈会。“漏网”了。也还是给扎伤了。反右开始，她被召回单位，被人检举揭发。为什么自己培养的，又由自己来打倒？多可惜，这么多有才能的人……“青创会”全称还是“青年文学工作者积极分子大会”，五六十人的北京代表团，一场风暴刮过去，剩下就没几人了！想不通，眼泪流下来。坐在“儿艺”门口的石凳上，柯岩一边看报、一边流泪的情景，让人看见了，犹如发现“敌情”。这个人一直想进创作组，始终没进去，就认为柯是“宠儿”。这会儿搜集到她“右”的材料了，就赶快去通风报信。那时有几个被划了右派的朋友，也乱七八糟胡揭了柯岩一通，这位再添油加醋，无限上纲，说柯岩：“你是右派的感情、右派的立场，就是没鸣放。”柯岩据理力争：“没鸣放就是没鸣放。”幸亏许多老同志坚持原则，才幸免于难，没划右派，只在本单位接受批判。

穿着草鞋从战争年代走来的小八路罗英，曾经长期做过剧院的党组织负责人，后来写过一篇《作品与人品》的文字，详述过柯岩在那段没有作品载入年表的特殊岁月，她为一串眼泪付出过沉重的代价。“经过几次支部大会反复辩论，以微弱多数的坚持，总算把柯岩留在了党内，却把问题挂了起来，一再延长她的预备期，长达两年多，勉强转正之后，仍另眼看待，直到1979年，右派问题都一风吹了才予以改正。”

忘了和没忘的另两页悲情记忆

[1] 贺敬之镜头中的小柯——一九五六年摄于北京颐和园

1957还有两件事，让柯岩在回忆“儿艺”生活时或老“儿艺”在回忆这个年轻编剧时，在事过多年之后还曾被一一提及。一件是当年她做过就忘了；一件是别人忘了她却怎么也忘不了的。

当年她做过就忘了的一件事（口述者仍是军帽扣在头顶、军衣肥肥大大、小八路出身的“儿艺”领导人之一罗英）：整风反右中，北京市一位青年女作家因给领导提意见而被划为右派，她身体极差，如果下放去了北大荒，就绝无生还的可能了。柯岩自己当时的处境也很艰难，在得知这一情况后，多次找到我说：“这位同志很小参加革命，很有才能，如能保下来，将来在儿童文学上肯定会有贡献，儿童剧院现在这样缺编剧，能不能借此把她调来？这关系到她一生的前途甚至生命呢……”我在党委会上两次提出调人方案，均被否决。柯岩十分丧气，可她决不放弃，又是找老战友，又是四处奔波，终于木偶剧团接受了她。那位女同志一直健康地活到了现在，并且果然在儿童文学上作出了贡献。这种无私的关怀和同志之情，给了这位女作家多么深的温暖及生活勇气啊！以至多少年后她提及此事还热泪盈眶。但这件事柯岩做过就忘了。

别人忘了她却怎么也忘不了的那件事：也是在1957年她“自己日子也很不好过”时，投足举手去做的。调去儿艺工作两年了，回青艺这个老家看看的机会实在不多。这一回一投足就站到老院长吴雪家门口了。

把她们最早从苏州招进青艺的老领导，在小小的柯岩眼里，吴雪是大大的院长。初进“青艺”，正在不知天高地厚的年龄段的文艺青年，调皮捣蛋闹情绪，常常把班长、排长气得肚子疼，吴雪的爱人吴一铿是柯岩的直接领导，于是也常常参与了前辈师长和后辈学生的谈心。当她被宣布划为右派分子的瞬间，柯岩犹如遭到五雷轰顶。当时的吴大姐成为她最心仪的人是有原因的：第一，她从不给人讲大道理，而是讲许多小故事，讲自己思想感情的变化和思想改造的经历；第

二，她人长得漂亮，个子虽然不高，可脸儿雪白，两只眼睛又黑又亮，睫毛又长又密，每当人凝视她那时而闪耀着欢乐、时而盈满了泪水，浓密的睫毛像黑蝴蝶的翅膀扑闪扑闪地颤动的眼睛时，人们的心也就完全随着她故事里人物的苦与乐、血与泪而颤动、狂喜或悲痛，失望或充满憧憬……在当时许多家庭因政治风暴纷纷解体之际，吴雪同志没有和她离婚。这一点在老部下心里，也是对吴雪同志平添了几分大大的敬意的。虽说是再三徘徊之后，才鼓起勇气举手敲了门，她相信，和患难夫妻同在一个家门的是忠实与坚贞。

而见面的情景，此后柯岩有过一段自述，却是多年不忍重忆的："黄昏时分，一盏半明不暗的灯，吴一铿同志好像是给吴雪同志在做一件棉背心什么的，正在他身上比量，见有人进来，立即仓促收起，慌乱之中，线团落在了地上，她捡了起来竟又失手落下。我快走了几步帮她拾起，递给她时，她抬脸看我。哦！那是一张何等惶然的脸啊！完全没有了当年的风采！看见吴雪同志也立即移步坐在了另一张椅子上，我马上明白了她是怕让人看见他没有和她划清界限。她对我勉强一笑就要抽身离去，说：'你们谈吧。'我忙说：'我是来看你的。'她竟连退几步说：'不，不，你们谈，你们谈！'她的眼睛还是那么黑，那么美，只是多了些恍惚和忧郁。我的泪水不知不觉地流了满脸，她这才深深地凝视着我说：'知道你写了不少东西，真为你高兴呢……你是来和他谈剧本的，我就不打搅你们了。'她的像海水一样深沉的眼睛闪出了一丝笑意，浓浓的睫毛扑闪着，我立即接过她的暗示，说：'是，我有一个很好的题材，可怎么也结构不起来，所以专门来请教吴院长……'她用手轻轻地拍了一下我的脑袋，又抚摩了一下我的头发，这是在我和她曾经亲密相处时都不曾有过的。我不禁大哭起来，她一边摆手一边匆匆地退了出去，底下的事，我又说了些什么，吴院长说了些什么，我又是怎样告辞出的门，竟完全记不得了。以后，就传来她英年早逝的消息。"

……

柯岩的笔墨和她的足迹一样，总是浓浓地抹在人生最有情义的地方。

在变丑为美的神圣工作中寻找新灵感

在变丑为美的
神圣工作中
寻找新灵感

被召回剧院参加反右斗争的日子，终于在半年后结束了。

“工人能说我今天不高兴了，内心有点忧郁，不去生产吗？司机说我今天忽发灵感，想去看天，就随心所欲把乘客拉到天边，行吗？生活在社会中的每个人都得有自己的责任感，作家又怎么能例外？只有弱智、低能、怯懦的人才不敢承担责任。作家没有理由不承担社会责任。”柯岩有一次回答来访者的提问时，曾言语风趣地谈到作家的社会责任。那一年就是在电闪雷鸣搞得没有什么好心情的时候，作家身上的社会责任感也还没有风流云散殆尽，为未成年的观众和家长们，贡献一部把工读教育和诗意、美这样的字眼联系在一起的舞台演出，在自己的剧院……“很想快点儿写出来，也不是没有结构过。”所以，一旦重获“自由身”，她便一骑绝尘——吭哧吭哧蹬着那辆老自行车，赶回西北郊温泉那儿，继续工读学校的生活体验，对来年，她挺期盼的，从自己从事的变丑为美的神圣工作中寻找到新的灵感……

自行车上驮着行李的柯岩，在温泉村街上，让工读学校的学生遇上了：

“冯老师，好久好久没看见你了，你到哪里去了？”（柯岩原姓冯）

年轻、漂亮、充满活力的柯岩老师，已经成为一个让学生们想念的人了。为挽救失足青少年开办的工读学校在北京是第一所，在全国也是第一所；工读学校成立不久，怀着浓厚的兴趣去认识这个全新的事业，柯岩也是日后与中国工读教育事业结缘最深作家第一人。如她自述：“我读过（前苏联）马卡连柯的《教育诗》《塔上旗》，觉得这是个伟大的事业，而且我有一段在妇女教养院工作的经历，还参观了其他劳动生产教养院等等，对这方面的生活，就非常有兴趣。”当年的刘瑞峰老校长，回忆说：“她交出组织介绍信就要求领导不要暴露她的身份。”这就是如柯岩所说的“那会儿，我在那不是公开体验生活的，只有党支部和个别老师知道，大部分老师和所有的员工、学生都以为是新调来的老师”。柯岩一放下背包就投入了紧张的特教生活，和老师们一起值班，一起劳动，一起家访，很快就担起了校长室秘书和一线的教师工作。有一次劳动课抬土，正是她在工读学校经历过“问题少年”与老师的较劲，二十年后才有了“一鱼两吃”，被分别放进长篇小说《寻找回来的世界》和同名电视连续剧的同一生动情节：人

1 | 2
3

1 柯岩与劳改局长魏相如在北京少管所

2 八十年代，柯岩与五十年代发展的工读学校第一个少先队员合影留念

3 一九八九年，柯岩与魏巍（中）和「老工读」们合影

高马大的男孩子把筐子装满泥土，把杠子往新来的美女教师手里一塞，道："老师，我正长个儿，你多辛苦点吧。"把筐子推到她这头，抬起来飞跑。她一声不吭地奉陪到底，直到男孩子一屁股赖在地，成了泄气的皮球。这些老资格的工读生，师傅名气最大的是"草上飞"的徒弟，学生大言不惭身藏有"偷皮包、割口袋、摸手表、摘戒指、钓项链"的绝技，今天就让你见证奇迹发生时刻——隔着一张课桌，一晃眼，老师的钢笔就让学生摸了过去……

那会儿大家都很年轻，作家与工读事业一般年轻，因缺少良策，很难有效化解矛盾，尤其工读学生中盛行拉帮结派立山头，殴打较量流血不止的事件频频发生。老师的管教不听，处罚不灵，被关禁闭的学生在墙上写道："关禁闭大休息，脑袋穿眼透空气。"坐禁闭者、与老师抗争者成了学生心目中的"英雄"。学生白天在老师的眼皮底下打斗不成，就披星戴月搞夜战，逼得老师搬进学生宿舍去盯梢，学生跟你捉迷藏，夜间照打不误，弄得四邻不安，这就是柯岩称之为"天天救火的日子"。

当时在教师这个集体中出现了对学生厌恶、嫌弃的态度，产生了丧失教育信心的不良情绪。有的老师在看了儿童电影《祖国的花朵》后提出了工读学生也算是可爱的花朵吗？还不如说他们是讨人嫌的牛蒡草。于是大家展开了激烈的争论，最后取得了共识：工读学生是遭受病虫害的祖国花朵，正因为受了伤害，才需要更多的爱，更多的阳光和雨露，需要加倍的细心而严格地照料培植，使其健康成长。当年经历过这场别开生面大讨论的老师们，都记得柯岩就是一位据理力争的辩论强手。

通过这次教育大讨论，老师们增添了对学生的爱护、亲近和理解之情，开始去细心观察学生打斗时的种种表现，认真地体验分析学生的心理活动。为了了解真情，不仅搞得污秽满身，钻进老师耳朵眼里那些双方使用的恶语更是闻所未闻。"我们没有后退，我们坚持下来了。因为懂得了工读是一项爱的事业，献身的事业……"柯岩说。对这一段为体现教育转化、治病救人的崇高思想，参与安放工读事业基石的艰难历程，她天天都有感动，感动尤深的是老师们藏身饲养室偷看学生们打斗的"实况"。透过那些刺耳的污言秽语，老师看到打斗双方有严格遵守陈规陋习的"信誉"，在学生们惊心动魄的殴斗中老师发现了拳击和摔跤的"才华"。于是经过老师们精心策划、校长批准，大胆组织学生开展拳击和摔跤比赛活动，学校购置了拳击手套、摔跤服。由体育老师做裁判，每天课外活动时间擂鼓助威，学生们兴奋不已，纷纷拥向操场，从此师生间的共同语言多了起来，打斗的流血事件基本结束。随后，军乐队、合唱队、读书会、球队纷纷建立起

1 一九八〇年柯岩在朝阳工读学校深入生活，二十多年前的「老工读」又重新集合了

来，在学生的群体中还先后成立了少先队和共青团组织。现任中国教育学会工读教育分会秘书长、如今已是这个国家工读教育领域的专家和领导者的谭朴回忆，由于他在小学五、六年级两年中成为问题少年，在进入这所学校学习的时候，成为了柯岩的学生。在学校建队时，这个第一批被批准的少先队员，是当年的团支部书记、少先队辅导员柯岩老师为他系上的红领巾。他不仅记得年轻、漂亮、梳着“两把刷子”的柯老师“讲话的声音特别洪亮，讲的故事是那么动人，就是她对我们严肃又亲切的批评，也让人愿意站近她的身旁去倾听”。盼望着过队日的红领巾们，在她带领下实现过一个个憧憬：到西山的鹫峰远足，到昆明湖泛舟划艇……正是在昆明湖上的一次泛舟，让小谭朴第一次仰起头看到了阳光的明亮。“我们唱着‘让我们荡起双桨’，柯岩老师笑得那么开心。我开始觉得，虽然我们都是犯过错的人，但老师还是像园丁一般爱我们，依然把我们视作祖国的花朵。”接受过六年工读学校教育的谭朴，高中毕业后，实现了一生以柯岩老师为师长和楷模的抱负，成长为人民教师，为工读教育献了青春献终身。柯岩不忘是他们心贴心地教会了自己该怎样去向人民教师学习，是他们不顾自己母亲流着泪却日以继夜地去揩干别人母亲眼泪的精神，感动了作家，挤占了作家的心灵。

在变丑为美的神圣工作中寻找新灵感，两年的时间让她清醒地认识到1957年以后，政治生活越来越“左”，写作是件很困难的事情。当时很想写，但是解决不了一个典型环境的问题。这是柯岩发自内心深处的感叹：“我那时太年轻了，虽然对青少年犯罪问题很感兴趣，对党的教育、改造、挽救政策也深有感受，这些从来没有经历过的生活和形形色色极为生动的人物形象和他们的命运，每天在我脑子里萦回，常常激动得我彻夜难寐。但是，拿起笔来，又仅此而已。如果那时硬要敷衍成篇，我想，顶多是一些教育故事的堆砌或优秀教师素描。也许可以写成一本还有趣的书……对一个明明是重要的题材，却在没有挖出它内在的重大含义时草草成书，岂不是白白浪费了素材。所以干脆放下了。”一切青年文学工作者同样有过的经历：轻易允诺，却无力完成，作为一条教训，在心里始终没有忘记。

走了一条曲折迂回的道路，晚了二十多年，写出长篇小说《寻找回来的世界》以及同名电视连续剧，本画传八十年代的有关篇章，将再现生活如何教会了她寻找、追求与奉献。

1958 爱的琴弦弹响在儿童剧舞台

2008年8月。北京。中国现代文学馆。柯岩创作生涯六十年座谈会如期举行。

此时，这个被柯岩亲切地称作“我的战友”的覃琨，双手紧攥话筒，站在中国现代文学馆讲台上，不用讲稿，作了座谈会当天最长的发言，招致会议主持人李冰（中国作协党组书记、常务副主席）即席来了一个逗乐了全场的调侃：“原来不写稿子的比写稿子发言的还要可怕！”这里所说的可怕，指的是紧攥话筒不丢就抢去了别人排队等候发言的时间。最擅长女扮男装在儿童剧舞台上饰演顽童的覃琨，一口气从1958年讲到八十年代最后几年，一个不短的三十年间，柯岩用自己的理想塑造下一代的创作追求越过了万水千山，贯穿其间始终不变的，是一条用女性手指弹动的爱的琴弦—— 一条引人注目的红线，就是为儿童和青少年写作。“情系小读者，爱从笔下流。”她的儿童诗、儿童剧就是诞生在这条琴弦上最有华彩的乐段。

柯岩在温泉工读学校体验生活的日子，前后加起来一共有两年时间。由于学生和许多老师并不知道她的真实身份，致使她在1958年从这里离开的时候，校领导还不得不出面回答来自下面的追问。比如说：“为什么把冯老师调走？”“冯老师还会不会回来？”“我们在哪里可以找到她？”等等。

现在从覃琨的超时发言里，找到答案了：1958年离开温泉工读学校，回到儿童艺术剧院的柯岩，接手了一个创作任务。覃琨的发言生动，充满感叹。柯岩为少年儿童创作这部科学幻想剧的时候，第一位宇航员前苏联的加加林还没有飞向太空，所以覃琨说：“后来我们自己都很佩服自己，在地球还没有把飞向太空的幻想变成现实的时候，我们自己制造的‘少先一号’已经登上了月球，并与很多国家的城市成功连线！”柯岩同志丰富的想象力、创造力和创作才华让首都儿童剧舞台星光闪闪。那些年，当抓特务、斗地主之类已成为儿童文学时髦主题的时候，她一首（篇）也未写这种东西。在柯岩创作年表1958、1959……一栏里，也可以明显看出，评判是否“不愧为一位严肃的、富有时代感的作家”，持有“不仅要考察作家当时写了些什么，一定程度上还要看作家当时没写什么”观点的评论家所发现并指出的，她“引人注目地放慢了创作速度”。这也是我们一类凡胎肉眼读者能看见的，在那个全社会都在发热的1958年，柯岩的文学创作大幅度减

1 | 2

1—2

中国儿艺演出的儿童剧《飞向星星世界》剧照

1 | 2
3 | 4

1—4 中国儿艺演出的儿童剧《飞向星星世界》剧照

产。最终填写在创作年表上的，除了之前的5月有一个独幕儿童剧《娃娃店》，之后的次年有一个儿童喜歌剧《双双和姥姥》和前苏联、朝鲜、越南等国翻译出版时更名为《可爱的心》的话剧《相亲记》，居中的儿童剧就是柯岩以诗人的豪情抒写在蓝天之上的《飞向星星世界》。这部戏的演出受到了广大少年儿童的热烈欢迎，演出中掌声迭起，谢幕时一声“小朋友们，再见啦！”会立刻让欢呼声响成一片：“月球上见！”“火星上见！”

在建国十周年庆典游行时，文艺界的第一辆彩车就是《飞向星星世界》的“少先一号”飞船。据当年戴着红领巾，身穿宇航服，和同学们一起驾驶着飞船遨游太空的“男一号”扮演者覃琨回忆，“彩车经过天安门城楼，按预定计划，我们打开了开关，火箭冒出了白烟，预示着点火‘起飞’了！天安门城楼上的毛主席、周总理、朱老总和中央首长显得特别高兴，他们鼓掌，并向我们频频挥手。”就是当时不在现场的编剧柯岩，每每忆起“很神奇，很超前！”的《飞向星星世界》，也和当年那些当事人一样，充满了自豪感、荣誉感。

创作最最离不开的两粒字：生活

创作最最离不开的两粒字：生活

身在“儿艺”的柯岩，对儿童文学始终有自己的观点，她认为不是只要写了孩子就是儿童文学，像托尔斯泰写的《少年》等许多优秀作品不能说是儿童文学，契诃夫写的有些儿童生活的作品也不能完全算儿童文学，还是成人文学，只不过它以孩子为描写对象。什么叫儿童文学？适合儿童年龄和心理特征的，主要以孩子为读者对象的才能叫儿童文学。1958年回剧院与搞科技工作的子友先生合作，和演员们一起在排练场摸爬滚打的最终结果，是当一旦拉开科学幻想剧的帷幕，教育青少年热爱科学、热爱生活，敢于幻想，培养探索和创新精神的《飞向星星世界》，就会引领着今天的孩子们，唱响对未来星空的出航曲、求索歌。她认为儿童文学的题材，大到像长江大桥、边防战士、抗美援朝、解放战争、国际和平斗争、原子能导弹、火箭奔月飞天等等所有成人世界的事情都可以写。因为孩子不是生活在真空，他生活在成人社会中间，他在模仿成人成长，因此成人的形象应该在儿童文学里出现。整天教育孩子讲卫生啊，玩具啊，小花小草啊……这也需要，但老是这一套，孩子就永远长不大了，要逐渐地帮助他们成长，正确

1 柯岩出版的部分文学作品书影

地引导他们进入成人社会。“编剧”作为“养”在剧院的专业创作者，写剧本、歌词、演唱节目，是在剧院工作的“正业”。写儿童诗、儿童文学，即便是与儿童有关，也只能算是在“自留地”里偷偷地“干活”。所以，当初她走遍了北京的各类学校和幼儿园：重点幼儿园、一般幼儿园、工厂、农村、街道的幼儿园、学校、专业学校、干部子弟学校、少年犯管教所，像一位探知大海奥秘的潜水员，在生活的大海上有了追逐和捕捞美的丰硕收获。现在，在实践中摸索出“孩子们是生活在成人中间”这样一条理论，加之“下生活”是一项严格的规定，一个专业创作人员走上与工农相结合的道路，在不断深入工厂、农村、部队的过程中，努力使自己熟悉工农兵和各种各样的人，既是柯岩的别无选择，也让热情如火的柯岩，拥抱生活，放开了手脚。到过各个不同时期的农村、各类工厂、部队，去过新疆天山脚下、福建东海之滨、南疆哨所……多少年来，她几乎走遍了祖国的大地……

正如柯岩自述所说：“每年至少有八至十个月下去生活，别管你是恋爱、结婚、生孩子，都必须打起背包下去，与群众同吃、同住、同劳动。”柯岩在几年后健康亮了红灯的时候，都是咬紧牙关也要雷打不动执行这一项规定的，何况在她自认为“身体可好”的“以前”那些岁月。“下部队和战士们一起摸爬滚打，跟铁道兵比着扛枕木，只让扛一根，他们还要拼命去扛两根。到农村，晚上和大娘钻一个被窝；吃饭，同老乡一口锅里搅马勺……慢慢懂得了什么是工农群众，悟出了怎样看待生活。”

下基层，是一回也不落；接地气，接近劳动人民感情是一步也不松。一份特殊的感谢给生活，正如柯岩自述所说：“是农村的大田和汗水教我懂得了粮食的来之不易；是农村的父老乡亲叫我感受到了什么叫做默默奉献、什么叫做无言的牺牲；是工厂的师傅们手把手地教会我纺纱、接线，让我从心的深处理解了郝建秀；是机车厂、火车头和文化列车让我从感情上接近了我国第一个火车女司机田桂英；是钢铁厂的炼钢车间、铸造车间、轧钢车间教我领略到大工业生产的统一作战和工人阶级集体观念的形成；是下部队的摸爬滚打，是福建前线、新疆前线、广西前线、朝鲜前线负伤的战士和血染的土地让我明白了共和国为什么能屹

立于世界民族之林。也许今天有些时髦人物以为我在说漂亮话，又是假、大、空，难道你们真的不以苦为苦吗？当然，我们不是傻子，当然体会到苦是不好吃的，为什么能坚持下来？就因为面对这些真的以苦为荣、以苦为乐的英雄模范，我们年轻的心里也会油然生起一股凛然正气，我们年轻的血也会沸腾。于是我在三大革命实践中就这样被拉扯着慢慢进步。

“可世界观的改造，立足点的转移哪里有这么容易呢？现在回头想想，‘十七年’，对我来说基本可以这样划分：每当我在深入生活的时候，即使劳动再累生活再艰苦，我总是活得充实而快乐；可只要一回到文坛这个名利场，各种纷争和诱惑就又往往让我徘徊、苦恼、愤懑不平和自我膨胀……

“但那时的大气候毕竟蓬勃向上，于是在批评和自我批评中，我总还能用榜样的力量来约束自己，每当我在困难面前泄气或感到委屈消沉时，想想我在喀喇昆仑山上采访三五九旅屯垦戍边的老战士，他们从1949年徒步进疆，一拉上山就一手拿枪一手拿坎土曼十几年没下来过，以至在我访问他们时，他们会反复让我为他们描绘北京的模样，坐火车、坐飞机的感觉；想想我在四川荣军演出队体验生活时看安着假肢的战士怎样跳欢乐的《花儿与少年》、截去了双手的伤员怎样用残臂在风琴上弹奏《我爱我的祖国》时我曾怎样哽咽难忍；想想我在前线看到那些血染的山头，那一座座年轻战士的新坟，就立刻万分羞愧，就有了不能在他们创造的和平生活里坐享其成的志气。于是，消沉和委屈自然云消雾散，困难也就迎刃而解了。”

柯岩是文学创作的多面手，她既能创作“成人文学”，又能创作“儿童文学”。在儿童文学创作上，她也是多面手，她写儿童诗，写儿童剧，写幼儿文学……

在成人文学创作上，她同样是多面手，她写抒情诗，写报告文学，写散文，

1

从生活出发，经过作家的艺术劳动，再反过来作用于生活，和我们的人民一起帮助我们的生活更快地前进，我认为，这是我们中国作家的最大幸福——柯岩答记者问

1 | 2

1 与前辈作家一起深入田间采访

2 和辅导员朋友合影留念

写过中短篇小说之后，写了一部又一部长篇小说及影视文学……

关于诗人、作家多方面文学创作的评论，评论文字也特别多，逐年积累下来的逾百万文字，编成《柯岩研究文集》上、中、下三卷，你说、他说、我说，创作最最离不开的两粒字：生活！

我为什么要从事多种样式的写作原因？是生活，是丰富多彩的生活！

“中国，我的祖国，她是这样的古老，又这样年轻，有着最最崇高的美，也有令人十分愤怒和不能容忍的丑恶事物。生活中有这样多错综复杂的矛盾需要解决，有这样多的是非美丑需要明辨。它们常常这样猛烈地撞击我的心灵，使我忍不住到生活的激流中……这时，我发现，单单使用一种文学样式就远远不够了。单单使用任何一种文学样式写作，就会让许许多多生活素材和感情积累白白浪费掉……生活在多样化，反映生活的手段也应多样化。在自然科学研究中，各种研究方法和手段正在渗透，互相交叉，在文艺创作中，是否也应如此呢……我尝试着从各种样式中汲取长处，让它们相互作用并进行变化，这是非常有趣的工作。比如：我试着把诗引进歌，引进小说和戏剧，又把戏剧引进诗和报告文学……这样，我就可以在各种变化中表现自己的特点，努力做到既不重复别人，也不重复自己……这个劳动也许是复杂和艰难的，但越是复杂和艰难的劳动恰恰越能吸引人，不是吗？”柯岩不仅在应对媒体的采访、在大学的讲台上回顾自己的文学创作之路时如是说，在1984月10月出席的一次中美作家会议上，对同行们倾吐过如此一段肺腑之言，她说：“从生活出发，经过作家的艺术劳动，再反过来作用于生活，和我们的人民一起，帮助我们的生活更快地前进，我认为，这是我们中国作家的最大幸福！”

1
2
3

1-3
柯岩、贺敬之、刘白羽访问北海舰队组图

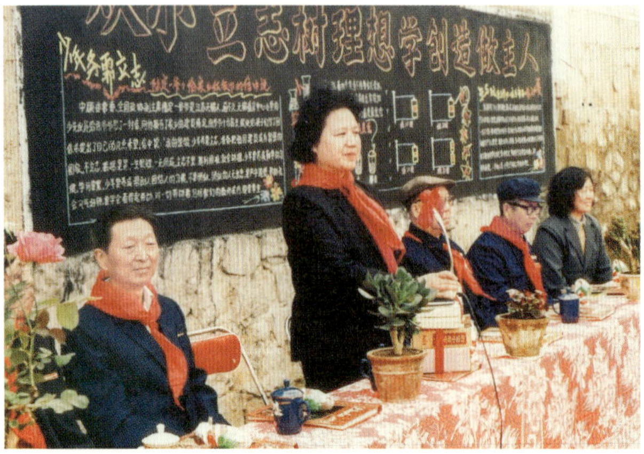
立志树理想学创造做主人

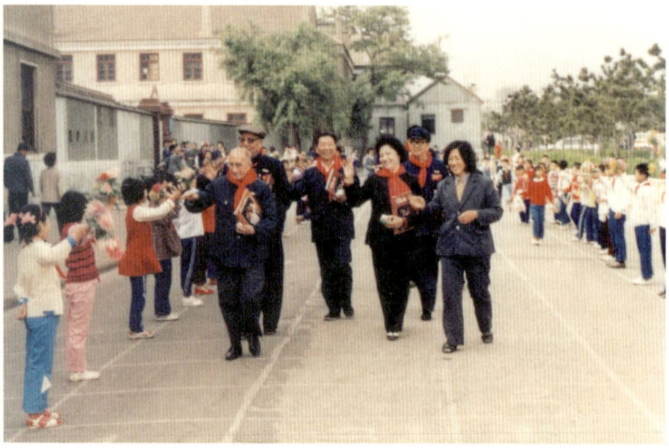

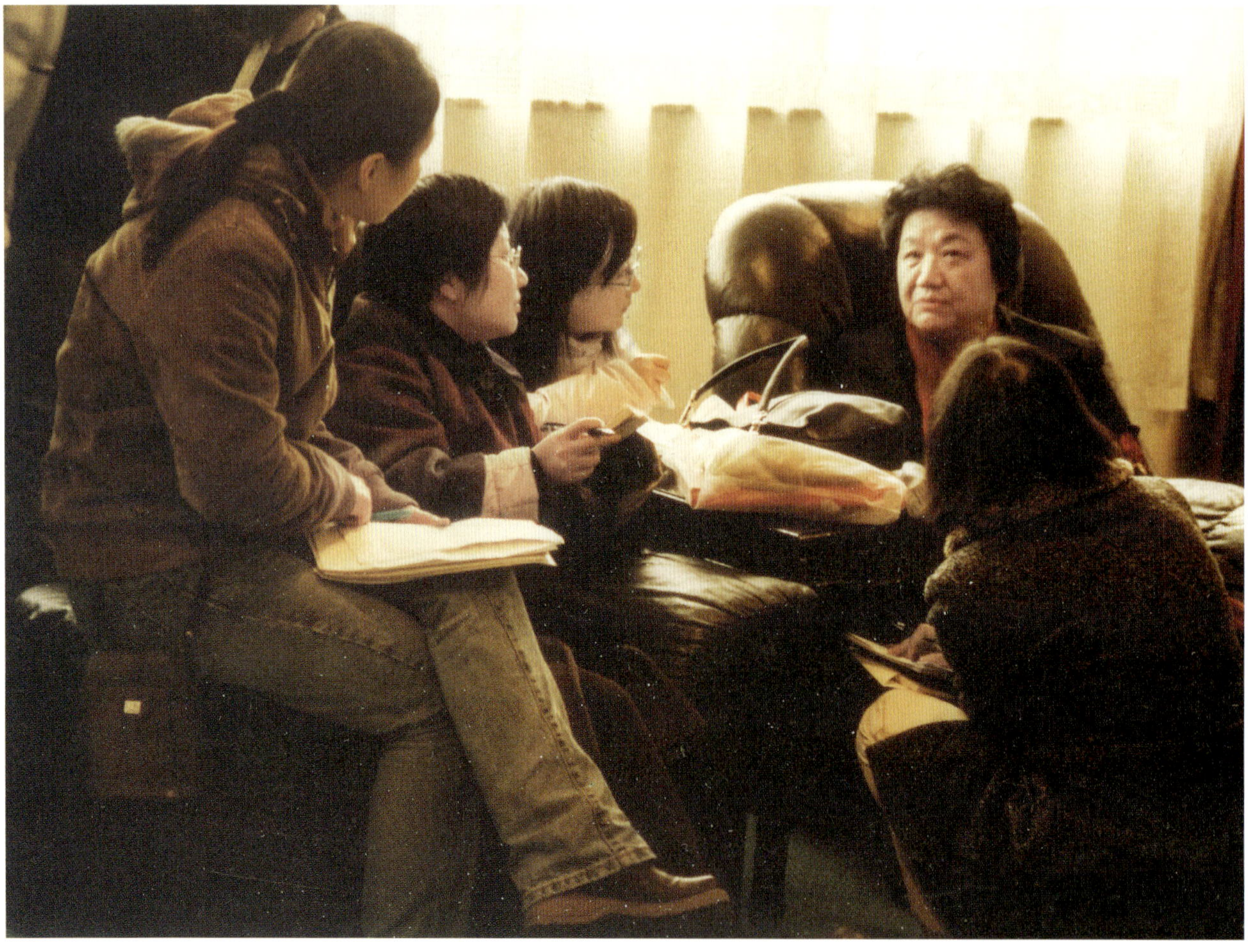

1 | 2 | 4
3

1 “老一代的人们都在眼巴巴望着你们呢！”

2 小读者夹道欢迎儿童文学作家

3 和年轻的读者对话

4 儿童文学作家柯岩在孩子们中间

1 走上儿童文学作品颁奖台的柯岩

2 老一辈儿童文学作家陈伯吹和柯岩互道祝贺

被雷锋事迹感动的将军召来了三位诗人

1 一九六三年在杭州西湖——赴福建前沿采访途中柯岩与诗人郭小川（后立者）、贺敬之（左）

1963年早春二月，死于一场意外事故、死的时候只有二十二岁的雷锋事迹出来后，柯岩就和全国人民一起被这个身高只有一米五四的湖南籍小个子汽车兵震撼；被长着一张与他内心善良相得益彰面孔、能见到所有的照片上都有的笑容所吸引；被“雷锋出门一千里，好事做了一车皮”的英雄事迹深深感动。“听讲你的故事啊，雷锋，/孩子停住了笑声，/热泪在脸颊上流淌，/好像露珠在花瓣上滚动。/提起你的名字啊，雷锋，/青年的眼睛更亮更明，/你红色生命的火把啊，在他们心中燃起火焰熊熊。”

《雷锋》

雷锋啊，你是谁？
是谁，是谁……
为什么能把千万人的心灵占据？！
雷锋啊，你来自何方？
来自何方……
为什么能把亿万人的感情激荡？！

3月5日，毛主席的题词见报，全中国"向雷锋同志学习"掀起热潮。当柯岩还没有想好如何将激荡在心中的感动，留在文字的丰碑里的时候，有文人情结的王震将军，想起了他们。于是，将他当年的秘书、时下正任职在中国作协的诗人郭小川；任职中国剧协当年写了"花篮的花儿香"让秧歌队唱着去南泥湾慰问大生产一线的部队，见过王震将军在主席台上讲话，因为当年只是普通文工团员，年龄又不大，没敢上前去接近他们的贺敬之；和老贺家那位生活和创作经历就像她树一样名字蓬蓬勃勃的女诗人，十万火急召集到眼前来。由于小川的引荐，贺敬之夫妇，早些时候已经在北戴河海滨与久负盛名的老革命家、《南泥湾》歌中唱到的"三五九旅是模范"的旅长，开国后任国家农垦部部长的王震将军见过面了。"他穿了一条马裤，见了就问：噢，你就是贺敬之啊！虽说是第一次面对面与王震交谈，双方的谈兴都很高。"接下来的回忆："后来我写《雷锋之歌》也与他有关系。"这一点，却是诗人不曾料到的。

1 有文人情结的王震将军（左二），和诗人郭小川、贺敬之、柯岩合影留念

郭、贺两家当年因居家在北京同一条街道，与石油诗人李季、《吐鲁番情歌》一唱成名的闻捷被称作"和平里四诗人"。听见集结号的小川、敬之和小柯，急匆匆赶到北京医院。刚动过手术的王震，正在病床上看报，一见三位诗人进门，就手拍着报纸让赶快在病床前坐下来，一边念着手中的材料，一面泪眼婆娑地讲说他认为的雷锋出现的意义和他的感动，他说："你们这些诗人就不为此感动？为什么还不写诗？"

据《雷锋之歌》作者贺敬之的介绍，长诗第一节写的"那红领巾的春苗啊，面对你，顿时长高；那白发的积雪啊，在默想中，顷刻消融……"这后一句艺术形象的来源就是王震。

郭小川、贺敬之都是老兵，自然明白司令员亲自调兵遣将，不用手掂量，也知道诗笔一杆在此时的分量有多重。没有喝过延河水的柯岩，和这几位打交道只能领了一个“小”字戴在头上。这时，小柯在司令员喊出击的时候，作出的快速反应，一点也不比老兵慢：“我们三人一起去抚顺，一边采访一边学雷锋！”

“诗，一定要写雷锋精神！”在医院和诗人作别时，王震又再次作了嘱托。

后来情况发生了变化，由于郭小川和贺敬之被单位的杂事缠身，三人行最终变成了柯岩一人把计划变成行动。如果没有生活，要她关门创作，可以相信如她所说“我一个字都写不出来”。凡是她写的作品都必定是她经历过、接触过，或采访过、思考过的。她强调自己是属于“生活是创作的源泉”这一派的作家，她不无自豪地说过：“……我之所以在文坛上还有一席之地，还有我的读者群，首先是因为生活；我的一生作品频频获奖，也是生活所赐；对报刊上出现的夸张宣传，如大跃进时期说亩产几十万斤粮食，我根本不信，因为我有生活；‘文革’中造反派把朱老总、贺老总、陈老总以及王震将军都打成反革命，我非常气愤，因我们所享受的和平生活就是他们身经百战，以千百万仁人志士的牺牲换取来的。”在她五十年后一篇总结性的有关生活与创作的言说中，涉及的大跃进等特殊时期是在之前不久结束的，而在之后不几年，就是“文革年代”的雨雨风风。在这之前之后的六十年代初，刚刚走出三年自然灾害的中国人面前迎来了雷锋，与军乐团几个同志结伴下生活，作为第一批去的文艺工作者赶抵抚顺的柯岩，立刻在四班长雷锋生前服役的工程兵某部运输连展开了采访活动。

回忆在二月初的抚顺漫天大雪中的这段生活，柯岩曾经述说过刻骨铭心那份感动，她说：“我一辈子看见过两次万民悲痛、万人空巷去送丧的，一次是送周恩来总理，一次就是送雷锋。雷锋在抚顺，也是万人空巷去送他，一边送一边哭——确实叫你觉得伟大是出于平凡之中的。”

当时柯岩深入到连队，接触的都是第一手的、最原始的材料，看到雷锋的全部亲笔手写的日记、笔记……一个来月在雷锋的战友身边，无时不在感动中的结果，是很快就写了诗，《人民日报》在4月3日用一个整版发表了柯岩的长诗《雷锋》，名演员们也纷纷登台加入诗朗诵的热潮。紧接着在同月的《中国少年报》上，登出了柯岩为孩子们写的朗诵诗《我对雷锋叔叔说》。同年稍后一点时间即由中国少年儿童出版社出版了单行本。这本热销的儿童读物截至1978年2月仅在北京就四次开机印刷。

早已经成为一种诗人之家的惯例了，那就是每当孩子的爸、妈当中的一位“下生活”归来，留守男士或留守女士，都会坐到饭桌边，一边看着对方吃喝，一边听着对方诉说，往往这时候摊开在一家人饭桌上的，除了山东的大葱煎饼外，再有的就是在外出的日子里柯岩或贺敬之真切地触摸过的生活了。

“三月初回到了北京，一回到家里，她就把看到的一切，她的感受，全都和我讲了。柯岩是个爱动感情的人，她讲得很激动，我听得也很激动，我们两个人都流了眼泪。柯岩自己写了诗，（先后动笔的还有《我对雷锋叔叔说》《向雷锋叔叔致敬》等）并且建议我也写一首长诗。”（回顾《雷锋之歌》的创作始末，贺敬之到老也不忘从心底捧出一份感激送给当年的小柯）他说：“我写了几段以后，自己没有把握，就念给柯岩听，她听了以后说：太好了，比我写的那几首都好，而且不是好一点半点，是好很多！这给了我很大的鼓励。所以《雷锋之歌》能够写成功，和柯岩是分不开的。”

向贺敬之大谈雷锋激动人心的事迹，是柯岩从抚顺回京后迫不及待做的第一件工作。“我回来给他讲，一边讲一边哭，他是一边听一边哭。我婆婆寻思这两人怎么不吃饭啊？就跑来看，看见我俩都在那儿又说又哭的，还以为我们吵架了呢。”他们俩这时候就把“雷锋出门一千里，好事做了一车皮”的英雄事迹，向她复述了一遍，如用自己的津贴费给带着孩子的中年妇女买票；领着陌生老人走数十里路寻亲；每逢年节带领战士帮着附近忙碌的瓢儿屯车站打扫候车室，给旅客倒水；把平时节约下来的两百元钱分别支援抚顺市望花区人民公社和辽阳水灾区……老太太也顿时就哭起来，边哭边说：“这么好的人怎么不叫我替他去死啊！应该让他活着。”

不识字的敬之母亲，来自山东枣庄农村，根本搞不懂柯岩劝敬之去写一首长诗是干的一件什么样的活。她听儿子在说：“要写，就要写出新意来，这很难，不知有没有把握？”她听媳妇在说：“你这个人，要有信心嘛！我看你肯定能写好，你就写吧！”老太太还亲眼看见急脾气的媳妇，一边讲一边把所有的材料都在桌上抖搂出来，她知道儿子要工作了，但她不知道儿子在接下来的日子里，以出色的工作，洋洋洒洒一千二百行长诗，完成的正是母亲的嘱托，让雷锋永远活着。

“后来人家就写了。”对《雷锋之歌》的创作，柯岩每当说起这本书，总会情绪高涨。那时的大气候毕竟蓬勃向上，诗人、作家脚下不久前也才融化了早春的寒霜。前一年差不多就在这些时候，包括话剧、歌剧、儿童剧在内的戏剧界领导和代表人物，纷纷前往广州出席全国戏剧创作会议。剧协的贺敬之是大会组织者之一。“我们这支知识分子队伍，是人民自己的队伍，是党培养的无产阶级自己的知识分子队伍。”开国总理周恩来与陈毅副总理在大会上的讲话，使全体作家艺术家扬眉吐气。当时，到处理直气壮地宣称：我们——不是外人，是党亲生的孩子。与会者在一起欢呼雀跃，这当中就有从北京南下广州的柯岩。

在王震将军召见他们，激情吁请诗人们为雷锋这样的精神标杆，一个有骨气的民族，必须有的大公无私、无私奉献的精神标杆，放声歌唱的时候，作家、诗人怎能不再次感到是号角声在耳畔震荡。三月上旬，《雷锋之歌》的前四节，在贺敬之的笔下诞生了。当他写出几段的时候，便让柯岩听一次朗诵，之后马上又会听见回音：“好，就这样写下去！”《雷锋之歌》的最后两节是在上海完稿的（中旬，王震将军再次吹响集结号，诗人随将军到了上海）。这是1963年4月11日，应《中国青年报 》之约，长篇政治抒情诗 《雷锋之歌》见报了。柯岩放下报纸，手舞足蹈嚷了一声“完了！”“什么完了？谁完了？”“我呀！我那首诗完

1 柯岩与冰夫（左四）等出席海洋诗会的诗友们参观工地后合影

1 | 2

1 柯岩与李瑛（左三）、公刘（右一）、野曼（右二）等诗友相逢在「海洋诗会」

2 柯岩与诗人韩笑久别重逢在「海洋诗会」

了。”柯岩说，“我写的是‘雷锋啊，你是谁，你来自哪里？为什么能把亿万人的感情激荡？你从湘江两岸赤脚走来，把深深的脚印留满天下。’这就挺好了。可他写的是：‘人，／应该怎样生？／路，／应该怎样行？’他写的是：‘快摆开你们新的雁阵啊，／把这大写的‘人’字，／写向那／万里长空。’”贺敬之的《雷锋之歌》是后来者居上，也是贺敬之长诗中首屈一指的高峰。

大叫一声“完了！”纯粹是一种柯岩式的夸张。志同道合的诗人夫妇，作为共产党员的理想和追求有着许多共同点和惊人的相似之处，但他俩没有共同创作一个剧本、一篇小说、一首诗歌的故事，也没有谁发现在一篇文学作品上出现两人的共同署名。媒体所说的“吃饭面对面，写作背对背”，是他夫妇二人都能接受的一种说法。在文学上不以对方为依附，各自保持着独立风格。柯诗人曾坦言，他有他的工作，我有我的事业！还曾说过“给对方一个空间，适当的距离会产生美啊”；贺诗人则表示，他和柯岩之间都有“小自由”，互相不会往对方的事里掺和。更何况是最讲个性的诗歌。柯岩在前写《雷锋》：苦水浇苗苗不长啊，雷锋，你是令人心疼的瘦小。“苦水浇苗”，“令人心疼的瘦小”，“这都是母亲看儿女的感受，看孩子的视角”。比较贺敬之在后写的《雷锋之歌》：你的年纪，／二十二岁——／是我年轻的弟弟啊，／你的生命如此光辉——／却是我／无比高大的／长兄！这其中是有很大差异的，但同样能够感染读者。对二者作出如此比较的读者，是日后以抒情长诗《风流歌》在八十年代的诗坛上竞风流的青岛诗人纪宇。在他学诗最痴情、渴望读诗的时候，通过一本自己费尽周折才搜集到的诗歌剪报，“读过很多优秀作品”。因此清楚地记得“对我影响最大的诗篇，从全国的诗人的诗作中，排名排序，其中也不过就是几十篇吧，这其中就有柯岩的一首诗。那就是长诗《雷锋》”。

由此可见，柯岩写雷锋的诗，不是“完了”，而是“待到山花烂漫时，她在丛中笑”。

1963年的春天，是一个不平凡的春天，也是一个忙碌的春天。紧接着，王震将军邀诗人们与他一起去上海，动员上海青年奔赴新疆支援边疆建设。赴沪前，他的夫人王季青又约柯岩先去她工作的学校，向全校师生作雷锋事迹和学雷锋心得体会的报告……在先期到了上海的郭小川、贺敬之，被邀去复旦大学，面对几千师生朗诵自己作品。郭小川朗诵的诗，是得到全场听众热烈反响的《向困难进军》；贺敬之朗诵的就是《雷锋之歌》全文。同时，柯岩在北京一中学讲台上充满诗情的演说，让大家都沉浸在强烈而深沉的感动之中，报告会完了，没完的是她的抑扬顿挫，掌声再起之后，她声情并茂地朗诵了《雷锋》。

同时接受将军的启示，我们的两位诗人，各自的佳作，实现的是共同母亲的嘱托：让他活着！

《雷锋》和《雷锋之歌》，让雷锋，永远活着！

1 柯岩与韩笑、冰夫在海上

她的诗 追忆1963年一次万里壮行

《又见蔗林，又见蔗林……》不是柯岩1963年的作品。而是1985年深秋，她在出席中央人民广播电台和沿海六省广播电台联合举办的海洋诗会，船泊广东西樵山时的唱吟：

一路同行，一路同行，
啊！新行不是旧行人。
海洋诗会，虽多旧友，
惜岁月不再，霜欺两鬓。
小柯如今变老柯，
小川，小川，你可相信？！
几番风雨容颜改，
不改一颗赤子心。
毁誉由之，宠辱不惊，
依然结伴，万里壮行。

长空万里，万里长风，
依然追寻，依然追寻——
追大海辽阔，
追高山坚定。
追甘蔗林甜美，
追青纱帐艰辛。
追同行诗友，仍风华正茂，
追同行新秀，也冲锋陷阵……

啊！但愿人长久，
永生在诗文。
但愿人长久啊，

青春永驻在诗魂。
如我故人，如我故人。

啊，又见蔗林，又见蔗林，
又见蔗林啊，又见——蔗林……

柯岩又见之蔗林，当是1963年4月，在福建所见之蔗林。是诗人郭小川一看见它的浓荫、一嗅到它的芳芬，就想起北方的青纱帐、战友、亲人和青春的南方甘蔗林。

同年春天，在蔗林入诗之前，南下的郭小川、贺敬之和柯岩，在柳丝初长的杭州西湖之滨，有过一张珍贵的留影，也是三位诗人将随王震将军万里之行前唯一一张合影。

头戴鸭舌帽的老大哥郭小川四十二岁，手扶椅把坐在椅座右面的贺敬之三十八岁，从北京赶来会合一脸幸福的柯岩三十三岁。正如女诗人在近两百韵的歌行《又见蔗林，又见蔗林……》中所咏：今日青年，恐难信：/ 我们也曾青春年少，/ 青春年少，一如他们……

从留在老照片上的历史表情看，三位诗人的心情已较前几日趋于平静。进入4月以来，贺敬之的《雷锋之歌》在上海写完了辉煌的最后一部分，当即在《中国青年报》发表。小川也发表了他在上海采写的反映南京路上好八连的报告文学。复旦大学师生将先到上海的两位请到学校朗诵各自的作品，接下来的整整一个星期，校园的扩音器里天天都是贺敬之的《雷锋之歌 》、郭小川的《向困难进军》和学生们争相阅读、争相朗诵、争相谈论两位诗人的声音。贺敬之这一次不仅是重犯了“老毛病”，“一念起诗来，容易激动，一激动，就可能忘记了时间”。还意外地出了新情况，在他激情地朗诵新作《雷锋之歌》时，“一边朗诵，一边激动地往前移动，忘记了舞台的限制，他走向台口，在朗诵当中，师生们掌声不断，在热烈的气氛中，他差一点从台上跌下来”。随后赶来上海向“王胡子”报到的柯岩，听说这一情况后，反倒是先出了一身冷汗。“生命是人家自己的，经得起从多高的地方往下摔，人家自己作决定！”话虽这么说，可日后出北京，柯岩是不会轻易放弃有机会同行的，只是需要提醒，在介绍贺敬之身边这个女性时，最好别张口一个“家属”，闭口一个“诗人贺敬之爱人”。这就是柯岩的脾气。也有刚直不阿脾气的王震，性格火暴，干事雷厉风行。虽然自谦是个“老粗”，但他读书甚多，是一个爱斯文的武将军。与贺、柯二人接触多了，不

仅将军本人，就连将军夫人王季青也很欣赏柯岩的才能和脾气，大家都叫她“小柯”。介绍他们相识的郭小川，对这个从来就像小妹妹似的让着的人，总结有两个特点：一是说话快，又急又快；二是见官大三级。哪怕是在崇敬的革命前辈面前，从来也不唯唯诺诺，包括对有王胡子之称的王震将军。在她看来，干部是人民公仆，干吗要怕他？随和一些不好吗？她的老脾气改不了，也不想改。就在火车行进路上曾传出过一段“柯胡子不怕王胡子”的故事：老少四人凑在一起打扑克牌图个高兴。一次拿牌时，王震顽童般做了个小动作，换了牌，被小柯逮了个正着。小的不饶不依，老的顽固不化，坚不认错。小柯把牌一甩，不打了。站在一旁的秘书吓坏了，小川和敬之都劝柯岩算了。可柯岩还在自恃有理，王震只得无可奈何地叹道：“嗨，你这个小同志是从来谁都不怕吗？”“是呀！为什么要怕？首长也不应该让人怕呀！”柯岩回答得很干脆。小川在一旁打圆场，王震顿时哈哈大笑起来，说：“看来我这个王胡子，今天还得怕你这个柯胡子了！”

“三个兵”——三个对革命充满热情的诗人，是在王震将军亲自率领之下踏上新的里程的。先去了苏南、浙北几个农垦部的植桑养蚕基地考察，因为将军要在农垦兵团屯垦的新疆大力推广，他们今天见到的青青江南将是明天的塞外美景。之后，又“一路同行”去福建海防前线生活、访问。这“一路同行”是“诗意盎然”的，不仅仅是当时“司令员，指点江山：讲当年怎样秋收起义，拯救人民于水火”令人心潮澎湃；“忆昔日南征北返，又怎样深入敌军如入无人之境”也是让人“热血沸腾”的。当他们“先到虎门”“后到厦门”，“一路同行”在风驰电掣的鹰厦线上的时候，这位曾经率领铁道兵“穿山越岭，贯通山川血脉”的带兵人，为创建人民海军历尽了万苦千辛的司令员，既喜欢听贺敬之在“一路同行”动身前几日的诗朗诵：“快摆开你们新的雁阵啊，／把这大写的‘人’字，／写向那／万里长空”；也喜欢“再憨的儿子，也认识生身的慈母；再笨的徒弟，也认识开蒙的师傅”，三五九旅的老兵郭小川在“一路同行”中写成的《夜进塔里木》《昆仑行》。

王震这时约请诗人们介入了他正在办的一件大事情——组织上海和各地青年，到新疆去支边。在那个激情四溅的动员报告中，他特别提到诗人组合，其中还有一位女诗人（柯岩）将和他们一同去生产建设兵团生活。

6月底、7月初，在王震的安排下，三位诗人随上海青年第一批支边大队，从上海乘火车奔赴新疆。

1 一九六三年郭小川、柯岩在新疆伊犁——贺敬之摄

一路上，扬旗起落——
苏州……郑州……兰州……

一路上，倾心交谈——
人生……革命……战斗……

贺敬之有名篇《西去列车的窗口》——再现眼的观察，复制心的感受，为“江山啊，在我们的肩！/红旗啊，在我们的手！”/留下一个个史诗般的镜头。

在车上的日日夜夜，西行的三诗人感到是再次跻身革命的滚滚洪流。为一路同行添了“他”与“他们”，诗人一直处在激动之中。“他”，是“塔里木垦区派出的带队人——/三五九旅的老战士、南泥湾的突击手/”；“他们”，则是“上海青年参加边疆建设的大队——/军垦农场即将报到的新战友。/”虽然当时并未很快成章，“西去列车这几个不能成眠的夜晚”，心有激跳的原因，泪有不止的理由，敬之、柯岩和小川同样地“听了很久，看了很久，想了很久……”。

当然，在此次西去列车的窗口，如画何止一幅“窗外明月，照耀着积雪的祁连山头……”，大西北平静的夏夜，满天的云月星斗，也与诗人们一路同行，并提供美的享受。

到了新疆之后，从乌鲁木齐到了建设兵团许多师团，一直跑到喀喇昆仑的高山牧场，跑到中苏边境我方最前沿的边防站。从天山北转到天山南，骑马放枪，钻地窝子，进大沙漠，和刚刚编入连队的上海青年谈心，和“南泥湾”时期及以后相继入伍的老战士叙旧。最后，一路同行到了兵团建在戈壁滩上的石河子新城。据柯岩知道的原因，是王胡子从阿克苏捎书带信，让去石河子农场看望正在那里下放监督劳动的老诗人艾青。大右派分子在农垦有院房子栖身，当然是出于武将军爱斯文。艾青是老师辈的鲁艺人，贺敬之当年是鲁艺的学生，小川上学不在鲁艺，却是让艾青领上诗歌创作道路的年轻人，有一点和柯岩、敬之都十分相似，那就是还在少年时期，对于艾青的许多诗篇，都能从头到尾背诵下来。所以，在完成王震交办任务的同时，他们也想利用这个难得的机会送上一份师生情。在当时气候下，话又不能说得太多，所以在一次聚会之后，不久又再次安排聚会，让流放中的诗人十分感动。令人没有想到的是，多一次相聚，就会多一次

难舍难分……

行万里路，对艺术生命是一次提升。不仅是青年诗人柯岩获得了一大生活馈赠——大大地开阔了视野。就是已在共和国新诗创作上产生了巨大影响的双子星座郭小川、贺敬之，在此行中或此行后写出的作品，可以预期是一定能获得读者加分的。贺敬之曾对追随将军万里行，有过一个回顾，他说："小川诗思敏捷，在这几个月之中，他先在厦门写出了'新赋体诗'的《厦门风姿》和反映边防海岛的组诗，到新疆后，他既写了反映兵团新貌的报告文学，又写了《雪满天山路》组诗。而我只在到新疆后写了一首长篇歌词《塔里木之歌》，为小川写解说词的纪录片《军垦战歌》写了一首主题歌词《兵团战士之歌》。半年之后，小川、柯岩有事先离开新疆，我一个人留在阿克苏继续深入生活。年底回京前，我将一首《西去列车的窗口》寄给了柯岩……"

这首长诗是继《雷锋之歌》以后，贺敬之又一次在千百万青年当中产生了巨大影响的作品。这部一千二百行长诗出炉的背后，也有柯岩的一份功劳。发表前，贺敬之曾将墨迹未干的诗稿寄给柯岩，让她和小川看看，提提意见。柯岩拿去给小川看了，小川看了说：这首诗没有达到《雷锋之歌》的高度，《雷锋之歌》在全国产生了很大的影响。我们要给老贺把把关，这首诗先压一压，不忙发表。对老大哥式的好心，柯岩很感谢，但柯岩说："青年们会喜欢的，还是拿出去发表。"坚持投给《人民日报》，发表后立刻反响很大。事后，并没有影响诤友之间对彼此的作品该说啥依旧说啥。像郭小川在她才写了不多文字，得到了一些鼓励，刚沾沾自喜时，就敲打她……当时所说的一段话，"我们是共产党员，写一点好东西是应该的。我们千万不要听别人夸我们有才能，就忘乎所以，我们应该在人家夸我们党性强时很高兴才对，因为文学的路很长，且不平坦……" 柯岩感激之余，还不止一次用文字把它当作箴言记录在案。为体现新疆之行的收获，柯岩曾寄望于回京后迅速写就的中篇小说《女儿的来信》。"和平里四诗人"之外，同一街区还住着主编《文艺报》的评论家侯金镜，小柯的新作拿给他看，原以为会得到他的称赞，没想到得到的是严厉的批评。因为让专业人员开阔视野，1964年看了许多内部新潮的书和作品后，以为找到了捷径，马上运用到第一个中篇小说里，结果造成"形式大于内容"，糟蹋了原本可以写好的生活。"我很震惊，但还希望补救，希望他提出意见，我好修改。他严肃地注视着我，说没法修改了，因为是倾向性问题。"柯岩对一位搞评论的同志说过，她对侯老"批评我时严肃和亲切的神态，我都刻骨铭心"。憋不住大哭了一场，虽然十分舍不得，但还是接受了批评，听从了他的意见，柯岩没有改头换面地发表这篇作品，柯岩表现出十足的诚恳。

“一路同行”的王震将军，在1963年的进疆出疆路上，是没有听见柯岩有过什么行吟的。郭小川更是没有机会读到柯岩的《又见蔗林，又见蔗林……》了。因为当她在追忆二十二年前的“一路同行”之时，诗人郭小川早在1976年不幸了结终生。“十年动乱”尾声——9月，一个黑夜刚刚过去的黎明。

后一个“一路同行”与前一个“一路同行”相隔整整二十二年，在小柯被“霜欺两鬓”成为老柯的时候，她千里赴会，又见蔗林，不见故人；又见蔗林，如见故人。海洋诗会参观沪、浙、闽、粤沿海几个城市，正是1962年柯岩与郭小川、贺敬之结伴同行的旅程。到了广东，她的“心中陡起诗情”，不仅因为祖籍是在广州附近的南海市，尤为使人激动的是借着车窗、舷窗，目追南国大地到处可见的青青甘蔗林。这甘蔗林中有她青春的足迹，也有诗友潇洒走一回的身影，“几番风雨容颜改，不改一颗赤子心”。当她如约出现在诗友们面前的时候，她背着氧气袋登上舷梯，让大家担心。“她的身体能够经受住采风路上的舟车劳顿吗？”她却笑着答问：“不妨，别看我带着氧气袋，但那是准备万一的，怕有什么情况，吓着大家。”忆念起风华正茂的昔日情景，不由使她思绪翻滚，夜不能寐。在广东西樵山白云楼的斗室里，《又见蔗林，又见蔗林……》留下了她一颗燃烧的诗心。当她喉头几经噎住，流着眼泪对诗友们动情地朗诵这首长诗时，举座皆惊。由于这是一首近年来少见的好诗，倾泻了作者一贯对革命、友谊、生活的激情，当时凡是闻其声者，无不添加柯岩大姐为知音。

《又见蔗林，又见蔗林……》

一路同行，啊，一路同行，
江山多娇人多情：
小川时时笔走龙蛇，
老贺日夜苦苦哦吟，
只有小柯，迷迷瞪瞪，
学骑学射学诗文：
先惊：《西去列车的窗口》，
更叹：《青纱帐——甘蔗林》
战士风貌，诗品，人品，
日日夜夜，铸我灵魂。

解读《又见蔗林，又见蔗林……》，诗人纪宇曾经写过一篇长文，他发现

“这首诗和柯岩往常的诗不一样”：

在诗中写到小，这是柯岩诗中唯一的一次。

写到自己“小柯”，更是罕见。

一个“惊”，一个“叹”，非常传神，非常准确：

在当年的西去列车上，在阳关折柳、踏马昆仑的古道旁，对两位大诗人的“战士风貌，诗品，人品”，佩服有加的“小柯”，在千里学诗路上，把自己的位置摆在了“学生”的板凳上。万里壮行，当学生的日子，感恩的柯岩有着一份特殊的感情！

1

2 | 3 | 4

1 1963年柯岩（左二）、贺敬之（左一）和郭小川（右一）在新疆喀喇昆仑山

2 1963年贺敬之、柯岩在新疆农垦七师

3 1963年柯岩、贺敬之与陪同访问的兵团宣传部负责人在天池畔合影

4 1963年柯岩在新疆天池——贺敬之摄

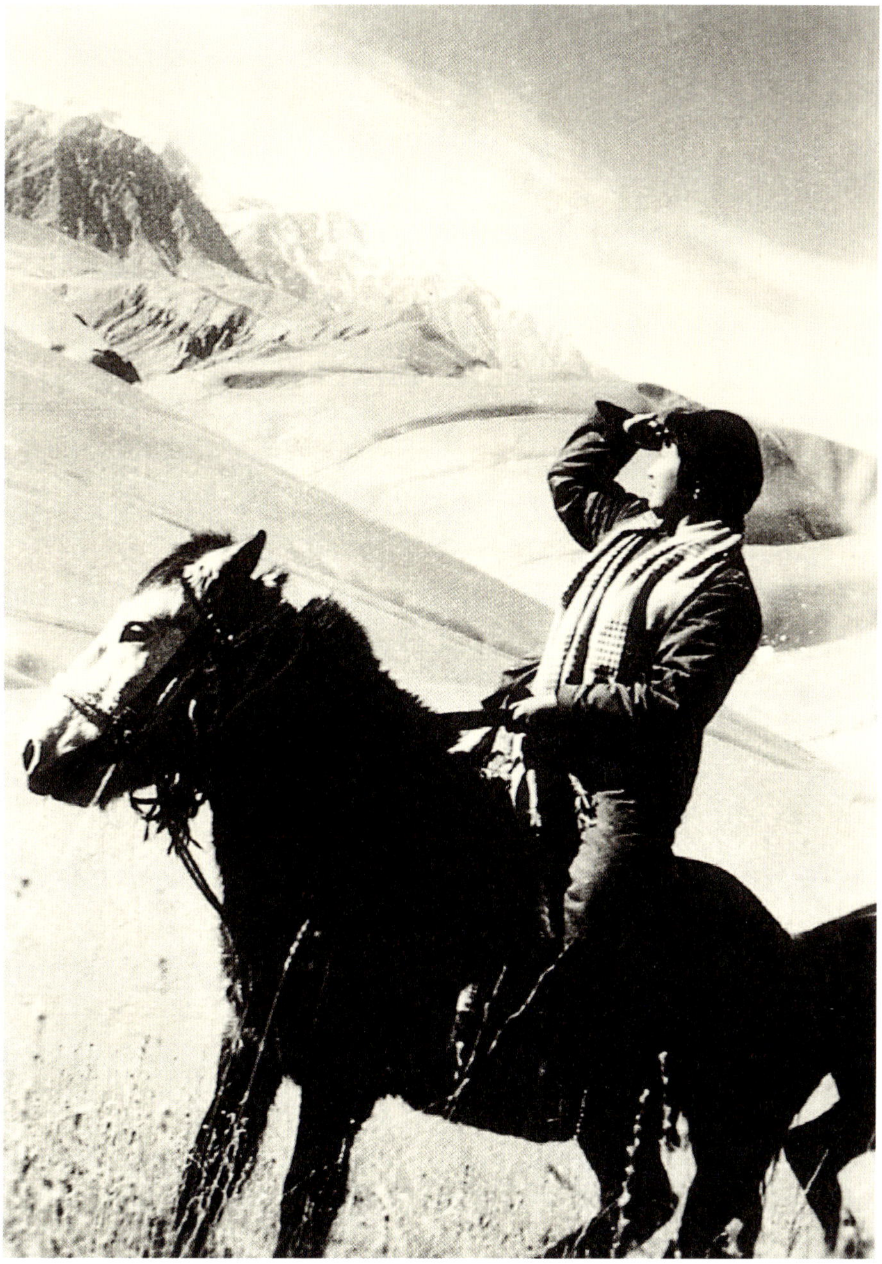

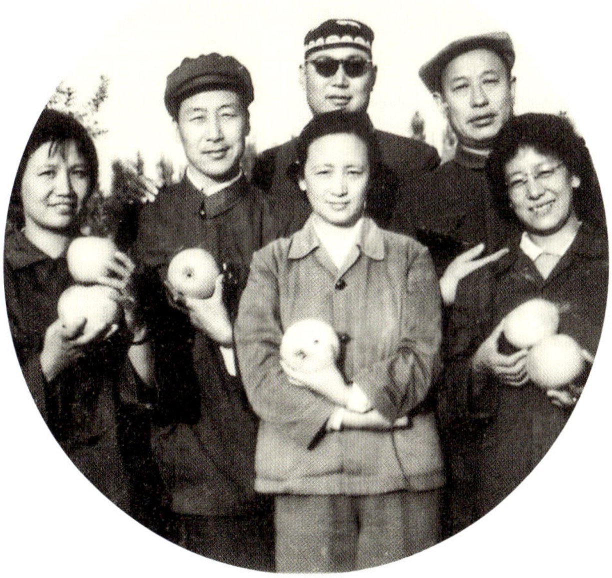

1 | 2

1 一九六三年柯岩在新疆喀喇昆仑山——贺敬之摄

2 一九六三年一路同行的诗友在新疆农垦七师苹果园

中华人民共和国霍尔果斯边防检

	1	
2	3	5
	4	

1 1963年郭小川夫妇、贺敬之夫妇访问新疆伊犁与农垦兵团团场负责人合影

2 1963年郭小川、柯岩访问霍尔果斯边防稽查队——贺敬之摄

3 1963年柯岩与贺敬之（右一）、诗人郭小川（左一）在新疆喀什

4 1963年柯岩夫妇访问农一师团场后留影

5 1963年柯岩在新疆天池——贺敬之摄

“文革”中的柯岩 一时传为美谈的那些事（1966—1976）

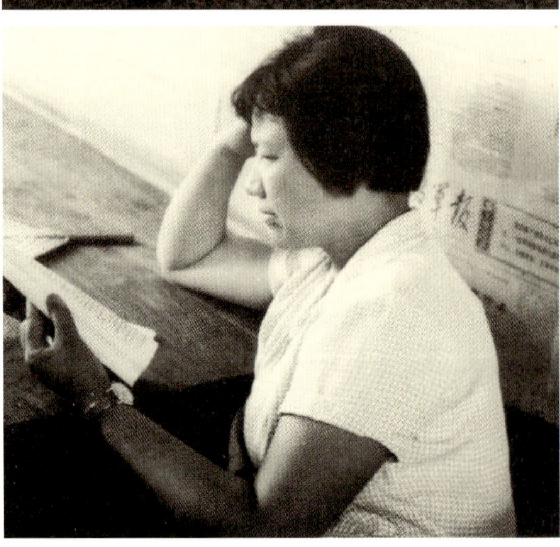

1 | 2
3 | 4

1—4
「文革」中的柯岩

1 「文革」中的柯岩

2 「文革」中的柯岩与儿子小雷

一九六七年的柯岩

连造反派对她也无可奈何（1966年）

文化大革命的烈火扑向中国人的生活。

正在家里病着的柯岩，从一开始就被卷进了这场从天而降的大火。剧院的头头为了开脱自己、转移视线，习惯性地把业务干部抛出来，被煽动起来的群众，把调进文化部创作室已经两年的柯岩揪回来说事。"开始我们也和大多数人民群众一样也能正确对待：'革命不是请客吃饭，不是绣花……'哪能没点儿误伤！但随着不知怎么自己就成了反革命，而且反革命越来越多，不是叛徒特务，就是黑帮、修正主义分子……"回首往事，柯岩曾经述说过当年一肚子的委屈："想不通啊，我就和贺敬之说。贺敬之还没被揪，当时他在《人民日报》工作。我跟他说：'这味道不对，'当时是从病床上把我揪起来的，'这么残酷，人道主义都不讲。'贺敬之说：'主要是你这个人平时群众关系不好，你比较傲气，说话随便得罪人了。''说我群众关系不好，那是想当然。以为我在单位伤害过谁，没有过这样的事。在创作组，人家写东西找我看，我总是给人家很好地看。当然说我有意很好地去团结群众也不是，但没伤过感情，人家跟我也没有那么大的仇。'"这一长串话想说没说，柯岩只挑了一句短语对贺敬之说："你也准备吧，快揪你了。"

当时，揪到社会主义教育学院集中的中央文艺单位全部所谓"反动学术权威"、资深的"牛鬼蛇神"……大多是白发苍苍的长者，就是过去不是白头的，运动一来一夜也会白了头。三十多岁的柯岩满头青丝算得上是"一花独秀"，谁见了都不胜惊讶。

"你来干什么？"一位文艺界的老前辈不禁拍着她的脑袋问。

“我也不知道，可能是叫来斗你们的吧？”因为那时还不知道被剧院领导已报了他们“反党集团”的事，柯岩还在大而化之地开玩笑呢。

大约进了“黑帮窝”一个礼拜，贺敬之他们也排着队来了。柯岩一见他就笑，过去捅他，说：“嗨！怎么样，你也来了吧？”造反派马上吼道：“不准说话！”没想到这个文化大革命一搞就是十年……

柯岩对忘不了的这段生活曾经回忆说：“一谈话我就哭。而且说的很多话都是很成问题的，我说：‘……到底怎么回事？’军宣队说：‘不要问了，好好考虑问题。’因为我要再问下去都是属于炮打的问题了。军宣队说：‘你现在只有一个任务，这也是党的需要，就是考虑你的错误，考虑你的作品哪些有错误，你说来说去都上不了纲。’我说：‘我根本就不在纲上嘛！’”直到有一天，那个指挥揪她回剧院的头头也进来了，他把随身的工作笔记翻给柯岩看，以证明不是他整人，内定的名单上柯岩早就“黑”了。她在“文革”初期，被污得最黑的时候，头上一共戴过修正主义黑苗子、地主阶级的孝子贤孙、混入党内的阶级异己分子等九顶帽子。

柯岩和贺敬之是同时被隔离分别进了“牛棚”的。女儿小风十一岁，儿子小雷刚满六岁，小儿女在失去父母照料下的这段没有着落的生活，永远是柯岩心中的痛。有一次柯岩从“牛棚”告假出来买药，趁机偷着回家看看孩子，还没到家，便见一群孩子在围斗她的小雷、小风。视此情景，她赶紧掏出“红宝书”对孩子们说：“要文斗，不要武斗！”这才救出孩子。她把孩子送到哥哥家，哥哥成了“现行反革命”，不能待；把孩子送到妹妹家，妹夫是军人，也不能待。“文革”不仅对大人，连对孩子心灵的创伤都是难以言喻地一次次加重。

遭更大罪的日子，是结束在社会主义学院的集中关押、被揪回剧院以后。她和当时都在儿童艺术剧院工作的几个同仁，一起被打成了“三五知己反党小集团”。在批斗会上，造反派批判她写的《我爱太阳》是大毒草，要她低头认罪，造反派按她的头，她偏要将头高高地昂起，并说：“我的作品可能有缺点错误，但没有一部是毒草。”人家喊：“你就是牛鬼蛇神！”她回答：“我不是。谁是就打倒谁！”回到牛棚之后，她对有的老同志在威逼下不实事求是地交代问题和无原则地乱认罪，总是善意地劝说：“即便挨打受骂，也不能乱交代乱承认，否则就会没有是非，甚至把水搅浑……你们是老同志，以前教育我们：任何时候都要表现出一个共产党员勇于坚持真理的革命气节。现在不正是考验我们的时候吗？”柯岩是这样说的，也是这样做的。在同关一间黑屋的九个月，她那个连造反派也无可奈何的倔犟劲儿，给“牛友”们很大的鼓舞。

“自己解放自己”的正义之举（1967年年初）

在首都文艺界一时传为美谈的，是柯岩在“文革”中“自己解放自己”的正义之举。

柯岩在逆境中的遭遇，有一些是很离奇的。也不是所有的诗人、作家都能有的一种待遇。那就是你的信仰、你的追求，你想说放弃都不容易，因为读者只要寻找到机会就会对你说出：我爱你！不管是直呼其名叫你柯岩，还是叫你“小迷糊”阿姨。

在红卫兵大串联时期。北京一中学的红卫兵杀到文艺界来揪斗。连吼带嚷，先命令“牛鬼蛇神”在毛主席像前请罪，斗够了，又点名吼叫：“柯岩，出列！”一边手里抡着皮带。柯岩记得最清楚的，是当时的恐惧：那么宽的皮带，还带着那么大的铜头，心想这回死定了！单兵教练！没想到他们的皮带光在头上抡，并不真落下来。历数一堆“罪行”之后，又大骂了一顿，然后下命令让柯岩面壁站到墙角，趁人不见的一刹那，其中一个竟附在柯岩耳边说：“阿姨，你保重身体，我读过《“小迷糊”阿姨》，我知道你不是坏人。”这种种情景，柯岩日后说是令她终身不忘的。

她还亲口对后来的访者述说过一段经历：

“有外地一个同志，我们原来一起写过东西 。他九岁参加革命，他出来串联专门来看我。人家告诉他：‘柯岩被关起来了，她是黑帮，态度还很坏。’这个同志说：‘那我可以帮你们做做工作，你们把她叫出来我训训她，她能听。’我出来，他和我握手，造反派在旁边，我不伸手说：‘你不了解我的情况。’他说：‘我了解，你有错，要好好检讨，但你不是反革命，要经受党和群众考验。’说完还和我握手，我不伸手，他说：‘你再不伸手我就拥抱你了。’这些事，我不会忘记。我们的党、我们的人民、我们的群众，包括很多造反派，很多人是跟着跑的。斗我，造反派喊：‘打倒柯岩！’我不举手。别人我不知道，我知道自己。他们喊：‘打倒牛鬼蛇神！’我就喊：‘打倒真的牛鬼蛇神！’我属于‘态度最不好的’。有时没人，有的人对我点点头，笑笑。我都忘不了，我认为这就是力量，你问什么支持我度过来的？是信念、党、人民、我所经历的生活，我所遇到过的优秀党员及老一辈无产阶级革命家。”

到哪里去见老一辈的无产阶级革命家们呢？柯岩自从有了一次让群众押着去看大字报的经历，她就发现要想见见他们比当年听场报告看个戏还容易。在监督下“劳动”——扫地、扫厕所时，这个“不老实”的黑帮，有了偷着看大字报的可乘之机。有人来了假装扫，没人就偷着看，经常被造反派训：“干什么？！”她说：“不干什么。”吼声震天动地了，她有气无力回一句：“要文斗嘛！”

这期间，大字报上传抄的“陈毅黑话录”，让她独自在心里评成了最受欢迎的读物。那时不是要把陈老总拉下马吗？他说：“我舍得一身剐，敢把学生娃娃拉下马。”特别是有一次江青讲：“陈老总，我们还是要保你的嘛。”陈老总说：“我不要你们保，我没有那么干净，我也不相信我们这么大个党只有这么十一个干净人，我愿意和全体党员一起挨斗。”柯岩一看到这儿坐在地上就哭。押着她的造反派怎能理解她哭什么！她伤伤心心地哭，是觉得全党在挨斗啊。“陈老总的话是在教我们怎么做人，怎么革命，怎么当一个党员。我想，是啊，一个党只有十几个干净的？当时我也有这种想法，但不敢说。陈老总讲出来了，我觉得太对了。老一辈革命家还在，还在教我们怎么做人，做党员。”这就是当时藏在柯岩心里秘而不宣的一篇读大字报心得。

那时王震同志也是有名的态度鲜明的老革命。柯岩还在农垦部看到王震同志贴的大字报。“你们非要说我‘三反’，也对。因为我就是一贯地反帝、反封建、反对修正主义……”人家再斗他，他又贴出大字报：“我不是黑帮，你们这样斗我是混淆了两类不同性质的矛盾，是错误的、不对的。”柯岩想，可不是吗？我得好好向这些革命前辈学习。农垦部还有很多大字报保王震。“你为人民立下了汗马功劳，谁敢动你一指头，我们就从新疆杀上京城，杀它个片甲不留。”柯岩听到来自基层的声音，从中看到群众的力量，她感到尤为振奋特别地提神。她多年深入基层的生活，也帮助她熟悉、了解了人民，造反派们说的那些离奇的不合逻辑的事她根本不相信：谣言、诬蔑、不符合事实嘛！为什么有的人一下就相信了呢？ “是他没见过。因为他没下过基层！”柯岩同时也给自己下了个结论：“我在农村、工厂、学校、部队采访过那么多英雄、模范……我见过朝鲜战场上牺牲的同志，见过被鲜血染红的山头，见过山头被削平几尺的焦土；我见过土改农村的干部、边防哨所的战士干部、工读学校的老师。我生孩子大出血，医生一救救好多个钟头，血库里的血浆不新鲜了，医生、护士现抽自己的血救我，这么多党员统统都是黑党员啊？都是修正主义的党员啊？我就不信。生活里这些平平常常的、但又是英雄的事迹使我相信，我们的党、我们的生活光明是主要的，不像他们说的一团黑暗。我就不信。”

终于有了这一天，当她扫地扫到大字报棚跟前时，她突然看到了一份刚传抄出来的周恩来总理关于什么是“黑帮”，什么不是“黑帮”的讲话。周总理讲：“什么叫黑帮？黑帮是阴谋反党的，有组织的。工作联系的不能叫黑帮，如果工作联系就算黑帮，那就乱了嘛！比如我的工作接触有上万人，怎么能这样算？”柯岩再回到牛棚时，心里就有底了。等到笔墨纸张弄来之后，她写了一张“造反”大字报：“我不是黑帮，不是漏划右派，更没有什么反党集团。根据总理说的‘五不’，我什么都不是。”接着她历数自己“不是”的理由：“不是黑帮群众不太清楚，不是右派大家知道，没有材料啊！反党集团是领导为了开脱自己捏造出来的，他的小本上都记着呢……我有错误，我的错误在我的作品上，白纸黑字，随时要批斗就叫我，关着我没用，我身体不好，家里还有孩子。”最后声明：“从即日起，我退出‘黑帮’小组。”贴完大字报，她把行李一卷，真的就回家了。

一身凛然之气再次震撼文联大楼（1967年年尾）

贺敬之在十年浩劫中的遭遇，柯岩用了两个字来形容：更惨。这更惨的内容，就是在这动乱的十年中，遭遇了一个与别人不相同的“三进宫”。1966年春天，随作家访问团到西南大三线参观学习返京，厄运便随着“文革”开始了。已经从中国剧协调到《人民日报》任文艺部副主任的贺敬之，剧协以揭批文艺黑线的需要要了回去，然后晚柯岩一周集中到了西郊社会主义学院集训班。过一段又揪回原单位，编入“黑帮队”，便更是一番腥风血雨了。限制人身自由，接受一次次的批斗、审问、示众、抄家、强制劳动，这是“一进宫”。在这个被造反派实行“群众专政”、赶进“牛棚”的阶段，北京有作家跳了湖，上海有作家上了吊，写《洞箫横吹》的海默，就是在“群众专政”下死于非命的。所以，从开始看到武斗和被关押，夫妻俩就商量，小柯先在老贺的口袋、后在衣缝里缝进一张小布条，在贺敬之名字下写着“倘遇不测，绝非本人自杀”。据亲笔留言的本人解释，这是表明：在任何情况下本人对党、对人民和对自己都不会绝望。

在夫妻二人被隔离开的情况下，柯岩从来没有放弃过能把只言片语送进“牛棚”的努力。日后被称作“令我没齿难忘”的“一封信”，在《贺敬之文集》中时至今日也能读到他当初在牛棚里的那份感动。与前一张缝进衣缝里的布条不同，这封信是他在“二进宫”被关押时，送衣物交由看守代转到手中的。柯岩请

邻居郎婆婆（诗人郭小川夫人的姨母）代笔，用的则是贺敬之母亲的口气：“儿呀，娘知道你：你是贫农的儿子，从小参加革命，你再有多少错误，也不会反革命、反毛主席！那是地主老财才会干的事。你一定会好好交代问题，改正错误，得到解放的。如果万一有个好歹，那一定是那些坏人害的你，娘豁出老命，也要替你伸冤的……”当时贺敬之还真以为是母亲托人代写的。当然他也知道此事不会和柯岩无关，因为这是告诫造反派“如果弄出人命我们是绝不会罢休的。”到贺敬之出来后，得知是郎婆婆冒着风险特为柯岩做的这件事，对这位老人的感激是难以言表的。

柯岩一身凛然之气，再次震撼了许多围观的群众。比她几个月前贴出大字报“自己解放自己”闹出更大的动静，是她高调宣布支持贺敬之《挺起腰杆干革命》，率领家人挺身而出。

1967年12月14日，柯岩从自行车上取下糨糊桶，领着十二岁的女儿贺小风等亲属，进入大字报铺天盖地的北京王府井大街六十四号文联大楼。不到一刻钟时间，人头攒动，虽不足万头，从几十头到百余头也可以称作引起轰动。在贴着贺敬之那张《挺起腰杆干革命》大字报的对面墙上，柯岩一家人动手，迅速地将大字报《贺敬之不是三反分子，是个好同志》，贴了出来。前者的内容，是经一年多的慎重思考之后，诗人以自己的革命经历和工作表现为据，理直气壮地否定了强加给他的各种政治帽子，明确宣布：自即日起退出“牛棚”（黑帮队）。

后者的内容，也就是柯岩和亲属们联名写的大字报内容，据说当时挤进围观人群，见着几行字就有人哭了，必然是因为大字报上有让人心流血的地方。很多老同志无法挤到大字报跟前，是因为泪水模糊了眼睛，他们无法看见大字报的具体内容，但他们看见了：这时，诸神都退位了，像劫法场一样留下的，只有爱神！民不畏死，古人抬着棺材上金銮殿都敢，也就那么回事！不活也要把话说明白！宁肯全家老小被揪斗，自己被再次关进牛棚，也决不做苟且偷安之人！她在天寒地冻的大字报墙前亮相，亮出的是陪伴革命者遭难妻子的坚贞与忠勇！

“贺敬之不是反革命！”“贺敬之是好同志！”传遍首都文艺界，是柯岩被迫发出的吼声。她坚毅不屈的抗争当年就成为了从文联大院传出的一段美谈。

1976年，正是“四人帮”天怒人怨已濒临垮台的前夕，因为“戏剧没有了、小说没有了”，于会咏的文化部下令大抓创作，偏偏他们的御用文人不怎么争气，抓了半天也不见结果。于是“皇恩浩荡”，要在没最后定性的“黑帮”里找一批人，在“严格监督”下戴罪效力，去写和“走资派”斗争的戏。当时由几个国家剧院合并组成的中国话剧团好不容易恩准了几个人，罗英和柯岩忝列其中。

她俩一合计，眼皮子底下太易罹罪，还是远走高飞为妙，于是提出“受审查”多年，脱离生活太久，为便于严格管理，还是下部队为好，而下部队呢，也是越艰苦越边远的军区越利于思想改造……真是“高贵者最愚蠢，卑贱者最聪明”呀！那帮蠢才立即把她俩派到了山西运城军分区，还指示一定要下到最边远的地方！他们哪里知道这些经过多年摸爬滚打的老文艺工作者怕的不是艰苦，怕的只是党内的奸佞和他们的耳目。艰苦的地方新贵们是不肯去的，而一到群众当中，她俩可就如同鱼儿进了湖海，更何况还有罗英这个小八路！更何况运城军分区艰苦的地区虽多，但它隶属山西军区，而时任山西军区政委的还就是罗英的老上级。于是虽然艰苦，但她俩得到的却是革命队伍中的亲切关怀和无边温暖，于是一下子接续上了历史，也终于逃出了“四人帮”黑色囚笼，重又回到了真正红色的革命大家庭。每天不是下连队，就是上县武装部，不是去探望军烈属，就是钻当年地道战的老地道，除了随时得警惕“四人帮”爪牙外，简直就和“文革”前下生活一模一样。日夜栖身在老区群众的怀抱中，听了多少当年的英烈故事，耳濡目染了多少红色传奇，人民群众对战争岁月的伟大贡献、对革命队伍的深情厚谊，点点滴滴地沁入心田，受到的震撼和教育是令柯岩终身难忘的。

正是我们知道有这样一个“作为多年前曾工作在一起的老战友”，一同经历过文化大革命的全过程，最后在“飞出苦难的牢笼前”，一个是“三天两头感冒发烧，让罗英照顾得无微不至”；一个是“看着她丝丝拉拉地生忍着牙疼，柯岩一夜夜地陪她坐着眼泪劈里啪啦地滚下来”。曾经在随后的日子里一起迎接了粉碎“四人帮”的举国欢腾……曾在郑重相约“一定要把失去的十年找回来”之后奋力拼搏，直至双双重病缠身。所以，对于对信仰、对人生、对生活、对朋友都是忠贞不贰的柯岩，罗英最擅长、也最容易做到的，就是能随口举出例证，让人相信她是一个绝对可靠甚至是侠肝义胆之人。

在“文革”初期，文化部艺术局副局长兼中央美术学院院长朱丹被批斗后，陷入悲观的绝境，心脏病很重，都是想不开喝酒喝的。柯岩就去劝他：“你干吗要自己糟蹋自己？不想活了？别价，活着，活着看那几个人垮台呀！”朱丹说：“有这一天吗？”柯岩说：“当然。”朱丹当时就掉泪了，说：“好，我活着。只要他们垮台，我天天请你吃酒席！这世界上只有一个人跟我说过这话，就是我老婆。但是我不相信，觉得她是在安慰我。现在你说这话，我相信了。”柯岩经常被他们叫做“小迷糊”、“小柯”。其实说这话时，柯岩已四十了。所以他说：“像你这样的年轻同志说出这样的话来，就觉得有力量！到了那时我每天请你吃酒席。”“四人帮”垮台，朱丹在安徽，柯岩托人给他捎信说：“小柯要吃

酒席。”他马上就明白了，急急慌慌地回来了。

两位老同志分别被“造反派”迫害致死，他俩的爱人也被戴上“畏罪自杀的反革命家属”的帽子，受着管制和批判。柯岩担心这两位女同志承受不了如此致命的打击，就果敢地让自己的侄女给她俩传递约会的纸条，分别约她们出来谈心。唯恐被造反派得知招来新的灾难，一个相约晚上在她大嫂家会面，一个相约黄昏在城郊野外相见。曾经有一个时期，到了晚上，柯岩就像做地下工作一样，承担着风险，骑着自行车去到事先与人约好的见面地点。其中一位老同志的遗孀也是知名作家，这时陷于深深的痛苦之中。每次见面，柯岩都热情地嘘寒问暖，她那发自肺腑的关怀之语，她那坚定信念的激励之言，给予她们极大的慰藉和精神力量。在人生旅途中最痛苦难熬的时刻，这种关怀和友情，堪称侠肝义胆的行为，真真是千金难买，令人感佩的！

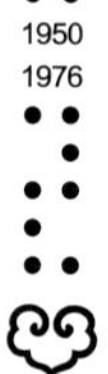

1 2

1 一九七二年的柯岩、贺敬之与儿子小雷

2 「文革」中的贺小风

在大海中航行
我的船遇到了暗礁
哦 意想不到的暗礁
靠友谊的温暖
在人民的怀抱
我学会了 学会了
直面人生 并且微笑

柯岩——《风暴与暗礁》

痛抒至情
唱出时代最强音的《周总理，你在哪里》

在中国当代史上，1976年是全国人民感情波涛汹涌澎湃的一年。

已经搁笔十年的柯岩，不可遏止的创作欲望在她的胸中潮涌而起。

“选择了抛开对周总理丰功伟绩的追颂排比，也排遣了个人感情的绝望和悲哀，而着眼于位卑未敢忘忧国的我们最可敬爱人民的冲天悲情。”一声发自肺腑的呼喊，痛抒至情，唱出时代最强音的《周总理，你在哪里》，成为诗人留给中国当代诗坛最重要的遗产之一。

1月8日，开国总理周恩来与世长辞之时，人们悲愤压抑的心情一下子喷薄而出，就像山呼海啸一样，偏偏“四人帮”还强行压制不许追悼，甚至不允许给总理设灵堂。于是人们号啕痛哭、缕缕行行，成群结队地奔向天安门、人民英雄纪念碑……

当时，柯岩虽然已不再被关押，但仍未正式解放平反，以待罪之身仍未敢忘忧国，因此最怕哀乐。每一个共和国的元勋功臣逝世都令其心碎，因为这既是黑白颠倒道德沦丧的结果，也是革命领导力量的削弱，是力量对比的变化，是国家危机的加深。知道总理重病后，更是每一次听到哀乐都既胆战心惊，又在心中默念：这不是他，不，不是！如果说，搁笔的作家在十年动乱中从未绝望过，很重要的因素就是因为总理还在：总理一生经过多少惊心动魄的大决战啊！总理是“四人帮”篡党夺权不可逾越的障碍；总理在保护革命力量；总理在忍辱负重地和他们周旋；总理在人民群众中有至高无上的威信；总理还能在主席面前说上点话……

1月8日清晨，柯岩照例打开收音机，一听到哀乐就心里发紧了，虽然还给自己打着气，默祷着，但听到播音员一个个播着他的职务时，心就越来越慌，眼泪不由自主地往下淌，最后当播音员万分悲痛地念出总理的名字，噩耗终于被证实时，她仍然不肯相信，一边哭着一边叫：“不、不、不！不是——不会，不应该！不——可能呀……”一时觉得天也塌了，地也陷了，站起来就往北京医院跑。警卫拦着不让过去，就往单位跑。单位不让设灵堂，就近看见协和医院有个灵堂，就一遍一遍跟着人流进去，呆呆地看着总理遗像，一鞠躬，二鞠躬，三鞠躬——鞠躬，哭泣；出来，再进去；鞠躬，哭泣；出来，再进去……

然后就往天安门跑，饭不吃，觉不睡，就那么呆呆地站在天安门前。开始，天安门人还不多，很快，就越来越多，送花圈的，送诗的，念诗的，抄诗的，“收下吧，总理，收下吧，这朵朴素的白花，虽然它很拙劣，可它是人们亲手做出来献给你的呀！”白花把矮矮的柏树墙都挂满了。然后来了解放军，拦着人们，人们就往他们身上扑。他们不说话，也不动，立正站着，可他们眼里也不停地流下泪，是一堵堵哭泣的墙啊！

花圈越来越多，越来越大，诗越来越多，越来越昂扬了：“欲悲闻鬼叫，我哭豺狼笑，洒泪祭雄杰，扬眉剑出鞘。”“江桥摇，请示总理，是拆还是烧”……

人越来越多，越来越多，工人来了，农民来了，小学生来了，幼儿园的小朋友来了，白发苍苍的老大娘来了，威风凛凛的将军也来了，在纪念碑前久久立正站着，肃穆敬军礼……

柯岩天天站在那儿，看着看着心又热了，哭着哭着慢慢就不哭了，后来如她自述，丙辰清明节的时候，约了朋友，为了掩人耳目，“我们穿上大衣，戴上口罩、围巾，我带着儿子，她带着女儿，一起汇入那花山人海，让孩子们把白花献给敬爱的周总理”。正是在这些一串串眼泪滴在天安门广场上结冰的日子里，她终于又看见了革命的希望，看到了运行的地火正燃烧，看到总理身后的哀荣既创造了诗歌史上的奇迹，也凝聚了革命的力量并将之推向高潮……

“我全身热血沸腾，我必得也干点什么，我能干什么呢？

“我要写一首诗，哦，一首长长的能充分表达我的感情，又能留住这个伟大历史时刻的诗！

“我转身往回跑，回家就拿起了笔。”

柯岩搁笔整整十年，一开笔就痛切地直呼：“周总理，我们的好总理，你在哪里啊，你在哪里？你可知道，我们想念你——你的人民想念你！”

不是从十年动乱那个“欲悲闻鬼叫”年代熬过来的人，是难以体会1976年上半年郁结在中国人民心中的悲苦的。发生在这一年的天安门诗歌运动和各地的清明悼念活动被血腥镇压之后，“四人帮”严令追查“反动诗文”甚嚣尘上，在那样一个“讲真话有罪”，“连‘总理，你在哪里’这句话都成了一种痛苦的象征，公开讲出来都要冒风险”的不寻常年代，史家注意到这首“诗的感情分量和作者的胆量都是异乎寻常的”。于是在《周总理，你在哪里》入选新时期中学教材，对它进行再解读的时候，语文教师们最最不能忘记的是要向学生们特别指出，这是一首在大恐怖中，作者提着脑袋写出的呼唤周总理的诗。而在“四人

帮”下台之前，柯岩已经将这首痛抒至情的安魂曲，暗中散发给了多位认识自己的人，并被广为传抄……

全诗发表在《北京日报》1977年1月1日；

又见1977年1月8日的《人民日报》；

又见《人民中国》、《中国文学》英、法文版；

又收入诗选《人民的怀念》，四川人民出版社1977年1月第一版；

又收入诗选《一月的哀思》，宁夏人民出版社1977年4月第一版；

又收入诗选《周总理颂》，天津人民出版社1977年6月第一版；

又收入诗选《怀念敬爱的周总理》，浙江人民出版社1977年9月第一版；

并由中央人民广播电台首播，全国大部分省市电台转播。

1979年2月，四川人民出版社开机印刷了柯岩的专题诗集《周总理，你在哪里》，仅在两个月后的第二版累计印数就高达十四万册。这在中国新诗繁荣的八十年代，也算得上是一个创纪录的个人诗集印数。笔者曾将这首营养和激励着几代人的名著编入朗诵诗选，也曾多次听人朗诵《周总理，你在哪里》，但自从前几年在录音棚里聆听过柯岩的一次朗诵后，我便认定朗诵最好的应该是柯岩自己，因为那是来自灵魂的真感悟、真体验。

四川人民出版社1979年2月第一、二版累计印数高达十四万册

书中黑白木刻系徐匡为该书专制的插图

周总理，你在哪里

周总理，我们的好总理，
你在哪里啊，你在哪里？
你可知道，我们想念你，
——你的人民想念你！

我们对着高山喊：
周总理——
山谷回音：
“他刚离去，他刚离去，
革命征途千万里，
他大步前进不停息！”

我们对着大地喊：
周总理——
大地轰鸣：
“他刚离去，他刚离去，
你不见那沉甸甸的谷穗上，
还闪着他辛勤的汗滴……”

我们对着森林喊：
周总理——
松涛阵阵：
“他刚离去，他刚离去，
宿营地上篝火红啊，
伐木工人正在回忆他亲切的笑语。”

我们对着大海喊：
周总理——
海浪声声：
“他刚离去，他刚离去，
你不见海防战士身上，
他亲手给披的大衣……”

我们找遍整个世界，
啊，总理，
你在革命需要的每一个地方，
辽阔大地
到处是你深深的足迹。

《深情》系郭崔摄影，由柯岩亲自选定为其诗配图。

我们回到祖国的心脏，
我们在天安门前深情地呼唤：
周——总——理——
广场回答：
“啊，轻些呀，轻些，
他正在中南海接见外宾，
他正在政治局出席会议……”

总理啊，我们的好总理！
你就在这里啊，就在这里。
——在这里，在这里，
在这里……
你永远和我们在一起
——在一起，在一起，
在一起……

你永远居住在太阳升起的地方，
你永远居住在人民心里。
你的人民世世代代想念你！
想念你啊，想念你，
想——念——你……

柯岩文集
柯岩文集
柯岩文集
柯岩短詩選
SELECTED VERSES BY
KE YAN
柯岩文集
詩
柯岩文集
小説
中国儿童文学经典100部
帽子的秘密
道是无情
柯岩儿童诗选
柯岩
作品精选
河北少年儿童出版社

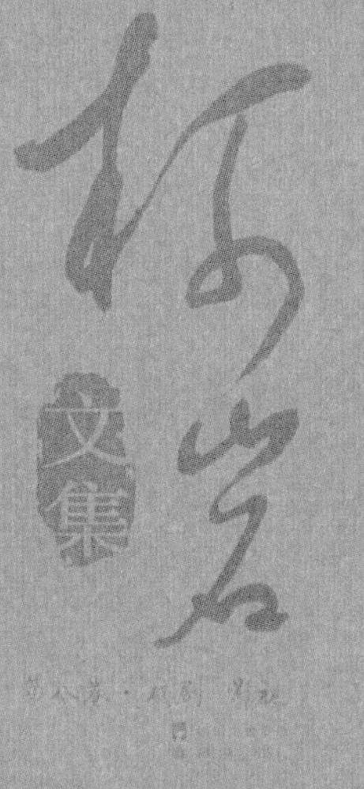

下 叁 卷

1977-2012

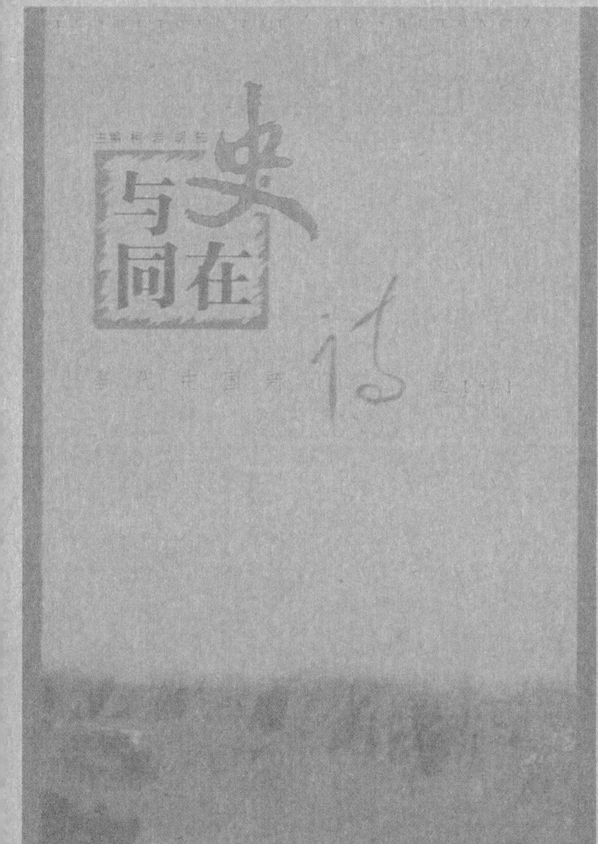

下卷（叁）

柯岩简历表

（1977 — 2011）

1977
2012

一九七七年八月
《儿童文学》在北京复刊　担任编委

一九七八年二月
调中国作协《诗刊》社　任副主编　至一九五八年七月

一九七九年
在全国第四次文代会上　被选为中国文联全委
十一月参加中国作协第三次会员代表大会
并在大会作《我们这支队伍》的发言当选为理事
增补为作协书记处书记

一九八五年七月
调离《诗刊》社　成为中国作家协会驻会作家

二〇一一年
久病不治于十二月十一日十三三十五分与世长辞　享年八十二岁

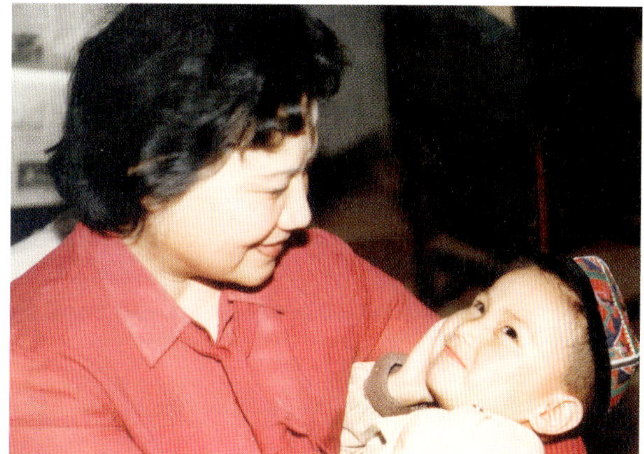

一封终于发出的信
南方日报
www.nfdaily.cn

1 柯岩与外孙

2 一九七八年十二月十一日《南方日报》刊出「一封终于发出的信」

3 陶铸（左一）、曾志（右一）和女儿陶斯亮

4 诗人伉俪同行在春风中

5 同游桂林山水别有一番情

“这篇文章里面有文采的地方是属于柯岩的”

中国人的生活经历“拨乱反正”进入新时期前后，柯岩以她的《周总理，你在哪里》一诗，泪湿天下。而让一位女儿对含冤而逝的父亲那刻骨铭心的思念，感动了全中国，也让人们记住了一个名字——陶斯亮的，同样是小柯阿姨那一支饱蘸泪水的笔。

1978年12月11日，广东人一上班翻开《南方日报》，在头版意外地看到了一个非常熟悉而又“有些遥远”的名字——陶铸。在这一天的《南方日报》头版醒目地刊登了陶铸女儿陶斯亮写的《一封终于发出的信———给我的爸爸陶铸》。

此前，这位广东前省委第一书记，命运发生了“过山车”般的巨大变化：1965年1月调任国务院副总理，“文革”开始后被毛泽东亲点为排名在毛、林、周之后的政坛“第四号人物”，但不到半年就遭江青、康生等人诬陷打倒，丧失人身自由。1969年11月死于合肥，头上还戴着“中国最大的保皇派”、“赫鲁晓夫式的野心家”、“叛徒”等大帽子。

陶斯亮的这封信，是12月10日刚刚在《人民日报》上刊出的。连载两日。当时陶铸还没有正式平反，但在陶铸曾经主政十余年的广东，敏感的南方报人第二天就在头版显著位置转载。

“爸，我在给您写信。人们一定会奇怪，你的爸爸不是早就离开人间了吗？是的，早在九年前，您就化成灰烬了，可是对我来说，您却从来没有死。我绝不相信像您这样的人会死……”当医生的陶斯亮在病历纸背面给死去的父亲写信，记述了很多催人泪下的生活细节。字字血，声声泪。无数中国人看着报纸、听着广播，流下了悲伤的眼泪。中央广播电台的播音员海茵，在几十年后还念念不忘“节目播出了，它感动了编辑，感动了听众，也感动了我自己”的那《一封终于发出的信》。她说：“我景仰伟人那充溢天地间的凛然的正气，我被信中的骨肉之情悲愤之情细腻柔弱之情慷慨豪放之情强烈地震撼了，在录音间里，我咀嚼着自己相似的还流着血的经历和体验走进伟人的世界，我播我讲我哭我笑我控诉我思念我呼唤我呐喊.……”

《一封终于发出的信》催人泪下，催人反思，堪称时代先声。刚从十年噩梦中惊醒的国家，由此拉开了一个彻底否定“文革”、坚决平反各种冤假错案的历

史大幕。

这封当时能够引起大家共鸣的信，与那位写《周总理，你在哪里》的著名诗人究竟是什么关系？1986年底，署名金戈的文章《心灵，燃烧着爱与美的火焰——柯岩的创作与生活》，对当年很多读者惊叹于当医生的陶斯亮文笔为何能如此优美进行了解密。金戈称亮亮（即陶斯亮）是柯岩“朋友的朋友”，他这篇文章的目的之一，似乎就是要代“心地纯洁、善良，聪颖而又热情的亮亮”，对“从来不提这事的柯岩”，以“旧事重提”的方式表达心底的感激。在柯岩日后为传奇式的女红军、亮亮的母亲曾志的革命回忆录所作序言中，不仅能找到她们相识相交的相关信息，而且能从此懂得这一对长期担任要职的革命夫妻，属滚滚红尘中，屈指可数的——能让你刻骨铭心、终生仰慕、每一念及则令你肃然起敬如涤心肺者。

如她所述，初见亮亮一家，早在1962年夏天。

“广州会议刚开过不久，正是我们这些小知识分子兴高采烈、意气风发的时候，许多文友聚会在北戴河。一天郭小川同志忽然对我和敬之说：陶铸同志也在北戴河，咱们看他去呀！我忙问：曾志同志也在吗？小川说：你认识她？我说：哪儿呀，我只是想见她。小川点着头笑说：可陶铸同志会客，她一般是不出来的。我说：你说我们就是想见她嘛！陶铸同志谁还没见过呀！小川说：你为什么非见她不可呢？我说：她是传奇式的女红军嘛！小川磨不过我，用手挠着头说：嚯，还知道得不少呢！试试看吧……也不知小川是怎么试的，反正是联系成了。不但联系成了，而且说陶铸同志请我们吃晚饭。大家都很高兴，只有我这个傻瓜还不住地问：曾志同志出来吗？啊？曾志同志出来吗？

“到了陶铸同志处，一看，只有陶铸和亮亮。我非常失望，又不甘心，就不断地和小川嘀咕，小川只好去走亮亮的后门。亮亮那会儿好像刚上军医大，一个大学生，又爱好文学，对我们自是十分热情，不一会儿，就把曾志请出来了。”

“四人帮”倒台后，陶斯亮写了一篇纪念父亲陶铸的文章，但总感到词不达情，言不尽意，因为她毕竟是个医生，拿起手术刀，她会运用自如。拿起笔来，总觉得沉甸甸的。于是她将自己的文章送到了小柯阿姨的病榻前。

柯岩读着亮亮的文章，眼前浮现出陶铸同志亲切的面影，她回忆着陶铸生前对自己、对文艺工作者的关怀，禁不住哭了。她一把抓过一支笔来，坐在床上修改文章。她边修改，边落泪，边擦泪，边修改，经过几个通宵，她那支生花妙笔，饱蘸浓烈的诗情，改出一篇锦绣文章。

当年在《人民日报》工作的缪俊杰同志，对《一封终于发出的信》的发表

1 柯岩与陶斯亮在曾志大姐遗著出版座谈会上

经过，也曾有过一段难忘的回忆：11月下旬一天下午，作家柯岩打电话给我，希望我到她家里见一位朋友，有些事要谈，见什么人谈什么事，见面后再说。到她家以后，只见一位三十出头的女同志低着头坐在那里，眼里闪着泪花。柯岩介绍说，她是陶铸的女儿，叫陶斯亮，在空军医院工作，为她父亲的事，已找过有的领导同志。她写了一篇文章，不知道《人民日报》敢不敢发表。接着，她噙着眼泪把文章读给我听，这就是后来发表的那封“公开信”。当时我很受感动。但觉得，这可是件秘密的事，而且事关重大，我就带着陶斯亮的这封信回到报社。当时，尽管报社还没有听到要为陶铸平反的信息，我向几位负责人作了汇报。他们态度非常坚定，立即表示《人民日报》要尽快发表这篇文章。不几天，就在三中全会开会前一周，即12月10日和11日，分两天刊出了陶斯亮的《一封终于发出的信——给我的爸爸陶铸》。这封信以富有感情色彩的笔触，揭露了林彪、“四人帮”迫害陶铸同志的罪行，在全国激起了强烈的反响，报社收到几千封读者来信，电话简直都打爆了，表达他们要求为被迫害的老一辈无产阶级革命家平反昭雪的呼声。

多年以后，陶斯亮说，这封信之所以有这么大的影响，不是说我这个信写得多好，或者是我的父亲多悲惨，关键是因为我是第一个在“文革”结束后写的。当然，亮亮也不止一次向媒体泄密，她说：“这篇文章里面有文采的地方是属于柯岩的，当然感情是我的。”

采访全国科学大会时的柯岩

俗话说：有钱难买愿意
谁让你选择了这条路呢
而且我这个人还比较执拗
认定的事九头牛也拉不转
从小生活就教会了我
要想终身无悔
人只能向真理低头
柯岩——《我为什么写作》

美的追求者 梦在春天起航

从《人民文学》的老编辑周明手上，我们接过的是一张30多年前的老照片。拍摄地点是当年全国科学大会期间代表们下榻的北京西苑饭店。那时柯岩的站位还不在第一排。一排正中的首长是时任国家科委主任的方毅，自从一场声势浩大的思想解放运动在中国大地上酝酿，中央决定召开全国科学大会的九个月以来，他是忙于筹备工作累得白发疯长的主将之一。1978年3月的这一天，是专门从杂务中抽身来与采访大会的作家们座谈并照相的。陪在主宾右侧的是劫后余生的大剧作家、北京人民艺术剧院的老院长曹禺先生。左一人是“似乎已从长久以来的冬蛰中苏醒过来”的热情歌者徐迟，两个月前他为科学大会造势发表的报告文学《哥德巴赫猜想》，让1978年1月号的《人民文学》见谁送谁一脸春光。徐迟是著名诗人，曾在《诗刊》任职，“四人帮”垮台后不久，年富力强的小柯接受组织安排，担任了诗刊社的副主编。此时，柯岩这个名字已为大家所熟知，自然是从她那才华洋溢、热情奔放的美丽的诗章而结识。1978年的春天的全国科学大会期间，她和徐迟、秦牧、魏钢焰、黄宗英一起作为《人民文学》的特约记者，出席了大会。那时，她的粉碎“四人帮”后所发表的动人心弦的诗篇《周总理，你在哪里》《在周总理办公室前》《请允许……》已经在人民群众中广为流传，鼓舞着激励着千百万读者。正因此，《人民文学》在组织这个记者小组时，很自然地想到了她，盛情邀请她。当时，编辑部的同志们想，她的诗写得那么好，那么有激情，他们期待诗人来写报告文学，能再出《哥德巴赫猜想》。柯岩愉快地接受了邀请，作为一次学习——向科学家学习，学习写作报告文学。柯岩在胸前佩上采访证，脚步踏上人民大会堂的台阶时，一双眼睛充满对美的追求闪闪发光。

她在科学大会开幕之初，收获的不是报告文学，而是三首各有四五十行组成的《科学大会诗稿》。其中一首《脚步何匆忙》可以说柯岩为自己在“百尺台阶宽又广”的“人民大会堂”前，留下了一张自拍像。见着她 “三步并作两步走，两层台阶一步上”地匆匆走来，警卫战士急忙上前搀扶，礼貌地送上一声：“请慢行，走稳当……”这之前只念叨过“人的一生都在路上”却从不和自己年龄商量的柯岩，才不禁失笑，原来是“忘了年岁迭长”啊！那年，柯岩四十八岁，急着要追回文化大革命失去的十年时光！

会议期间，记者小组住在西苑饭店。这儿，距离柯岩的家并不远，但她却带来了行装，和大伙儿住在一起，为的是专心一志参加会议，便于接触和访问代表。

出席大会的科学家中，无论是白发苍苍的老者，还是英姿勃发的中年人，抑或朝气蓬勃的青年一代，每个人几乎都有一部攻关的艰苦经历、攀登科学高峰的动人事迹。记者小组的同志一边旁听会议的讨论发言，一边翻阅大会印发的材料，寻觅着、寻觅着各自感兴趣的对象。一天，两天、三天过去了，其他人大体都找到了满意的“对象”，已经开始了采访。然而唯独我们的诗人柯岩还没有物色到理想的“对象”，当年全程陪同的《人民文学》年轻编辑周明，在翻捡出30多年前那张老照片的同时，也翻捡出当年采访科学大会，非笔墨留下的对柯岩的目击印象，他说：“这时候，柯岩有点着急了。”（柯岩说不是有点，而是真急了，像被人扶上马鞍，一时抓不着缰）直到有一天，新华社一位同志给她送来了几封奇怪的信。柯岩的报告文学处女航才被这些《奇异的书简》引正了航向。

那是两位天各一方的青年科学家关于探讨高能物理、天体物理、超导物理基础理论研究的通信。据说，他们的这种通信，已经持续了整整十年！而十年里大约有两千多封之多呢!仔细看来那信笺上，几乎尽是些密密麻麻的方程式和形式各异的数学符号。这，无形中引起了诗人的极大兴趣。她立即追踪到两位写信人——两个腼腆的年轻科学家。初次交谈，她就为他们追求理想、刻苦钻研科学的奋发精神所深深感动。她决定写他们。经过一段时间的深入采访、酝酿和构思，而后她把自己关在了家里……

“我要大声赞美发明书信的人。是他，第一个把生命和感情浓缩到小小的素笺上，从此，信和情就永远溶化在一起了：有的使人快乐，有的使人悲伤，有的带来诗情画意，有的写下锦绣文章。因此，我也就养成了这种爱好：读信。读自己以及社会允许我读的一切的信简。”

……

1 国务院副总理兼国家科委主任方毅（一排正中）接见采访全国科学大会的作家曹禺（右一）、徐迟（左一）、柯岩（二排右一）、黄宗英（三排左一）、周明（二排左一）等

1 劫后余生的作家们组成的「记者小组」合影于西苑饭店

2 柯岩与出席全国科学大会的代表

一个星期后，周明和同在跑会的女编辑王南宁有幸成为她的第一个读者。那是一个和风徐徐的春夜，在西苑饭店，她向《人民文学》的两位编辑朗读了刚刚脱稿的《奇异的书简》。这是女诗人换笔鏖战整整一个星期的结果。透过一个书信的故事，向读者介绍时代生活的一角：陆埮和罗辽复，他们在十年时间里写了两千多封信。平均一又三分之一天，每人就写上一封。柯岩用奇特的想象，把书信构成了奇异的画面。两千多封信，如果都摊开，“从天上撒下，将化作漫天飞舞的雪花；从地上行走，将成为一条潺潺的河流，十年不断的潺潺的河流啊！”把枯燥的数字转化为可以直接感知的形象，于是让读者懂得了作者赞美两位青年科学家十年书来信往，是在赞美他们对祖国对事业对生活的一片忠贞，在《奇异的书简》上袒露出的是，迢迢千里相隔的两位科学家真诚的心。

本来1978年4月号的稿子已经发齐，然而两个被感动的责任编辑却猛生一个念头，想争取将《奇异的书简》挤上去！这自然要由编辑部讨论决定。为了争取时间，他俩连夜驱车先将稿子送到编辑部负责同志家里，向他举荐。第二天，编辑部进行了传阅研究，获得一致好评，决定发表。《奇异的书简》，当它同读者见面后，很快，引起注目和受到好评！这使诗人也受到鼓舞，增强了写作报告文学的信心。她意识到作为文学轻骑兵的报告文学有着其他文学样式难以替代的战斗作用，她由此对报告文学发生了浓厚兴趣。因为，作为一个作家、诗人，她可以掌握、运用多一种战斗的武器了。从此，她活跃在报告文学战线，以她对现实生活敏锐的观察力和感受力，以她独具的优美的艺术风格，赞美着、讴歌着社会主义祖国的美好事物、新生事物。

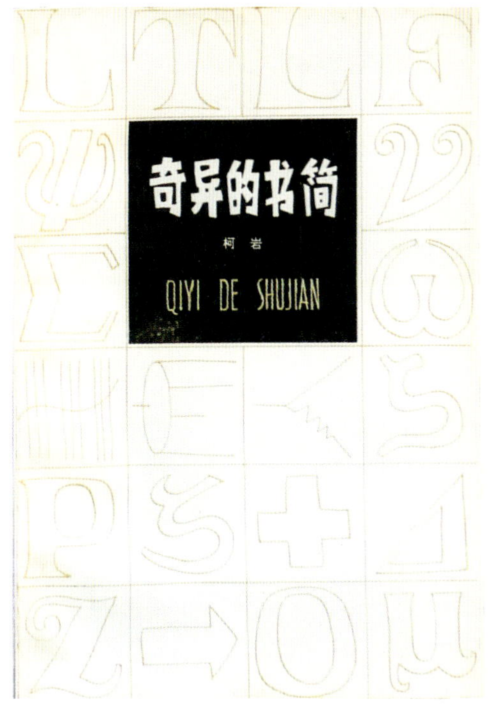

我要大声赞美发明书信的人
是他 第一个把生命和感情浓缩到小小的素笺上
从此 信和情就永远溶化在一起了：有的使人快乐
有的使人悲伤 有的带来诗情画意 有的写下锦绣文章
因此 我也就养成了这种爱好：读信
读自己以及社会允许我读的一切的信笺

1977
2012

夏天　柯岩与《追赶太阳的人》

粉碎“四人帮”后，据柯岩自己说，也不知为什么，她变得爱哭了。而且发现：好像大家都如此，特别是一些年逾花甲的老前辈。好像是年龄越大，经受革命考验和锻炼越多，从来不哭的人，反而更容易流泪似的。后来经她一想，就知道了这是因为“四人帮”统治时期，愤怒和仇恨窒息了我们的泪泉，那时我们爱着、恨着、斗争着，把眼泪都攒在了心里，流在了肚里。

粉碎“四人帮”后，为了写报告文学，曾参加一系列的会：科学大会、财贸大会、教育大会……曾陪着我国那些卓越的科学家、理财家、教育家们一起欢欣，一起流泪，一起像孩子一样，面对我们的祖国母亲，伴随着人民的每一点欢乐和痛苦，毫不掩饰地流着我们战士的、却又是孩子的泪水……

柯岩在三十多年前另一张老照片上，给人的感觉是匆匆换了一身夏装，便随同《人民文学》记者小组在全国财贸大会报到了。在报告文学《奇异的书简》的末尾，柯岩写下的最后一行字，是“1978年4月1日，匆匆草于科学大会”。而另一篇报告文学《追赶太阳的人》，最后一个句号是圆满地画在“1978年7月于财贸大会”。

当柯岩发现了来自河南穷乡僻壤的一位身不离劳动，心不离群众，把为人民服务当成生活第一需要的雷锋式的农村税务员（后提拔为县财政局副局长）吴丙治时，她的心情多么兴奋、激动啊！她被吴丙治的献身精神深深感动，且深有感触。本来大会的代表中，许多是具有全国影响的人物，其模范事迹也相当突出，一个普通税务员的事儿能闪出多少光彩？如何写得好？大家这么疑虑。但是柯岩并不这么看。她决意写他。

她想，这么多年啦，雷锋精神不见了，党的传统丢掉了，这是多么可怕的事！如今，眼前的吴丙治，作为一个农村“收税人”，为什么能够如此日日夜夜地全心全意为人民服务，帮助社、队发展集体生产？作为一个基层领导干部，为什么能够这般百折不挠、千方百计地把手中有限的权力变成无尽的义务？让自己永远在真理的大路上行走，去争取洒满阳光的人生……为什么……为什么？

吴丙治，正是我们时代具有高尚情操、美好心灵的佼佼者！因此她决定写他。

当她听说吴丙治在开会期间做了大量好事，其中包括每天起早贪黑帮助招待

在北京召开的全国财贸大会期间，柯岩（后排左一）、冰心（中）、王愿坚（后排左二）、崔道怡（后排左三）、周明（前排右一）、王南宁（前排右二）与全国劳模、百货大楼金牌服务员张秉贵合影留念

所餐厅抹桌子摆餐具，择菜切肉，洗碗刷盘子时，为了深入观察和探索人物的心灵世界，她曾几次也起个大早，清晨里，迎着晨风，蹬上自行车赶到吴丙治所在招待所，同吴丙治一起义务劳动。劳动中，她细细观察着、琢磨着、思索着……啊！找到了，找到了！十年内乱后，如今她终于又找到了追赶太阳的人！十年，漫长的十年里，几回回梦里魂牵梦萦，多么希望再看到共和国那如火如荼的岁月里昂首前进的人们，如今，在吴丙治身上，在出席财贸战线先进工作者大会成千上百的代表们身上，不正是又看到了中华民族那重新焕发出的革命豪情和精神！

《人民文学》编辑部在该刊同年的8月号上，也就是在《奇异的书简》发表后，马不停蹄地又推出了柯岩的报告文学新作：《追赶太阳的人》。当年的责编至今还留有印象的，是柯岩墨迹未干的稿笺上那些被泪水、汗水浸湿的地方。

不仅用诗歌
还奋力用文学及时报告生活行进的轨迹

柯岩在粉碎“四人帮”后，前往科学大会、财贸大会、教育大会……为写报告文学进行采访的时候，就曾想过什么时候开文代会？早在去年被推选为全国文联委员，在出席文联全委扩大会的时候，服务员见了与会的代表曾哭着说：“开了那么多大会，你们文艺界最惨，不像个队伍，倒像个伤兵医院……”柯岩那时就想到文代会召开的时候，一定会去大哭一场的。

“……我要扑在我们的老一辈饱经沧桑的文艺家的怀里哭；要抚摸着我的同辈的早生的苍苍白发哭；要拉着来自基层，为了他们根本扯不上的‘文艺黑线’而受尽非人折磨和凌辱的兄弟姐妹的断肢残臂哭——”

1979年11月初，众望所归的中国作家协会第三次会员代表大会，终于在北京隆重召开了。1962年就拥有会籍的柯岩，高票当选为出席作代会的代表，并首次站上讲坛为“我们这支队伍”作了一个极其精彩的发言。上面一段可以让人边读边流泪的文字，来自11月16日《人民日报》摘要刊出的发言稿的开头几行。就

在她登台宣布“今天，我来到了文代会，却不想哭了”的前几天，即1979年的10月，她为“我们这支队伍”中的一员，那时还并不被很多人所注意、所知晓的年轻画家韩美林，以《美的追求者》为题，写了一篇两万多字的报告文学。那是柯岩又一篇流着眼泪写出的大块文章，头一次让人感到沉重的分量。虽说她努力克制自己为画家的遭遇愤愤不平的感情，极力用冷静然而热烈的情绪、温馨的感情去诗化她的主人公，但仅从《患难小友》这全文十章中的一章，就可见她笔下的感情、情绪是如何自然地同作品中描写的人物融为一体，和眼泪一起流淌的；她爱他之所爱，恨他之所恨。她不是用笔在写，而是用心在呐喊、在歌唱。

《美的追求者》不是马不停蹄地奔波在财贸、远洋、医学、教育、公安以及工艺美术各条战线，频繁地采访会议，不停地写作出的成果。认识韩美林，据柯岩说“是在乌云压顶的1975年底”。一个在部队的朋友引荐要到家里来，最初还曾让她婉拒过。理由是“我的丈夫还在炼钢厂监督劳动。所有的老朋友，我都尽量回避，怎么能再株连新同志呢……” 过一段时间，画家还是到了柯岩家。“韩美林进来了，我们默默地互相打量着。他小小的个子，一张圆圆的孩子似的脸，完全不像刚经历过骇人听闻的折磨，只有那双大大的眼睛里还满贮着冬天的寒意。他对我笑笑，几乎没有寒暄，就像老朋友似的打开画夹，画起来了。看着孩子们很局促，他问：‘你们想要什么？’孩子们用眼睛看着我。那些年头的孩子，说话都是要察言观色的。还没等我回答，韩美林对我女儿说：‘韩叔叔先画一个你。’说着，在纸上刷上了水，几笔一勾，就出来一个十分稚气、迷迷瞪瞪沉沉大睡的小红毛狐狸。迷瞪的女儿高兴得尖叫起来：‘韩叔叔，你怎么知道我老犯困爱睡觉呢？’儿子也忘掉了拘谨，磨磨蹭蹭地走近他说：‘我也要，也画个我。’儿子那年才十四五岁，还没抽条，个子不高。韩美林看了他一眼，立即用纯黑的墨画了个小笨熊，憨憨地、傻乎乎地正往一根小竹枝上爬。全屋子的人都哈哈大笑起来。

“‘怎么，不像吗？’韩美林有些惊异地说。

“‘你再看看他，仔细看看。’我忍住笑说。

“韩美林打量着我那不动声色的儿子。满屋子人，只有儿子一个人不笑。

“韩美林一边不动声色地打量着他，一边用笔在调色盘里蘸着颜料，几笔下去，一个直挺挺地端坐着的小绿毛狐狸出现在画纸上。当时，我那比桌子还高不了太多的儿子忽然交错地跺起脚来，我明白，他着急了。他不知道在大庭广众之下，画家会把他刻画成一个什么形象。儿子自尊心特别强，我也有点担心了。韩美林一笔下去，绿毛小狐有了一条带黑点的大尾巴，它敦敦实实地坐得更稳了，儿子屏住了呼吸。韩美林用笔在蘸黑色，他轻轻两笔画上了眼珠，是那样不动声色，但又那样警觉地向后侧视的眼珠。满屋子人情不自禁地鼓起掌来了。哎呀！多么可爱呀！一只貌似憨傻的小绿毛狐狸端端正正地朝前坐着，连毛都纹丝不动，但却有着那样狡黠警觉的眼神，耳朵直竖着。无须怀疑，只要有一丁点风吹草动，它会立即像箭一样神速地飞遁……

“‘他在偷听哩！’女儿悄悄地对画家说：‘在听别人说他什么坏话！’

“‘坏话还用偷听？！随便编造！’儿子反驳道，‘我是在听脚步声。抄家的来了，我好早叫妈妈。’

“他高兴地把画紧握在手里，是那样欣然地同意了画家给他的造型。围观的孩子都惊奇地叫着，欢乐地笑着，我却差一点流下了眼泪……”

就这样，画家韩美林开始了同诗人柯岩的来往。慢慢地，接触多了，熟了，相互了解了，他的话也就多起来了。他可是一位让人意想不到的受了大苦、经历了坎坷人生的年轻人哪！他多次详尽地向诗人叙说了他的苦难的生活经历。诗人专注地倾听着、倾听着，常常是眼睛被满含的泪水蒙起来……

成为柯岩报告文学主人公的韩美林，现在已经成为公众视线中以动物画著称的大家。而1979年入冬时，柯岩在《美的追求者》里对他的描绘，曾激动、感化了多少人的心啊。对这样一个横遭“四人帮”折磨以致灵魂在流血的美术工作者，作家在勾画他前半生的生活轨迹时，一撇一捺都让人揪心。

社会上一次次的政治大风暴，倒下去成批成批的人，但这似乎对无话不可对人言的韩美林没什么影响。他的性格仍是山东人的耿直与豪爽……他不但说，而且写，在信上畅所欲言。直到他的“知心朋友”把他的信全部上交给“四清”工作队，他还在源源不绝地给他提供材料。

所以当1964年“四清”工作队不拿出他那些“密信”，只宣判他思想反动，把他下放到八公山下淮南瓷厂劳动改造时，他眼里就开始出现痛苦和疑问了……他不知道自己错在哪里，每到星期天就一个人到八公山顶上去号啕大哭一场……

一个星期六，韩美林躲在一棵大树边上吃饭，想到明天不知哪位好心的师傅又要拉他去家吃饭时，他发愁了，苦苦地思索着推托之词。忽然，觉得有谁在扯他的衣袖而且热烘烘地。回头一看，是一只卷毛的小狗，很瘦，很脏，毛散乱地披着，眼睁睁地瞪着小韩的饭盒，看样子很饿。“一定也是个不走运的多余的‘人’。”小韩苦笑了一下，把自己饭盒里的饭都倒给了它。小狗高高兴兴地给他打了个滚儿。

第二天，小韩又照例到八公山上大哭的时候，忽然听到了一阵小狗的呜咽。

小韩低下头来，不知什么时候，它也跟来了，蹲坐在小韩脚边，无限同情地仰望着他。小韩禁不住心里一热，一把就把它抱进了怀里。

“文化大革命”开始武斗，小韩回家去养病，小狗寸步不离地跟他进了车站。等小韩上了火车而它被拦在车外时，它的眼里流露出那样多的悲哀，惊慌失措地叫了起来。小韩坐到了车窗前，招呼它坐下时，它就那样恬静地原地坐下了，就像现在那样恬静地坐在韩美林画册的首页一样……但火车突然移动了，它像疯了一样地跳起来，一边呜咽一边抗议地号叫着，追着火车飞奔，一口气追出好多里……

一年以后，韩美林被勒令回厂。凭着他那“知心朋友”的揭发交代，一些别有用心的“发明家”们，把他在美术学院上学时和外国留学生的交往，上纲成“里通外国”，扣上了现行反革命的帽子。揪斗那天，先由武斗队一顿拳打脚踢，然后挂上一个大石膏牌子拉出来示众。而这时，却突然出现了一个欢乐的叫声，从人丛中奔出一个生物，直扑到韩美林的怀里。是的，这就是那只小狗。一年不见了，它丝毫没有改变自己的痴情与爱恋。它是那样欢乐地叫着，一边狂喜地摇着尾巴，伸出粉红色的舌头舔他，用爪子一下一下地挠着韩美林的前胸，一边围着他四周奔跑，用身体替小韩遮挡向他打来的雨点似的拳头。天啊！天塌下来了，一瞬间就变成了反革命时，小韩没哭；妻离子散，打折了腿、勒断了筋时，小韩也没哭。可此时，成串的泪水像断线的珍珠似的，从小韩流血的眼里滚了出来。

而那时，在一切是非美丑都被颠倒了的那个时刻，一切纯真的感情都被认为是罪恶。不要说人的感情，狗的感情也是不被允许的。于是，武斗队的“好汉们”一棍子狠狠打在小狗身上，顿时打断了它的脊骨，小狗一下子倒在了韩美林的脚下。武斗队的人踢它、拖它，但它还挣扎着回过头来用它那粉红色的舌头舔着韩美林的脚，用那天真、欢乐、但此刻满是泪水与疑问的眼睛一眨不眨地凝视着他。看他，问他，同情他，爱恋他……这是它最后看他的一眼啊！它给了作为画家的韩美林什么样的印象啊！

韩美林进监狱的第一件事，就是把被小狗亲吻及抓挠过的这件褂子，轻轻地

1 左起：作家孔罗荪、李季、冯牧、日本友人、作家姚雪垠等在柯岩家

轻轻地脱下来，珍重地放好。那上面有它的气息，有它的爪痕。这是何等珍贵的气息和爪痕。天啊天啊，永远不要让它消失，不要让它消失吧！

韩美林在监狱里蹲了四年零七个月，出狱后第一件事就是买了两斤肉，到处去找这只小狗。当他听说它被打断脊梁，从此不吃不睡，苦苦地叫了三天，才不甘心地咽了最后一口气时，韩美林是何等痛切地咀嚼着它的愤怒、它的悲哀、它的疑问以及它的苦恋啊！

它的形象永远保存在韩美林的记忆里，这是又一把插在他那敏感而深情的心上的刀子。但他不愿意记着它那痛苦的形象，因为那太让他难以忍受了。所以他只把它的泪水与疑问稍稍留了一部分在它眼中，而画出了它健在时的那美丽而可爱的形象。

在韩美林所出版的画集里，第一页就是他构思多年的《患难小友》。

“这幅画我构思了好多年，几乎比其他所有画构思的时间都长，也不知为什么。”韩美林在一次谈话中偶然提及。

她不假思索，当即就给了画家一个答案：“我想这是容易理解的。因为你太爱它，太珍惜它。而感情愈深意义愈大的事物就愈不容易表现，这似乎是搞艺术的人都会有的痛苦。”这是柯岩的理解和回答。

作者对韩美林至爱的“患难小友”这条小狗的造型，有自己见解，甚至抱有一种不甚满足的挑剔，这种率真的感情反衬出人们对画家的挚爱，也映衬出画家对小狗的深情。作者认为，画家由于对生活至情至爱，才使他的作品充满阳光，笔下的动物充溢生活情趣与人情温暖。然而，她期望画家千万别陶醉在过多的鲜花、赞美和物质包围中，要鄙视“一切童话中的金雨”，为人民继续顽强地追求。

柯岩不仅用诗歌，还奋力而为用报告文学等形式，及时地向人们报告生活行进的轨迹以来，《美的追求者》写作时耗时较长，1978年10月——11月，在作协第三次会员代表大会前后，终于止泪完稿。问世之后，它留给人们的印象和回味，在长时间里不曾消退。

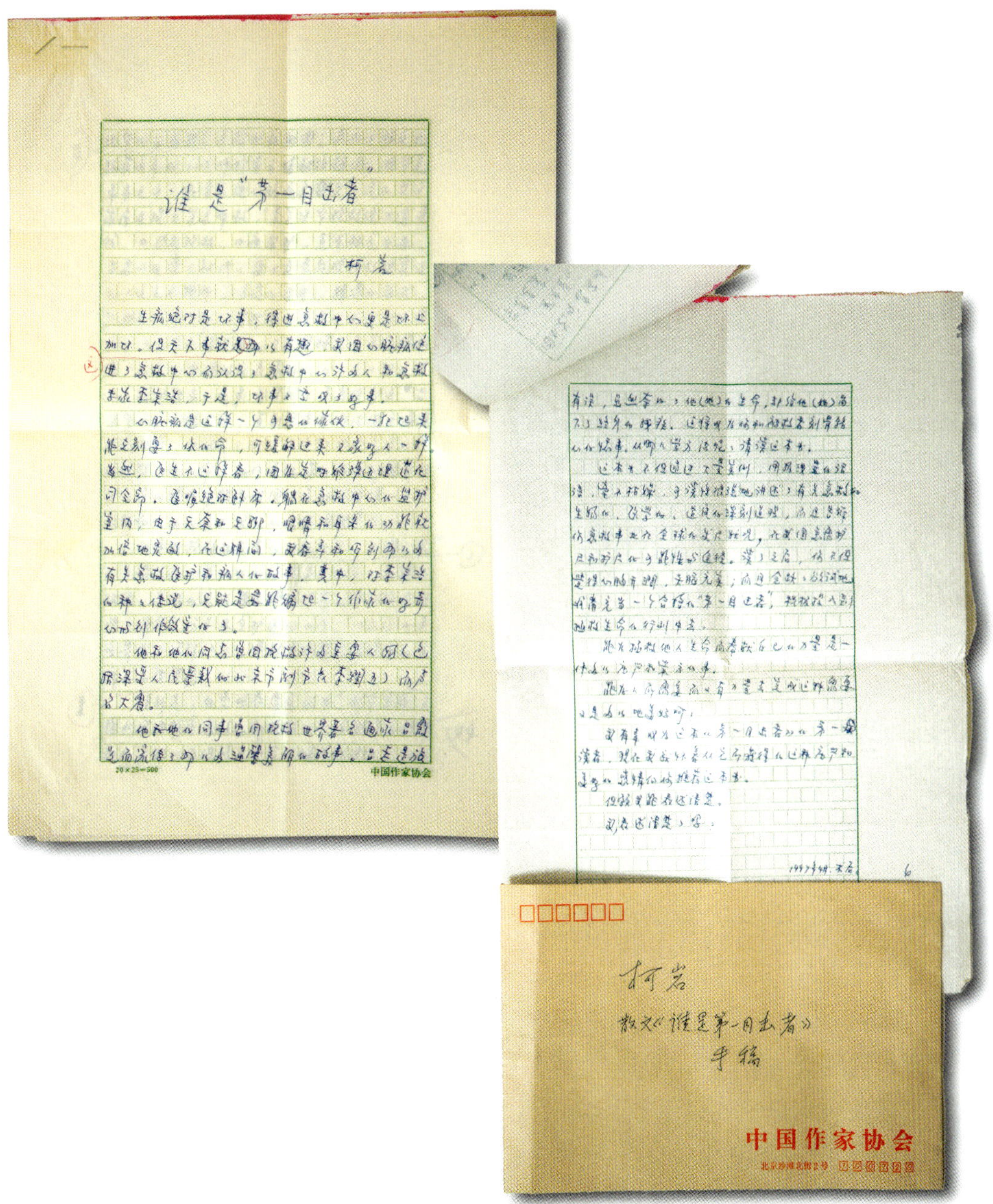

1 柯岩手稿——序文《谁是「第一目击者」》

你是在唱着 哭着 叫着：前进 前进啊

柯岩的《船长》写作，得从安排采访说起。

1979年夏季的一天，接到《人民文学》编辑部的一个电话的柯岩，让电话线另一端传来的声音逼着要“答应我们一件事——写一篇报告文学，为建国三十周年用”。

据柯岩说这位编辑同志是十分精通业务的，他不但了解他们所需要的文章，还非常了解他们的作者。就在他一不小心漏了一句“我们已给你找好了线索……”而让一向害怕别人给命题的柯岩准备推托的时候，对方却是信心满满，相信一个生活中经常充满风浪的远洋船长，他的事迹是一定会让从来害怕哭兮兮、软塌塌的人物，而喜欢强者的作家感兴趣。“我们马上把船长已有的材料给你送去。”不容分说，他就把电话挂了。

“读者一定还会记得，船长贝汉廷的那许多生动感人的事迹吧。的确，那是一个多么了不起的英雄船长呀！”这位编辑在回忆组稿过程时，首先对中国远洋公司的介绍深表感谢。小柯（熟人们还是这样习惯地称呼柯岩）对这个人物产生了浓厚的兴趣，是在听过介绍、看过有关他的材料后。

第一次联系，说他不在国内，此时正游弋在太平洋哩。过了一段时间，又询问，说他回国了，然而停泊在香港，不久又要远航。真是相见难哪！也许好事“多”磨。还是柯岩有耐心。她说：没关系，咱们就等下去，总会见着的。但是，暂时见不着船长的面，也不能让时间白白浪费过去。怎么办？她于是借来一大批有关贝汉廷的材料。翻阅着贝汉廷厚厚的材料：其中有关于他先进事迹的新闻报道，有各式各样的业务报告（包括汉堡港运载的专题报告），有他和一些外国港务局官员的谈话记录，有他给咱们新船员的讲课稿，有“汉川号”在地中海抢救希腊沉船的嘉奖令及中外文的感谢信……一个精明干练，并具有高度民族自尊心及高度文化的人物形象，隐隐约约地出现在诗人的眼前，特别令人激动的是他强烈的主人翁精神，这正是作家在生活中特别注意与长期追求的社会主义新人的形象。

她多么急于见到他啊！

终于，等待了漫长的两个月之后的一天，突然消息传来：“汉川号”远洋归

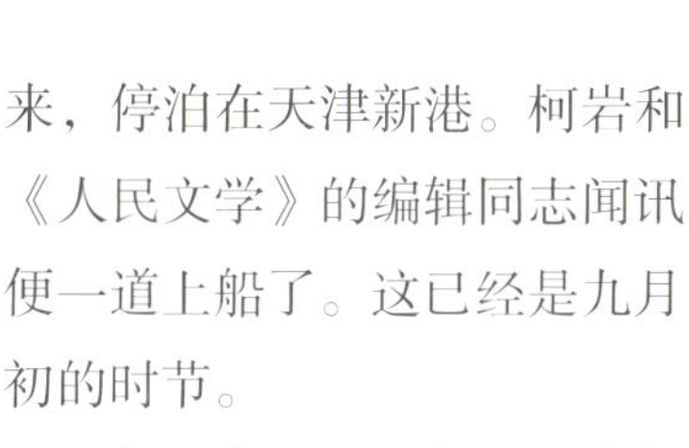

来，停泊在天津新港。柯岩和《人民文学》的编辑同志闻讯便一道上船了。这已经是九月初的时节。

船员们一听说要写他们的汉川号，要写贝船长，都很乐于提供情况，乐于配合作家的采访。入夜，在燥热的船舱里，在机房日夜不停的隆隆声中，“汉川号”的政委、大副、二副及文中所写段落的许多有关者、参与者，被要求根据自己的记忆广泛地谈：谈事件，谈对贝汉廷的了解、认识、看法及听到的有关他的一切传说……她边听边记录着。有时，一个火花迸发了，她便赶紧记在背面。这也是她采访的特点。

由于双方的时间都很紧迫，她“缠”住贝汉廷不放，很快，双方就能像老朋友一样海阔天空地聊天了。柯岩非常善于寻求对方有兴趣的话题，根据他的性格特点，千方百计地加浓他的谈兴……一次、再次，两天、三天，常常是谈得大家聚精会神，兴致勃勃，笑声不断。只要船长一耸起肩膀说：“不是谈过了吗？”或“我有材料，我拿给你们看吧！”这时，对方就立即把话头引到另外的方面，尽力不使他厌倦，而使他沉浸在回忆的乐趣之中……就这样，访谈者随着人物及事件的感情起伏，同样沉浸在人物的欢乐与痛苦之中，在访问过程中努力加深对人物的了解、感情和尊重，并以此反复印证及提炼自己对生活的思考。这样，访问结束之后，人物就已经像老朋友一样，清晰地活动在日趋成熟的报告文学作家的视野之中了。

柯岩在这篇报告文学中，娓娓动听地讲述了一位英雄船长的真实故事。

正如作者所说：“我讲了这个故事。我讲了一个成长的青年的故事，可绝非只是为了青年；我讲了一个海员的故事，可绝非只是为了海员；我讲了一个船长的故事，可绝非只是为了船长……”那么，讲这个故事究竟是为了谁呢？啊，“是你啊，我的祖国！我的亲爱的，经历了巨大欢乐和痛苦的祖国……”“人民多么希望我们能少有几个扯皮的干部，而多一些勇于承担重担的船长啊！”

《船长》在1979年第十一期《人民文学》发表后，赢得读者交口称誉，在全国引起强烈反响，相继被选入《优秀报告文学选评》（复旦大学出版社出版）、《范文读本》（北京出版社出版）、高中语文课本（节选第一节《汉堡港的变奏

曲》）等书刊。1980年5月，《船长》作为压卷之作，收入柯岩的第一个报告文学、散文集《奇异的书简》，由四川人民出版社出版。

《船长》在1979年第十一期《人民文学》发表后，赢得读者交口称誉，在全国引起强烈反响，相继被选入《优秀报告文学选评》（复旦大学出版社出版）、《范文读本》（北京出版社出版）、高中语文课本（节选第一节《汉堡港的变奏曲》）等书刊。1980年5月，《船长》作为压卷之作，收入柯岩的第一个报告文学、散文集《奇异的书简》，由四川人民出版社出版。

出任《诗刊》副主编 自又是抛家别子 风风火火起来

哦，春天，
我的春天，
我们用斗争迎来的春天！
……

春风拂面，柯岩蹬一辆旧自行车，进了北京虎坊路甲十五号院。就在《实践是检验真理的唯一标准》引发了社会各界大讨论的1978年，复刊后的《诗刊》，迎来了走马上任的副主编。编辑部的小楼，与巍峨、气派之类不搭界，但并不妨碍它捧着诗人毛泽东的祝词，“成长发展”，诗歌圣殿的地位无人能够比肩。1957年初创刊时，诗家们聚在一起商量，一封“征求诗稿函”穿越红墙飞进中南海，一句话打动了毛泽东“将记得起来的旧体诗词……一共十八首，抄寄如另纸”，信、稿一夜到《诗刊》。它的前任主编、副主编、编委……当年能够喊得应天，谁都知道臧克家、徐迟、冯至是诗坛上的“腕”。就柯岩进入诗坛而言，成名作首发不在《诗刊》，但最早在全国造成广泛影响的评论，有一篇向广大读者充满惊喜诉说发现新人的，出自臧克家之手，他是当年的《诗刊》首任主编。

粉碎“四人帮”后，精神百倍地支撑着重病之身，一面为中国作协的日常工作日夜操劳，一面又勤奋地赶写新作的老诗人李季，尽管和贺敬之、柯岩是多年的老朋友，为柯岩从文化部创作室调到《诗刊》编辑部进行的一次代表党组对她的谈话，还是在十分严肃的气氛中进行的，很像是两支部队在前沿阵地进行转换交接班。

当时担任主编的严辰，副主编的邹荻帆，两位老大哥都已年过花甲，只有柯岩还差一岁多才到知天命之年。经过“文化大革命”的磨难，如她自己所说，“患了心脏病，虽自觉身体大不如前，可是革命峰回路转，国家百废待兴，我一心要追回十年的时间，自又是抛家别子，又风风火火起来”。所以，她也就痛痛快快奉调进了引领着中国诗歌的《诗刊》社，接了办刊这副千斤担。为了兼顾柯

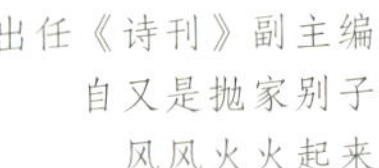

出任《诗刊》副主编
自又是抛家别子
风风火火起来

1 贺敬之、柯岩一起出席中国文学艺术工作者第四次代表大会（一九七九年十一月摄）新华社发

岩处于上升期的写作，她被特批一年只值四个月的班，但李季要求到任的常务副主编，不值班时也要关注《诗刊》的全面工作。

应该说，柯岩是圆满地完成了党组交给的任务的。李季最后伸出三个手指头，他告诉柯岩："《诗刊》现在有三个阵地：书面版、街头版、舞台版，你不许给搞丢任何一个。书面版当然没有问题，街头版和舞台版从来就有不同意见，所以我要特别对你强调……"

《诗刊》的街头版，是柯岩下了力气抓的一项工作，那就是把《诗刊》每一期的重要内容，都抄写到街头的专栏上，这种吸引读者眼球的做法，大大推动了诗歌艺术贴近生活、走向群众。"舞台版"，也就是《诗刊》社举办的一个个专题诗歌朗诵会，接二连三登场。柯岩利用曾多年在青艺、儿艺、文化部门工作的有利条件，团结《诗刊》的广大同志和影视界、演艺界众多的名演员、表演艺术家，将诗歌朗诵水平提高到一个前所未有的水平，并产生过巨大的轰动效应。贺敬之到文化部之初，不仅应柯岩之邀以自己的长诗参加了《诗刊》社举办的数千人大型诗歌朗诵会，还和当时重量级的一些诗人一起参与倡导群众诗歌朗诵活动。在首都剧院、礼堂的舞台，在容纳万人的体育馆，经常是人山人海座无虚席。笔者闻讯曾经利用到首都出差的机会，下火车直奔朗诵会现场。内蒙古诗人贾漫也曾闻讯进京，他参加《诗刊》在工人体育馆组织的那一场盛会，与我在全国政协礼堂聆听的那场《为真理而斗争》专题诗歌朗诵会，相同的是“排队买票的人群踊跃到需要警察维持秩序的盛况”。不尽相同的是，他遇上柯岩和同事们别出心裁地请来了著名学者朱光潜登台唱吟，罗大冈、冰心分别用法语、英语朗诵诗歌。同时还曾请的一些写天安门事件、南京事件英雄们的新老诗人提供诗歌朗诵作品。长诗《在浪尖上》是不久前归来的诗人艾青饱蘸着自己血泪和人民的血泪写成的。所以，贾漫在朗诵会现场亲耳听见的是诗人的呐喊，他的呐喊也就是人民的呐喊。“一切政策必须落实，一切冤案必须昭雪，即使已经长眠地下的，也要恢复他们的名誉……”容纳万人的体育馆顿时成了沸腾的海洋。我那天进入全国政协礼堂的时候，由于晚了几分钟，关闭了堂灯的缘故，伸手不见五指，我摸黑在过道上坐下，就听见“致远舰舰长”特别富有磁性的嗓门。观众屏息静气地用心倾听白桦的新作《阳光，谁也不能垄断》。当李默然从“一点就破呀”念到“有些人以真理的主人自居，真理怎么能是某些人的私产！他们妄想像看财奴放债那样，靠讹诈攫取高额的利钱；不！真理是人民共同的财富，就像阳光，谁也不能垄断”，观众哗然大笑，有人失声叫好，继而掌声雷动……演员再念下去，念到“旗帜的真正捍卫者是人民，人民为了保卫旗帜白骨堆成山，人民为了保卫旗帜鲜血流成河，谁也无权自任掌旗官”时，掌声简直不能平息了。听完朗诵还不肯走人，挤在门前等着要求抄诗，令人感动的局面，一次再次地出现。诗，新诗，是可以受读者和听众欢迎的。抒情言志，只要作者之志即人民之志。作者之情与人民之情相通，想人民所想，怒人民所怒，从生活出发，运用一切艺术手段，喊出时代的声音，诗，就有了强大的生命力，而诗人，也就成了人民的亲人。对这一天，柯岩是十分憧憬的。

在“四人帮”魔爪下死里逃生的贺敬之，是柯岩在《诗刊》社上班前一个季度，被任命为文化部副部长的。一系列拨乱反正的工作，已经让诗人部长急之所急、忙之所忙，已来不及“慷慨赋新章”了。在1978年那个极其重要的五十五号文件尚未发出之时，平反冤假错案还遭受不小阻力，进展缓慢。贺敬之却已经在他分管的文化部门，对1957年到1958年中被错划为右派的干部和学生落实政策，并且贯彻他主张的不能只是“摘帽子”，而是彻底改正、平反，偿还历史欠账。拥有极大政治热情和同情心的柯岩，也就同时在《诗刊》提出并主持把一批在历次运动中受害的诗人，分期分批地借调到编辑部来“帮助工作”，以促成各地对他们的政策落实。夫妇俩尽自己的一切可能为受到错误处置者的解放直接、间接出一份力，招致不断有遭难者到他俩的办公地寻求帮助。柯岩家因热情待客传出过不小的名声，因为那是个“粮票定量”的年代，这家管吃饱吃好的地方，曾被

文朋诗友们俏皮地取了名字，叫“大众食堂”。只有那位老保姆马姨知道家里粮票不够，女主人的艰难。后来还闹出个笑话叫《马明文抢粮票》，那笑话不是笑话，是小柯家庭情景喜剧的一个片断：一天，《人民文学》的周明来谈稿子的事，他那会儿也是常客。他忽然想起说：“小柯，客人这么多，你们粮票一定不够吧？”女主人还没说话，马姨从过道里一步就跨进来说：“可不……”女主人瞪了她一眼，她把话缩回去了，拿了一把扫帚在屋里扫地。周明说：“要不我们交点粮票吧？”说着就拿出一沓粮票放在茶几上：“其实我们粮票多着呢，就是有时想不到。”女主人刚开口说：“不用，不用……”话还没完，谁也没想到马姨忽然一个箭步蹿了过来，一把把粮票抓在手里并立即装进自己的口袋说：“周明啊，你的贡献很大嘛！”大家先是一愣，接着都哈哈大笑起来。

那时，许多还没有平反的同志或平反还不彻底的同志并不都能回去报销路费，而生活上又都很困难……柯岩想了一个点子：募捐。她找到画家黄永玉，说：“你们画家比诗人境遇好多了，捐一点钱怎么样？”黄永玉说：“好，我来画一些，你去卖掉。”他慷慨拿出十二幅，还约柯岩题上诗，一起去王府井摆地摊。来开会的，改稿的……后来谁都没有动用存进银行的这笔捐款，各自解决了来回路费，但这份情义，这份对振兴诗歌的厚望，大家是心领了。

1978年底，贺敬之在回顾文艺各条战线在近年取得很大成绩的时候，欣喜地发现以往成绩似乎不那么显著的诗歌，排位并不一定就在话剧、短篇小说、报告文学、漫画的后面。《诗刊》印数年增数万，一大批振奋人心的诗歌，比如叶文福的《将军，不能这样做》、李发模的《呼声》、雷抒雁的《小草在歌唱》、边国政的《对一座大山的询问》等，都发表在《诗刊》上。一位听众在收听中央人民广播电台播放的《呼声》时，因激动而把收音机捏碎了。刘少奇还没平反。《对一座大山的询问》朗诵预告在《人民日报》刊登后，敏感的外国使馆、外国记者频频向《诗刊》询问，这首诗是不是给刘少奇平反的信号。由此可见诗歌在当时并不仅仅是诗歌，还是这个社会的温度计和晴雨表。对十一届三中全会后诗歌战线如何“更开新诗境”，和实现“九曲黄河诗汛来”的愿望，贺敬之是有着期待的。一天，他问柯岩，《诗刊》这么活跃，能不能召开一个座谈会，促进诗人的进一步平反复出，也推动诗歌创作更快地走向繁荣。

柯岩非常赞同，立即请示李季，老领导也完全支持。在开会研究这次会议时，有领导担心惹出麻烦，说：“不妨先开个小会，二十多人先谈起来试探一下……”

“怎么可以只找二十个人？要开至少也得二百人，那才能影响全国呀！”柯岩旗帜鲜明地坚持道。

1979年1月召开的全国诗歌座谈会，是粉碎“四人帮”后规模最大，也是建国以来没有过的一次全国性的诗歌盛会，同时更是一个诗歌诗人大解放的大会。它在推动对思想和作品解放的同时，也推动了对诗人和诗歌园地的解放。柯岩不是诗痴式的书呆子，她是侠肠义胆、敢为人先的诗坛女杰。当时有的诗人在“文革”中被打成“敌人”还没有解放，有的诗人还戴着“右派”的帽子，她却敢点名让他们到会，促成了他们早日平反。江苏的赵恺、王辽生、朱红那会儿还没有彻底平反，从《诗刊》专门发了他们的诗，看来是有进一步想法的。这就和柯岩在以后那篇极其精彩的发言中，朗诵王辽生的《探求》、曾卓的《悬崖边的树》一样。事后她坦率地承认：“当然是有用意的。因为当时是‘拨乱反正’的大背景，耀邦同志正在大张旗鼓地平反冤假错案，但中国那么大，问题那么多，各地有各地的情况，文艺界又是重灾区，平反哪里是那么容易的事呢？有意发他的作品，专门在会上点他们的名，就是提请当地和有关人员能加速对冤假错案的平反。”很多年后，有一位电视记者在采访柯岩时，因为他听说过“当时会场的反应就极其强烈”，所以在采访时就专门设下一问。“你们年轻，没赶上那个热乎劲儿。”柯岩说起当年会场上的强烈反应，她也有难忘的一幕。当念到王辽生《探求》一诗时，几乎每一节都被掌声打断，“如果人人都无所探求，／真理何日捕获？／但愿为探求而受难的人，／宽慰于演完最后一幕”。“须发不经流年磨，确乎白了许多：但——／心没有白，血没有白，／且捧给四化的滚滚洪波！”两段一诵完，暴风雨般的掌声经久不息，无数人眼含热泪。柯岩这篇有名的发言最初叫《为我们的诗歌说几句话》，正式发表时才改作《我们这支队伍》，是这年秋天，她被增补为中国作协书记处书记前在中国作协第四次代表大会上的发言。而在春天的北京西苑饭店，在主持首届全国诗歌座谈会时，她没有什么长篇发言。诗人们争先恐后地发言，柯岩为了让大家都有时间畅所欲言，专门找来“计时官”计时，时间超了，发出警告，节省了时间，让大家鼓掌。大家都说了话，心情非常愉快。一位当年与会的诗友，曾经十分动情地感叹：“这是我一生参加许多会中的一次成功的会。柯岩留给了我极深的印象，她的口才，她的组织能力，她的风度翩翩。”

满头白发的王震将军，是贺敬之协助他们请到座谈会来讲话的。他以亲切热情的一句“艾青同志来了没有”为开头，一下子使不少了解情况和历尽沧桑的诗人都忍不住热泪盈眶。他简短的讲话开宗明义：文化大革命再也不能搞了！同时鼓励大家团结起来，写出好作品。人人发挥作用，各自作出新的贡献。

身材魁伟的艾青同志脱帽徐徐起立……

受尽磨难的大诗人艾青的归来，使所有的诗人为之瞩目。

艾青在他宣称“今天不谈诗，谈政治”的发言结尾处，用了诗一般的语言：“春天来了。春天来了，还会有翻浆潮，还会有沼泽地……要向总理学习，敬他，爱他。因为他永远和人民在一起。周总理啊，你在哪里？”

一时掌声如雷，永远留在了与会者的记忆里。

诗坛还有一件盛事，是值得大书一笔的：

1957年曾发表流沙河《草木篇》的四川的《星星》诗刊，在“反右”运动时，被错误处理。编辑人员划为右派，无一人幸免，刊物随之被查禁。此次座谈会期间，会议主持人之一的柯岩，了解到四川处理历史遗留问题举步维艰，虽然形势也一派大好，但《星星》还没有平反复出。她不同意在《诗刊》上点四川省委的名，但她从与会的四川诗人雁翼手中接过有关报告那天起，就在亲力亲为促进《星星》平反复刊。当年《一封终于发出的信》促进了昭雪陶铸的大冤案，如今陶铸的女儿陶斯亮受小柯阿姨委托，很快找到当时的四川省委主要负责人，送达了申请复刊的报告，使《星星》的问题很快得到了解决。四川省委9月为《星星》平反，10月《星星》在成都复刊。

1 一九一一年十月，柯岩和前辈诗人艾青会上偶遇 高瑛摄

2 《诗刊》同仁在柯岩家里。右起：邹荻帆、周良沛、贺敬之、司机老赵、柯岩、杨金亭、吴家瑾

事过之后
“同志姐”绝不再提的一件诗坛旧事

很久以来，我们就知道有一个叫周良沛的诗人，上世纪1958年的“反右补课”，大墙就把他和社会生活隔开了。他和来京参会住在西苑饭店五号楼、曾被打成“右派”的艾青、公木、公刘、白桦、胡昭、吕剑等等情况不尽相同，和“文革”中受尽磨难的臧克家、冯至、卞之琳、田间、阮章竞、张志民等等也不尽相同，和曾经的军旅诗人、以青春的诗篇为新中国诗坛添色增辉的雁翼、梁上泉、陆棨、未央以及工农兵出身的诗人苗得雨、刘章、黄声笑，挑着担子来京的民歌手姜秀珍等等有更大的不相同。用周良沛自己的话说：“1978年底，我从劳改队真像做梦一样地直接到了北京。是公安部一竿子直接捅到我所在的劳改队，今日昆明新机场的旧址石将军。通知我上京参加‘诗歌座谈会’，类似之事，劳改队是闻所未闻。”主持“座谈会”的是《诗刊》社，参会人名单是编辑部提出的。“但是，名单上像我这样的‘在押’人员”，下头的公安部门一定还是看作是“有问题”的人，因此要“事先挑明了说：不能以‘表现’的好坏做借口”，只要是名单上有的一定要来。事后知道提出这个主意的是柯岩。至于下一步如何办，并不是一到了北京就什么都明白了，直到新华社、《人民日报》发表“诗歌座谈会”消息时，他的名字列在了出席人的名单之中，紧接着，海内外报刊发表了他的新诗新作，他才完全明白，这是在为这一大批被错划为右派的诗人唱“翻身道情”了。“我确实是获得第二次生命。”周良沛当然知道是党的拨乱反正的政策为被冤屈的人平反昭雪，而同时他又说：“这就得深深地感谢柯岩同志姐了……在当时特殊的时机，特殊的情况下，柯岩同志对我这么一个不相识的人，她将所掌握的信息，全盘考虑，将我的问题纳入‘诗歌座谈会’所运转于政策的分工而服务于‘拨乱反正’的一体，才有政策落实于我后来的结果。可

1 | 2

1 向艾青祝贺生日

2 一九七八年八月十五日朗诵诗的柯岩

是，柯岩绝不像有些人，帮了忙生怕别人不知而以恩人自居。事过之后，绝不再提。”2012年4月8日在北京人民大会堂社会各界人士为柯岩举办的文学作品研讨会暨追思会上，笔者是在全神贯注听取了周良沛《永记柯岩》的发言后，才真正弄明白了这位同志哥不是一个传说，也更进一步了解到柯岩之所以是柯岩……

来自山乡的民歌手姜秀珍挑着担子来京参加青春诗会
返回安徽老家后被安排在县文化馆工作
一直得到柯岩的热心关怀
这张照片是前些年她在县里准备选送歌手进京演唱时拍摄并邮给柯岩的
学生还想为老师再唱一曲《挑担山歌进北京》

诗坛一段抹不去的记忆——青春诗会

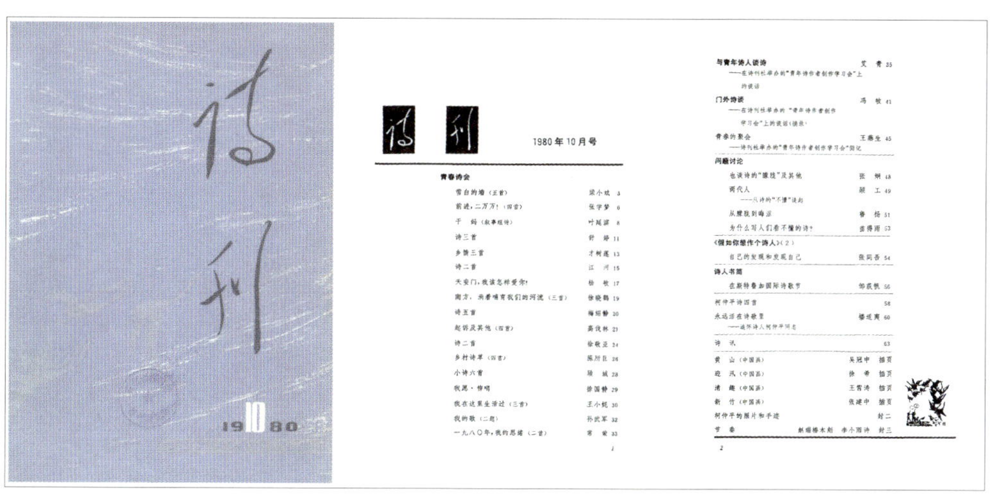

诗刊

1980年10月号

诗坛一段抹不去的记忆——青春诗会

推动青年诗人成长的集体亮相

在改革开放初期，诗歌曾经一度成为最受中国人欢迎的文学样式，这是一个不争的事实。当时的《诗刊》发行量达到"前不见古人，后不见来者"的五十万份，而投寄到北京虎坊路甲十五号《诗刊》编辑部的诗稿保持在日上千、月上万的高水位上运行。召集近年来在《诗刊》发表过作品、创作势头良好的青年诗作者中的优秀者，到北京开一个"创作学习会"的建议，经柯岩提出，在主编严辰、副主编邹荻帆的赞同下，编辑部派出精兵强将组成的专门班子，于1980年，7月—8月，将先后到达的十七名年轻诗作者迎往北京和北戴河海滨。第一届诗会最早不叫青春诗会而叫青年诗作者创作学习会。诗会结束后，这次诗会的成果在《诗刊》1980年10月以"青春诗会专号"发表，轰动了诗坛，轰动了文学界。"青春诗会"的名称就是这么来的。之后每年举办一届，将成长中的新人，推上中国诗坛。青春诗会为《诗刊》创下一张名片、一个长盛不衰的品牌。

第一届青春诗会是历届诗会中最认真的一次。艾青、臧克家、田间、贺敬之、李瑛、蔡其矫等中国诗歌界最有名的诗人、理论家，研究外国诗歌的高莽、袁可嘉等专家学者，都来到会上为年轻诗人讲课。以此推动中国诗歌的发展和青年诗人的成长的集体亮相，日后虽然也曾有过，但在一个多月的时间里，《诗刊》几位领导每个人辅导四个年轻诗人，为青年诗人修改作品，这种规格是以前没有的。

诗会伴随几代人的成长，青春是抹不去的记忆！

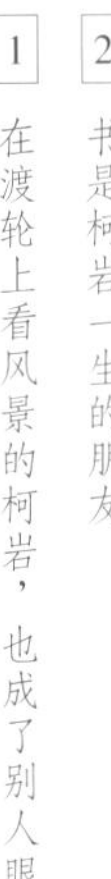

1 在渡轮上看风景的柯岩，也成了别人眼中的风景

2 书是柯岩一生的朋友

留在青春诗会自述中的一抹苦涩

“粉碎‘四人帮’以后，全国人民欢欣鼓舞，那时我正在《诗刊》工作，发现有许多有才能的写诗的青年，于是商量从中挑了一些人，给他们办起了‘青春诗会’，想按照老一代培养我们的方式来帮助他们，因为他们都是从生活里来的，所以就直接请人来讲课了。因为我从来认为写诗的人不能只看诗，而不读其他作品，取得了李季的同意，就不光请艾青、张志民、李瑛、流沙河等著名诗人来，还请了著名音乐家李凌来谈音乐、著名画家黄永玉来讲画——这些专家都是很忙的，但都满怀热情地答应了。得知王朝闻正在鲁迅艺术学院讲《红楼梦》，立即开了豪华大巴，由我带领学员前往。万万想不到的是，王朝闻是学问大家，讲得又十分精彩，当我听得津津有味，想与学员分享，看看他们是否也深受教益，抬头寻找他们时，才发现除了一两个人外，其他人早已无影无踪了。直寻到大巴里，才发现他们都在车里兴高采烈地打扑克呢！气得我半天说不出话来。回到社里一了解，方得知原来这些孩子早已接受了某‘青年导师’的场外指导，认为我们做的不但是无益之功，而且有害。因为他们是天才，是共和国的明星，我们这些人是因为自己写不出诗来了，才这样瞎耽误他们的工夫——这就难怪发展到后来居然有学员在课堂递条子，说‘这些人早该死了’，要‘把艾青早点送火葬场’——为什么我敢说这是这位教授指导之功？因为这些孩子刚来时，不是这个样子的！在学习中他们曾写了不少好诗，但毕竟年轻，可推敲处也不少。比如其中一首写‘渤海二号’的，里面有很精彩的句子，但因为过分堆砌，反而被

淹没了。我在帮他改时，一边删，一边告诉他这样删，就好像摘除了珍珠上的攀附，干净的句子立即漂亮得熠熠发光了。记得当时他竟一下子站了起来说：'哎呀，老师，你真是改得好，还让我明白了以后该怎么写。'当然，以后他大概忘了他当时的话和激动的样子了，因为听说，他后来骂我骂得很厉害，但我没忘，因为我不相信当时他说的话和激动，都是装出来的。同时我也可以理解，不是他不真诚，是被引导到别的地方去了嘛……咱们刚才提到的那位教授，听说现在他又开始骂这些青年了，说他们的诗，怎么怎么没有理想、没有高度和深度了，又怎么怎么败坏诗的声誉了——怎么可以这样呢？他先是捧这些孩子，'天才'呀，'星光'呀，在他们之前没有诗啦！捧得他们晕头转向。顾城一次忽然对我说：'阿姨，我给你讲讲我的心里话吧，我有时看小甲虫身上的花纹，比国徽还漂亮——'我大吃一惊，因为平时我对他的感觉是很有才华，但感情内向，有些孤独。没想到会这样，就叫着他说：'顾城，孩子啊（因为我和他的父亲顾工认识，所以他叫我阿姨，我叫他孩子），你这些话在这儿说，和阿姨说完就算了，出去是绝对不能讲的。你想想咱们牺牲了多少人才建立了新的共和国，才有了这枚国徽，你这话要让烈士家属听见，会扇你耳光的。你怎么可以这样呢？因为童年受了一些委屈，就扭曲了感情，这对你自己也是不好的，因为它会使你和群众有距离……'我给他讲了许多我在生活里接触到的烈士家属的故事，他说：'阿姨，我错了，我出去不会说的。'我说'不仅是不说呀，是要改，不然越来越孤独、落寞，多痛苦！将来会自杀的……'（给你说中了——笔者）

"我这不是事后诸葛亮，这话我不但当时对个别人说过，而且在'重庆诗会'之后，到部队一个研诗班传达时还当众讲过。因为这是事物发展的必然规律。当时许多诗人都听到的，顾工同志也在座，现在文字材料也还在。但那时我绝对没想到他会杀妻。我实在为他和他的亲人难过，对他的'夭折'的才华更是痛惜，他原本还可以为人留下更多的好诗的——但既然已经走到杀人这一步，一切都无从谈起了。而且不只是一个顾城，一批批被这样吹捧的年轻作者大多后果不良，不是过早'夭折'，就是星光不再。顾城和他们究竟怎么会走到这一步，当然因素多多，不能单纯追究哪个人的责任。但无论是哪个为了私利而不计后果，'引导'他越来越以自我为中心，越来越不尊重他人，不尊重劳动群众，越来越淡漠国家民族意识，甚至讥讽和嘲弄崇高和理想，把'扬子江'都写成'尸布'这样的诗句，依然追捧他的'导师'和层层把关的大人先生们，痛定思痛，难道竟没有一点点良心的愧疚和不安吗？"

访日归来　礼物捎给心中牵挂的人

1979年5月，柯岩作为中国作家代表团成员，随同周扬等人应邀访问“一衣带水”的邻邦日本，参与了两国民间的文学艺术交流活动。回来后，用樱花和泪滴写出了《岚山情思》和《天涯何处无芳草》等散文名篇。

二十年前，一个偶然的机会，她见过日本两部给一年级孩子演出的小戏：《回声》和《猴子钓鱼》，从而接触到日本极为流行的学校剧，对此留下深刻印象。此次访日期间，她见到了多年不见的老朋友、日本著名的戏剧家富田博之先生，著名的儿童文学研究家、活动家君岛女士。一见面她就问起日本学校剧的问题。她了解到这些年来，日本的学校剧已大大发展了，现在他们从一年级开始直到中学，每个班级都有几份专门的杂志，而几乎每份杂志都有供这个年级上演的剧目等等。尽管柯岩认为他们和我们的世界观和教育思想不尽相同，但他们对下一代所花的力量和教育方法是值得我们学习的。十年“浩劫”中，连专业儿童文学队伍和儿童剧院也全被砸烂了。千千万万儿童度过的是没有文化没有欢乐、愚昧的、黑色的童年。一接触到日本学校剧的演出，甚至只要一接触到这个话题时，柯岩眼前立即浮现出我国孩子那圆睁睁的、充满渴望的眼睛，感到一阵阵的心疼和内疚。回国后不久，她应邀参加了上海《儿童时代》举办的儿童独幕剧评选活动，并利用撰文为孩子们庆贺的机会，趁热向读者汇报了随团出访日本国的学习心得。自沪返京后，仍旧兴趣不减，一有机会就会把在千岛之国的美的采撷、学习心得，当作带回的礼物及时地与人分享，不断鼓励儿童文学家、中小学教师及广大儿童文学爱好者共同努力，给我们不同年龄段的孩子创作高质量的学校剧——孩子们自己排，自己演，自己观看，生动活泼，自娱性和自我教育性都很强的讽刺喜剧、抒情剧、幻想剧、童话剧……

出门在外的人，都有一个普遍遵循的规律，那就是你带回的礼物，一般都是为你心中挂牵的人准备的，以儿童文学起家的诗人、作家柯岩亦是如此。

1 | 2
3 | 4

1 柯岩、杨沫与日本作家

2 在日本京都岚山周总理诗碑前

3 中日作家互赠礼物

4 柯岩出席日方为欢迎中国作家代表团举行的仪式

智慧而有理想的女人最美
有智慧 可以带着自尊从容地选择生活
有理想并为其执着一生
蹈死无悔 这样的美 能永恒
——黄春芳《柯岩印象》

访德途中　她想寄回北京的是一篇“梦话”

1980年6月，她作为中国作家代表团成员，应邀去德意志联邦共和国访问。从北京首都机场起飞才不过十来个小时，也就是说飞机刚过卡拉奇，还未到达达尼尔海峡，一种遥远而落寞的感觉袭上心头。这时，同行的几个人不约而同地聚在一起互相询问、抱憾：怎么竟没有一个人带一块四川榨菜或一点北京辣菜？于是自然而然地谈起各自未了的手稿、工作来。编辑部里平时那些繁琐、忙乱的杂务，此刻在远行者的心目里和言谈中都变得异样的亲切而生动……

看来，柯岩等竟是想“家”了！

不过这时，她还没想到要给留“家”的主编严辰、邹荻帆写信，连来带去十四天，头几步就已经在昔日是皇宫的波恩大学、菩提树大街以及在海德堡于公元七百六十九年便初具规模的大殿里，寻到了不少的诗情画意。整日沉浸在惊奇与欢欣之中的柯岩，就是在访问巴伐利亚施纳得夫人出版社的当时，虽然印象很深，想对家里说的话很多，却因行色匆匆，始终未曾动起笔来。披衣起坐，要给《诗刊》的两位当家人，谈谈这几天总在心头徘徊不去的一个念头，此刻，是在海德堡一家有着五百年历史的古老的小旅舍中。“这个念头”柯岩在信中是这样解释的：“早在去年访问日本，参观‘讲坛社’时就已萌生了的，回来也曾向你们汇报过，但总因条件尚未成熟而搁置下来。但这次，在参观了施纳得的出版社后，却无论如何排遣不开了。”

施纳得的出版社，在中国作家眼中是一家极小的出版社，只有七十个装订工人和十五个编辑人员。但却是欧洲最大的一家儿童出版社，每年出书一百五十种以上，每种平均印数两万到两万五千册。

她对这家一幢两层楼，一个四十多岁妇女社长兼主编，以及车间完全的自动化流水线等，都感兴趣，但并未动心。令柯副主编动心和引起深思的，是什么呢？编辑部！上得楼来，编辑部过道里密密麻麻地挂着几十张大幅头像照片，照片上的人年龄不同，姿势表情各异，好像电影明星一样。原来却是经常支持他们、为他们撰稿的、著名的以及尚不那么知名的作者。沿着走廊十来个房间，每个房间是一个编辑组。大致分为幼儿组、低年级组、中年级男孩组、中年级女孩组、探险故事丛书组、知识丛书组、小说组、游记组、诗歌民谣组……还有一种

叫做"三百六十五天"的书，这是很大的一本书，有图画，有故事，有诗歌、谜语，有知识性、趣味性小品……每天一定的分量。书可放在孩子床头，让孩子傍晚或临睡前自己阅读。有趣，易记，这样每天一点，三百六十五天就有很可观的积累了。

柯岩在写给"家"里的信中强调了所见到的，"他们的独特之处"。"我们的许多编辑部及出版社不也是分组的吗？是的，是分组的。不同之处就是，她的每个组就是一个人。从联系作者、组稿、改稿、送审，到找人插图、美术装帧、出书前订计划、出书后搜集反映……统统，就是这一个人，一管到底。因此，书的好坏，受不受欢迎，社会效果如何—— 一塌刮子，责无旁贷，既无牵扯，也无从推诿。"

当中国客人被请到主编室小坐，并被请吃她刚刚参照中国菜谱现烤出来的茶叶蛋的时候，柯岩的心却远远地飞回了万里之外的北京《诗刊》编辑部。"是的，我们也有分工，而且颇细。但为什么，我们不能实行定职、定工、定量到人的岗位责任制呢？过去说因为这是意识形态领域，与工厂不同。所以我们直到现在还是按各大行政区分头看稿。天啊！各大行政区与艺术规律究竟有何内在联系呢？用行政办法搞业务不但弊端很多，而且也不公平呀！由于各地区的历史及现领导状况的不同，有的地区写诗的人多，有的地区写诗的人少；有的地区诗写得多而好，有的地区恰恰少而不行。编辑的工作量很不平衡，而且，又怎么能这样区分成绩，并以此来衡量编辑能力呢？编辑的作用就在于发现人才，培养人才，组织稿件，帮助修改稿件……而这，不但与坐班、满勤等关系不大，而且主要是和编辑本人的个人修养和专业水平分不开的。"

她不禁又回想起这干练的女主人的那一间间编辑室，每一间就是一个专业研究室，书架上、书桌上放着的都是专业书、参考书、借鉴书，及与之有关的全国甚至全世界的各种统计表格、统计数字……施纳得夫人的编辑们都是大学专科出身，但分工后，他们又必须在自己的专业上钻了再钻，精益求精。否则，就竞争不上去，就要被淘汰。施纳得夫人介绍给我们的一位搞"低幼"的女编辑，就是在懂得了英、法、意三国外语后，现正在自修日语。为什么呢？"因为要参考日本儿童文学读物呀！"她耸耸肩笑着说，"既要看嘛，最好是读原文。等我学会日文后，我再努力学中文吧！相信中国文学也会对我大有教益的。"

"是的，现在我们的编辑不全是专科出身，好在咱们的编辑大都年轻热情，或是年富力强，颇有经验。做领导的责任不就是出主意，想办法给他们压担子，指路子，努力调动每一个人的积极因素，充分发挥每个人的聪明才智，时时使他们感到光有一般的诗的知识不行，而钻进去就奔头很大，最终把每个人都逼成大有学问及各有特殊专业本领的专家吗？当然，如果分工定额，定质定量到人，竞争性是很强的。但社会主义制度的优越性就恰恰表现在我们不抛弃任何落后者，而必须帮助他。假如我们成了一个先进集体，为人民服务的责任心和自豪感也必然会促使后进者要想方设法地追赶先进，并通过刻苦学习来寻找及发挥自己之所长的。”

这封长信，通篇洋溢着热情，最后一个部分简直就是柯岩呈上的一份有关《诗刊》的改革方案。首先改变现行的按行政大区看稿的办法。编辑部分组的方式，按抒情诗、叙事诗、散文诗、寓言诗、讽刺诗、儿童诗、翻译诗、旧体诗词……分工分组，定职到人。在看稿中按类别交换、分工，定质定量到人，稿子署上责任编辑的名字。柯岩认为这样的岗位责任制，不但会加强编辑的广泛阅读与专题研究，还必将加强编辑与作者和其他编辑人员的联系与团结。因为，向有各种专长的人学习是年轻编辑提高与充实自己的重要途径。这样，反过来又必然促使他们关心全国、全世界的文艺动态，开阔视野，在更大的范围内去寻找稿源及发现人才，从而彻底结束目前光是埋头看来稿，或是囿于一个狭小范围的被动局面。

她还建议：再参照日本一些出版社的某些做法，在加薪提级及奖励方面也不吃大锅饭，不采取把奖金泛分为一二等，而是定为优秀组稿奖、优秀改稿奖、发现新人奖、调查读者心理及反映奖、合理化建议奖、改进工作奖……这样，不但刊物质量会不断提高，编辑水平也将不断提高，从而又培养出浩浩荡荡的诗歌新人来。

这一篇“结束吃大锅饭的设想”，草成之时，不觉已经夜深了，但窗前的花朵越发香得浓了，微风过处，就连小草和树叶也都发出湿润的清香。刚才还文思潮涌、一发而不可收的诗人，深深地吸了几口气，突然间胆怯起来。反身回到桌前，意犹未尽地又写下几行，最终成为这封长信的结尾：“这次虽然夜不能寐，忍不住向你们瞎说一通，但我毕竟懂得太少，想得也不透彻，抛砖引玉而已。你们是爱护我的，说错了也没关系，不是吗？也许我只是在这碧空如洗、迷人的深夜里情不自禁地说了些梦话吧？也许，这封信还是不发，留待我返家时再向你们详细汇报，以求当面指正为好吧！已是深夜两点了，北京现在却正是晨曦初褪的明丽清晨呢！我已这般清晰地看见了长安街前车如流水、笑语喧哗的热闹景象了。多么想念你们啊！那就让我从这遥远异邦的美丽小城向我繁忙的祖国，繁忙的编辑部，繁忙的你们送上我深切的思念与祝愿吧！”

访德途中
她想寄回北京的
是一篇“梦话”

柯岩1980年夏夜于海德堡旅次，再次写了一封当时没有发出但“终于发出的信”。在当年《诗刊》8月号上，广大读者读到了公开发表的《远方来信》。在集大成的十卷《柯岩文集》中，也收入了新时期伊始一个文学工作者自喻“梦话”的文字——对在改革大潮中的祖国，即使身在国外，柯岩也少不了魂牵梦萦。

此次赴德国访问，柯岩还为读者带回了分三次发表的《旅德诗抄》。

1 在德国访问途中的柯岩

收藏在柯岩私人相册中的出国访问纪念照

收藏在柯岩私人相册中的
出国访问纪念照

1 一九九九年柯岩与外国小朋友在一起

2 一九八六年柯岩在墨西哥访问

3 一九〇〇年在美国纽奥良华文学校柯岩（中蹲者）与华文学校的师生

收藏在柯岩私人相册中的
出国访问纪念照

1
2 | 3

1 圣地亚哥访友

2 在新移民学校听课

3 1986年柯岩在古巴为独立纪念碑献花

我既然认为生活是创作的源泉
而我们的生活又是这样丰富多彩
中国 我的祖国 她是这样的古老 又是这样的年轻
有着最最崇高的美
也有令人十分愤怒和不能容忍的丑恶事物
生活中有这样多错综复杂的矛盾需要解决
有这样多的是非美丑需要明辨
它们常常这样猛烈地撞击我的心灵
使我忍不住地要哭要笑 要歌要唱要呼唤 要呐喊
使我不能自已地要拿起笔来 投入到生活的激流中去

——柯岩一九八四年在一次中美作家会议上这样说过

为卜镝的画她写了一百多首诗

1 柯岩与画童兄妹，（右一）为卜镝

1978年，柯岩应邀上庐山参加了一个儿童读物会议，在会上看到了世界各国出版的儿童读物，一方面对他们先进的印刷技术很羡慕，一方面也为我们的作家艺术家很抱屈。“我们有多少好的作品被蜷缩在狭小而简陋的外壳里呀！什么时候也伸伸展展地出它一批书，让世界看看，中国，不但古代艺术灿烂辉煌，现代的好东西也多着呢！”这就是当年像团火燃烧在柯岩胸间的一个愿望。

柯岩没有让读者等待得太久。进入了八十年代之后，一个偶然的机会，让诗人的彩色愿望有了一个开头——柯岩躺在了病榻上，医生不准工作，也不让读书。可病榻也不能浮在真空呀，生活中一切美好与丑恶的事物，不但仍不断发生在她的周围，也时时萦回在她的记忆与梦中。职业习惯更是毫不费力地把她投掷于艺术遐想之中，要写的人物、场景、音容笑貌往往使她无法安眠，深夜辗转，构思与病情同步进展。

医生大为恼火。

为了转移病人的注意力，亲人和朋友们给她找来大量美术与摄影作品，教她卧游。在这些画中有一个名叫卜镝的孩子的画，常常能充当导游让柯岩回到美丽的童年，于是，她同意了在病床前接待来访的九岁画童。

画童的父亲是对外文委的一名普通翻译，业余学画；他的母亲是一个普普通通的中学教员，热爱文学。在培养孩子上却是很不普通。

卜镝是怎样开始学画的呢？

他生下来，正赶上新中国的暗夜。一岁时，就和父母下了干校。没有度过漫漫长夜的人，永远不会懂得那时人们的苦闷：没有书，没有画，没有音乐，没有戏剧，八个样板戏是精神贵族给飞升贵族呈献的贡品。芸芸众生的广大人民就只许在黑色的夜里过着僧侣般的生活。但人毕竟是人，有过精神生活的人毕竟有精神生活的记忆，并顽强地要把它展现给自己的下一代。卜镝的妈妈每天在劳动之余，抱着儿子四处走，告诉他："这是天，天是蓝的。看，白云在天上多么自由地来去。""这是水，水是绿的。看小鱼在水里游得多么美丽。""这是花，花是红的，她在对你笑着呢！"

"这是草，草是绿的。小草是斩不尽的，'野火烧不尽，春风吹又生……'"一岁的孩子听不懂妈妈的诗句，年轻的妈妈又把纸裁成方块，画上各式各样的动物和景色，教给卜镝辨认。于是一岁卜镝的眼睛看见了：大象的鼻子是柔软而又蜷曲的；长颈鹿的脖子是长长的、无比优雅的；小猴是灵敏活泼、十分调皮的；而熊猫，是圆滚滚，胖乎乎，黑白相间、娇憨可爱的。世界上有高楼，天安门有红旗，歌谣里的星星是会说话的，故事里的小鸟是会做梦的……三岁时，年轻的父母把孩子寄送到北京外婆家。孩子看见了城市的世界，孩子思念妈妈，就把妈妈给他画过的景物，画给外婆看。孩子的画是稚拙的，但外婆看出了孩子的思念。外婆不会画，就用民间的剪纸法给孩子剪出来各式各样的动物花卉，还给孩子订了个小本，让他画上他所思念的一切。外婆的眼泪常常打湿了美丽的剪纸，可孩子胖胖的小手却常常画出令人惊异的向往、没有见过的世界和不曾有过的家。四岁时，也就是1975年，爸爸妈妈满足不了不断的要求时，就在他面前放下一盒彩笔，让他画上自己的愿望。表达愿望的画是这样地富有感情色彩：小长颈鹿是紧紧偎在妈妈怀里的，孔雀是只在穿着彩色裙子的妹妹面前才开屏的，爸爸妈妈是永远不和自己分开的，黑夜里的雪都是彩色的……年轻的父母交换着惊喜的眼色，开始重视起儿子初露锋芒的才能来，把他的画偷偷地送给一些老画家、著名艺术家看，得到了他们的称赞，也得到了他们虽是偷偷的，却是极为正确的建议：让孩子充分展示他的才能，让他无拘无束地画，千万不要急于让他师法名家，但一定要开阔他的生活视野，培养他的艺术感觉……

画童的父母都是长期的低工资，他们怎么可能每个星期去郊游，走遍了北京的名胜古迹呢？是的，他们能！他们每到周末，就蒸馒头、烙饼，然后锁上房门，全家徒步或骑上自行车出游……

这是画童卜镝几岁时画的？

他可以任意地把自己画在天空，为的是去看望世界各地的小朋友；也可以把自己安排到海底，为的是办起《海底课堂》，追随在大鲸鱼的尾巴后边，俨然是一副教师实地教学的姿态，津津有味地在向学生讲解浩淼的海洋……

这是画童卜镝几岁时画的？

这是一幅题为《听妈妈讲安徒生童话》的画，色彩缤纷，人鱼杂陈。初看起来，很不合常规，怎么这样多的美人鱼、海螺、礁石、宫殿、珊瑚树都排列在一起，深深的海底，无缘无故地泛起一串串水泡？但细细琢磨一下，就可以看出安徒生童话在孩子心里唤起的善良、同情和诗意的美。孩子是那样同情那些小美人鱼，为她们不能过人的生活那样难过，又是那样急迫地想把自己生活中一切美好的事物都赠送给她，于是海里出现了许多人间的色彩，而那不合常情的水泡，原来是孩子晶莹的泪珠。

"你画时哭了吗？"柯岩问。

"哭完了一场画的。"卜镝说。

"就哭了一场吗？"

"不，一边画一边还哭呢，画完了就不哭了。"

哦，哦，好一个画完了就不哭了。多么可爱而又稚气的自信啊！孩子的天真唤回了诗人的天真，在孩子的眼里诗人又找到了自己童年的梦。她不但感到了那串串泪珠的热度，海的女儿那追求为人而终不可得的绝望与痛苦，又使柯岩回忆起自己童年时为无助于海的女儿而顿足痛哭的情景。"他比小时的我积极，他哭完之后立即行动起来，把人间的颜色都一一送到海底去了。我童年时也画过吗？我深深地思索。不，不记得了。也许画过呢，也许……但未被发现，于是，就过去了。永远消逝了……留下的只是一片模糊的记忆和些许隐隐的痛楚……"

柯岩和画童的见面到此就算结束了，"现在我要工作了！"这就是说她已经感觉到为实现自己的愿望去做一部书，可以提供给世界看的彩色的书，作一个书写者浑身上下都充满了一种幸福感，一种不可遏止的创作冲动。"就这样，我这项选画的工作越来越有趣。最后竟变成这样：卜镝的画摆满了我的房间。工作时，我一张张地挖掘它们的意义；休息时，我向朋友兴高采烈地介绍我的发现；疲倦时，我拿起它们，耳边顿时响起孩子天真的欢笑，松弛了我紧张的神经；情绪不好时，翻阅它们，一个天真无邪、庄严而又美丽的世界呈现眼前。孩子是我们的未来，捧着孩子纯洁和充满热望的心，有些烦恼顿时变成容易拂去的尘沙了。"

准确一点说，这一段一口气写下几十首题画诗的日子里，卜镝的画不是摆满了她的房间，而是铺满了桌子、椅子、床面，铺满地板，挤占了整个脑子甚至心室。"只有孩子的心灵才这样妙趣横生，只有孩子眼中的世界才这样奇异多彩！"当诗人一遍一遍欣赏卜镝画作的同时，还不经意念出过文豪高尔基的传世名句："爱孩子，这是母鸡也会的，重要的是教育他们。"

卜镝的一张题名《老树的故事》的画，画了一棵硕大无比的树，在树下走着画家自己和他的小妹妹卜桦，大树有几十上百个树枝丫。每个树枝丫里都有一窝鸟(一家人)，有的在喂食，有的在教飞；这儿是一只老鸟在亲吻她的孩子，那儿是一排小鸟在引吭高歌；而最最令人忍俊不禁的是，这些婉转鸣唱的鸟儿大都神气活现地戴着礼帽，穿着燕尾服……卜镝画这张画时，是他刚听过第一次正式音乐会后不久。音乐会上肃穆的气氛，穿燕尾服的大师们庄严的形象，和谐美好的乐声，长时间地萦回在孩子的脑海，使他好几天如痴如醉，如同梦寐，这种景况就这样自然而然地流露到他的创作中。在这张画里，他自己的生活和鸟儿的生活水乳交融，一派天真。是的，在孩子眼里，鸟儿的生活应该是无异于人的。他是这样充满生活情趣地刻画了鸟的生活、大树和鸟的关系，以及自己的感情与向往。柯岩提起笔来就为这幅画写下了这样一首诗：

《老树的故事》

老树，老树，
你怎么这么大！
你活够一百岁了吗？

有多少鸟儿，
在你身上安过家
和你谈过话？

它们是从哪儿来的，
唱的都是什么歌呢？
这些身穿礼服的音乐家！

老树，老树，
告诉我吧，告诉我——
所有的故事和童话……

柯岩被《听妈妈讲安徒生童话》这幅不合常情的画深深感动了。因此，为它题诗就不能仅仅是为了画，还必须为了作画的人。这首诗就只能以这样的形式出现了：

《海的女儿》

我原来以为大海
全是碧蓝碧蓝的颜色，
可安徒生爷爷告诉我：
海的女儿那灰色的寂寞……

几千年了，海的女儿，
你还在岩石上哭吗？
让我把人间的颜色都倒进海里，
带给你我们的歌和欢乐……

老画家张仃，应该说是卜镝的重要导师之一。他告诉这对年轻的父母：“孩子画画有很大的自娱性，千万不要束缚他。要让他在表现自己生活和感情时能充分展现自己的才能和想象，而不要急于让他模仿、抄袭成人画，把他变成小齐白石、小徐悲鸿，那样就像给孩子穿上长袍马褂，装小老头一样了。”卜镝到张仃家去学画，向老教授请教：“您是怎样画画呢？”张仃爷爷笑了，他说：

“画小画，要像画大画一样画，画大画应当像画小画一样地……”

张仃经常要卜镝的画看，也常常看其他的儿童画。他说：“儿童画教给我诚实、天真和勇气……”卜镝曾专门为这次谈话画了一幅画，题名《到张仃爷爷家里做客》。画面是张仃家朴素而狭窄的画室，卜镝把张爷爷画得十分高大，把自己画得十分小……这幅画柯岩已看过多次了，但每次都和初看时一样感动。常常是热泪慢慢地湿润了眼眶，久久不能自已。卜镝画它时正是空无所有的寒冷的黑夜，可这幅画里有的是书，是画，是花，是阳光，是空气，是中国不屈的艺术家的脊梁和目光中的希冀……是的，在那黑暗的寒夜里，卜镝的成长得到过多少前辈画家、书法家、艺术家、教育家的指导与关注啊！

“外国朋友们可能会奇怪的，如果他们看到七岁的卜镝画的那幅《庆祝粉碎‘四人帮’》的钢笔画，他们会惊异于一个小小的孩子怎么会画出这样重要题材的大画，怎么会理解并再现出中国人民举国上下喜泪与悲泪交流的典型心境。这幅画面是长安街上络绎不绝的长长的游行队伍，极有装饰趣味地画着在蒙蒙细雨中无数把蜿蜒前进的伞。你可能看不见每个人的脸，但高高擎起的伞和人物奔走相告，极度狂喜又极度庄严的形态，使人一下子就回到了那永生难忘的奇异的时刻，禁不住重新泪飞如雨了。我为这幅画沉吟良久，寝食不安，最后只写了这样四句：

哦，伞，千千万万把彩色的伞，
遮住了，
千千万万张欢笑的脸；
为什么，
雨水明明是洒在伞上，
水珠儿，
却打湿了伞下的脸？！

“卜镝有幸生活在这片土地上，还因为，在他稍稍崭露一点头角时，聚集在他身上，就有那么多温暖的目光，伸给他的，就有那么多有力的手。许多相识或不相识的同志给他们送来音乐会和展览会的票子，借给他们书籍、字帖、唱片、画册……为了‘你那个画画的孩子’。甚至，在节庆日看焰火时，邻居的孩子也总是心甘情愿地把楼顶上最好的位子让给卜镝，为的是让他看得更清楚些，因为他要画呀，是不是？他要画呀！”

卜镝满心欢喜地画着他眼中和心中的世界，同时也满心欢喜地画着自己由衷的感激！他有一幅色彩十分绚丽的画，叫做《焰火》，记录下他在宿舍楼顶上和孩子们一起观看节日焰火的场景。这张画是这样强烈地流溢着孩子天真的欢乐和对未来的向往。柯岩被为这幅画的题诗难住了，沉吟了许多时日，改写过七八种样式。最后，写了这样三句：

我问：世上还有什么
比焰火的颜色更多？
邻居的哥哥说：生活。

1980年，由外文出版社出版的《童画诗情集》，是柯岩在八十年代的第一个儿童节里献给孩子们的一份厚礼，也充分体现了她对孩子的那颗令人感动的爱心。她在序言里，这样写道：“世界上对中国有许多传说，说中国十分神秘。”

“人们常常猜想：中国，究竟是什么样的？她的人民怎样生活，她在想些什么，将向何处去？这里，我们向世界介绍一个中国孩子——一个九岁的中国孩子卜镝。卜镝，从四岁开始学画，六岁用画来记自己的日记，七岁曾参加全国儿童画比赛，得一等奖。八岁时已开过个人画展，他今年九岁了。这里选的几十幅画，是从他四岁开始直到九岁时的近千幅画中挑选出来的。要了解一个国家和她的未来，重要的一个方面是要看她怎样教育下一代，以及她的年青一代的精神面貌。卜镝是我国千千万万个儿童中的一个。儿童的心灵纯洁而又坦率，因此，了解这个九岁孩子的心灵，了解他的思想、感情、梦境和向往，对世界人民了解中国，了解中国的现在和她将向何处去，也许不是没有益处的吧。”

“柯岩以热爱儿童的心，关心儿童画，为儿童画题写了许多明丽的诗。她的许多诗像水晶一样透明。”大诗人艾青为柯岩的题画诗集问世，特意为儿童送上祝福。他认为在卜镝的画里，像《节日的焰火》是纯真的儿童画。诗也题得好，有单纯的美。《老树的故事》的诗多么富有想象，《美丽的圣诞树》的诗又多么聪明，尤其如：春天，春天，／你最早来到哪里？／爸爸说：“在温暖的风中，”／妈妈说：“在燕子的话里，”／妹妹说：“在哥哥的画上，”／我说：“在妹妹的笑里。”／大树说：“在我的身上，”／小草说：“在我的心里……”让艾青用 “最好”二字来评价这些诗是非常不容易的事，他认为像柯岩这样的诗人，以母亲般的目光注视着儿童的成长是不多的。仅为卜镝的画她就写了一百多首诗。

艾青再次为画童祝福!

“题画诗”作为柯岩二十世纪八十年代重返童诗花园的杰作，进入“新时期”千万读者的阅读视野，成为人们心目中最美好的文学篇章和最温暖的阅读记忆。

1981年由外文出版社以《童话诗情集》为书名结集出版，并翻译成英、法、德、俄、日等语种对外发行；新蕾出版社、人民美术出版社也在1984年分别以《月亮会不会搞错——题画诗百首》《春天的消息——题画诗》出版了这一百多首题画诗。被视作童年的记忆的果实，这些题画诗中的一小部分，还曾分别收入人民文学出版社1981年出版的《柯岩儿童诗选》和广东人民出版社1983年出版的《柯岩作品选》。这些书的发行量都很大，远不是今天的一些儿童文学新书的印数所能追比的。

《寻找回来的世界》成如容易却艰辛

当代中国文学作品，从1979年拨乱反正、新旧交替这样一个新旧杂陈、错综复杂的新时期伊始，因涉猎几乎所有的文学门类，在每一个体裁上都取得令人瞩目的成绩，柯岩的名字让众多当代中国文学作品的读者更加熟悉了。在诗歌、散文、报告文学、儿童文学、长篇小说及影视戏剧的颁奖大会上，她有过多次的因病因故未能到会，但在获奖名单上，你随时都会碰见她，有时候让人想躲都躲不及。

她的儿童诗集《“小兵”的故事》，获1980年全国儿童文学创作一等奖；

她的诗集《月亮会不会搞错》，获新闻出版总署等八部委举办的首届优秀少儿读物一等奖；

她的报告文学《船长》《特邀代表》，获首届（1977—1980年）全国优秀报告文学奖；

她的《癌症≠死亡》，获第二届全国优秀报告文学奖；

她的长篇小说《寻找回来的世界》及据此改编的同名电视连续剧，获1986年飞天奖、金鹰奖、国家教委特别奖、宋庆龄儿童文学奖、金盾长篇小说奖；

一个作品，在诞生后的不长时间，连获五项大奖的殊荣，对于“得奖专业户”柯岩，也是唯一的一次。

《寻找回来的世界》是柯岩的第一部长篇小说，也是她根据小说改编的第一部电视连续剧。“看似寻常最奇崛，成如容易却艰辛！”为一个很少有人触及的题材——每当一次战争及社会大动乱后，青少年犯罪必然激增的世界性问题，她抛家别子，风风火火，闯入新中国刚刚起步的工读教育事业，她是打起背包“自投罗网”来的文学工作者第一人。当经历过人生的各种风雨，甚至在十年动乱中也有了失掉整个世界的感情经历，开始能够把工读学校这段生活放在规律性的世界高度，并且用以与十年动乱前后我国社会生活及个人生活积累、感情积累反复验证，获得更多更新更深刻的认识与体会之后，特别是1979、1980年柯岩重新到工读战线深入生活（这时已开始开放，又有了许多横向比较的机会），当她进一步从工读学校这个窗口，具体而形象地感受并理解到社会主义人道主义和资产阶级人道主义既有联系、又有区别时，思想的光辉才真正照亮了这个题材的深刻

1 柯岩和主创人员在主题校会上

内涵。她以三十三万字的宏阔篇幅，在1980年隆冬的北京西郊草成初稿，首发在《十月》长篇小说专刊上的，堪称中国型的长篇“教育诗”，则是在1983年暮春时节的河北新城改毕的。当年下生活时她家的闺女还在牙牙学语，中央人民广播电台在《小说连续广播》节目里第一次播完《寻找回来的世界》时，小外孙已经能从外婆背上滚到外爷怀里。二十年“写”成一部小说，用时之长，在柯岩的全部作品中，它是占据第一位的；寻找和创造充满诗意和美的世界，用力之巨，且不说她在1956年首次进入工读学校的两年，为了逐渐懂得特殊教育，一口气跑完模范监狱、收容所、少年犯管教所、上海工读学校、孤儿院……整条战线接触一下，心上有多少深情，脚下就有多少尘泥。“四人帮”粉碎了，为什么还会有那么多犯罪？她在这本书里要回答这些问题。正如作家自述：“我写小说，不是不负责任地把问题展览一遍。你看社会多糟糕呀，孩子多可怜呀，同时把我的黑社会知识炫耀一番，完了，我两手一拍走了，读者从中受到消极影响与我无关，你们爱怎么办就怎么办，那不行。我得写发生这些问题由于什么？写它的原因、它的历史原因。现在要治，怎么治？为什么要治？”

作家投入巨大情感的生命之作，无论是长篇小说还是同名电视连续剧，都曾以给孩子的爱、给空气的芬芳，打动过千百万人的心。电台在广播小说之后，连续播出的是一封又一封的读者来信。电视剧《寻找回来的世界》刚刚结束六天的播映，两千多封观众来信便随着新春的鞭炮声飞向中央电视台，飞向作家柯岩。

1984年7月中旬。老作家丁玲的来信，让柯岩十分感奋。

首先令柯岩没有想到，是“一部长篇小说习作，会引起丁玲这样一位文学前辈的注意”。住在医院里的丁玲身边有一护士，看见老前辈在读“这篇作品”，便说想借《寻找回来的世界》去读，并且告诉她现在每天十二点半就有广播，还说有意思的是有听众反映，过去，一部几十万字的名篇巨著，从头至尾地收听，没有坚持过一次，有时收听也是躺着听，唯有这次却是端端正正地坐起来听的。在听的过程中真正达到了崇高的、忘我的境界，想书中所想，急书中所急，等等。这就是最早引起丁玲注意的原因。柯岩再有一个没有想到，是“还给我写了这样长这样恳切的信”。她之所以感到很不安，是因为想象得出正在病中且患目

疾的前辈借助药物费力阅读的情景，明白这是出于一位老作家对文学事业和后来者的热情与责任。

“这本书是一本好书，是一本有教育意义的书，是一本写了一群好党员、一群有美丽心灵的人的书。这本书给人以信心，对党的信心，对人类的信心，对美好事业的信心”，亦如丁玲对《寻找回来的世界》充满信心——这是一本能得到广大读者从心里拥护的书！

一母所生的同名电视连续剧，是以艺术“化人” 的具有范示价值的优秀作品；获飞天奖一等奖，标志着中国电视剧在那个时期的最高水平。

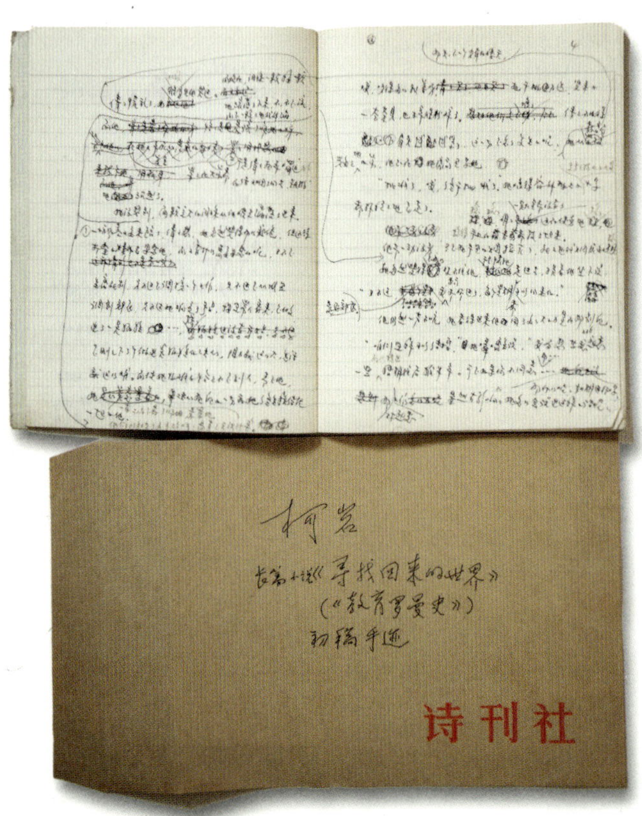

柯岩《寻找回来的世界》初稿手迹

1984年群众出版社出版的小说《寻找回来的世界》、电视文学剧本初稿本及初稿手迹封面

《寻找回来的世界》剧照

电视剧之页

质朴中露真情

和观众谈几句心里话

幕后决策人

1

2 3

1 《寻找回来的世界》获第六届（1986年度）全国优秀电视剧多项奖
主要演员：黄凯、马静、王刚、许亚军、宗苏、宋丹丹等合影

2 《寻找回来的世界》剧照

3 发表在《大众电影》（1986年4月）上的电视剧《寻找回来的世界》的有关文章

中国的儿童艺术宫殿是这样建成的

“也许是潜意识里觉得时间越来越少，这几年竟揽了太多的事，以致文债成灾。债台高筑的人日子能好过吗？真是压得喘不过气，走路都一溜小跑。家人怨，朋友劝，自己也难免不时产生点时髦的‘自怜情结’。特别当‘行路难’路障重重，再受点冤枉气时，也曾赌咒发誓，任何活儿都不接了，不接！绝不！”

庚午年春节过后的柯岩，真心打算要调整一番近几年自个儿套在脚上的“风火轮”了。《人民日报》在刊登她为《丁玲的故事》一书写的读后感时，捎带着把“不再接活儿”的消息也给发表出来了。儿艺的老演员，这几天看没看报纸？不知道！不过，即使是见了报纸上的白纸黑字，要她这位“克服着常人难以想象的困难一辈子在台上蹦蹦跳跳，硬让青春美女化成小小顽童”的覃琨，相信在“儿艺”曾经共事多年的“小大姐”往后赌咒发誓绝不接活了，她会把嘴一撇告诉你，别相信，那是谣传。尤其是儿艺的事，少年儿童的事，虽说她离开“儿艺”多年了，可没有带走那颗心。自上世纪五十年代中期起，“儿艺”在柯岩的人生履历表上，就留下一块不可更改的胎记。柯岩在儿艺十年，儿艺一生在柯岩心里。

1979年，过了十年被迫与艺术、演出绝缘日子的方掬芬、覃琨等儿童剧演员，经过加倍锻炼恢复体力和体形，终于在舞台上又和小观众见面了。

邀请柯岩去观看新上演的儿童剧，考虑了很久，最终才派覃琨送上门去。所以，覃琨见着这个让人想死你的小大姐，用手把入场券举得老高老高，还在调皮地问，今晚去看《奇怪的101》，这活儿接不接？

之后不久，1979年岁末，柯岩的散文《阳光和风雨谱写的歌》在《人民文学》发表了。

散文以“北风那个吹”开头，她这样写道：“风呼啸着，把地上的尘土成团成团地卷起，迎面扑来。哦，好大的风啊！我把大衣领子竖起来，加快了脚步，在一条小巷里走着，为的是去看儿童艺术剧院新上演的儿童剧《奇怪的101》……

“我似乎并没感到风的呼啸，因为，我心里的风暴似乎更猛烈些，为什么新上演的儿童剧要在这样一条小巷的排演厅里上演？这样的大风天，要走许多路来到这拐弯抹角的小巷，会不会影响上座率？多年没演过反映当前孩子生活的戏

了，编剧、导演、演员——特别是演员，还能把握住时代的脉搏，还能控制观众的呼吸，点燃他们的热情，给他们以美的享受和教育吗？”

当柯岩在《奇怪的101》中与他们重逢时，演远航的方掬芬（柯岩的艺校同班同学）已整整五十高龄；演小强的覃琨已是四十三岁；演同学甲的胡慧光也是四十四岁……覃琨说当年读到柯文里点到的一个个高龄伙伴时，心里真是百感交集。“年过半百的女演员是克服了怎样的困难，才使自己在舞台上像个孩子似的？毫不夸张地说这需要成吨的汗水和无法测量的深厚的爱。”只有一同从风雨中走来、作为同代人共同参与过搭建儿童戏剧事业的舞台、对孩子们倾情热爱到老不衰的人，才能有这样深至心灵的理解。所以，当读着那些亲切而温暖的文字时，儿艺人无不在心里轻轻地叫一声：啊！我们的柯岩！

柯文中提及的《奇怪的101》在小巷中的排演厅演出，是讲孩子们没有自己的儿童剧场。在呼吁给孩子们建造剧场过程中，柯岩可以说功不可没。在上个世纪六十年代就宣判为危房的中国儿童剧场，终于在八十年代被停止使用。用儿艺人的话说，这虽然是一件好事，不用再为看戏的孩子们的安全担心了，可是，北京的孩子们到哪里去看戏呢?

时任《人民日报》文艺部负责人的儿童文学作家袁鹰，接到一个“儿艺”来的电话。覃琨想写一篇文章向社会呼吁，尽快为孩子们盖一个新剧场，在新剧场盖起之前，能不能借一个剧场先用着？北京有一百多个剧场和礼堂，可孩子们却占全市人口的四分之一。为了四分之一的人口，借用百分之一的剧场，这个要求不算过分吧！袁鹰果断地回答：“你文章的题目就叫《四分之一和百分之一》，快点寄来，我马上登。”

此时，因文章很快见报，心情特别激动的覃琨，站在北京医院冰心老人的床前，待八十岁的女作家应允“粉丝”的要求后，她就带着感情给老人朗读了这篇见报的文章。

“我支持你，但我一个人的力量还不够，我要请八大儿童文学作家，联名写文章，呼吁为孩子们建一个新剧场。”冰心老人很快作出反应，并让覃琨去找柯岩同志，委托她写文章。

事关“救救孩子”，在柯岩那里就是一把通关钥匙，热乎乎的文章出炉得比想象的还快，标题是《孩子们到哪去看戏？》。她在文章中写道：“水果、蔬菜、肉类、粮食是儿童长身体不可缺少的食品，文学、戏剧、音乐、美术，更是陶冶情操、铸造灵魂必需的营养。否则，有健壮的躯壳，没有充实的内心，又有何用？”

柯岩还在文章中满怀期望地写道：“我们之中，有的年逾八十、九十，却坚定地相信能亲自参加第一座儿童剧场——儿童自己艺术宫殿的落成典礼……”全过程都在场的覃琨，不仅记得冰心老人看完这篇文章时，用欣赏的目光看着柯岩的情景，老人从病床上直起身来，在文章末尾签上冰心二字的历史瞬间，她至今记忆犹新。冰心、叶圣陶、高士其、张天翼、严文井、金近、柯岩、袁鹰八位儿童文学作家于1980年12月1日联名在《人民日报》上发表了这篇文章。覃琨后来曾经说这一次作家们的联合行动，是在柯岩同志努力下完成的，别样的辛苦不讲，起码是“赌咒发誓，任何活儿都不接了”，一番话等于了零。

文章发表以后，引起了全国更为广泛的关注，1981年1月13日上海的儿童文学作家也先后发表文章表示支持，钟望阳、陈伯吹、任大霖等在《人民日报》发表了题为《我们的联想》的文章。1月26日，茅盾、夏衍、阳翰笙、曹禺和赵寻等著名作家也联名在《人民日报》发表了题为《想想孩子吧！》的文章。同年3月，中共中央书记处召开儿童和少年工作座谈会，号召全党全社会都要重视少年儿童的健康成长。陈云同志提出中央机关的礼堂要专门拿出时间来为儿童服务，4月14日，中南海怀仁堂率先向孩子开放。“六一”儿童节那天，邓颖超同志发表节日讲话，也特别说到“北京没有一个供少年看戏的固定场所”，要“有关方面应切实注意解决”。

经过多年不懈的努力，中国儿童艺术剧场终于在1990年落成。

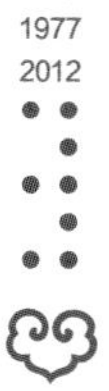

“小迷糊”阿姨——“醒着的作家”

柯岩的儿童诗《“小迷糊”阿姨》，写一个做事常常迷迷糊糊、马马虎虎、懵懵懂懂、丢三落四的男孩子，一次在儿童剧场看戏，观看的剧中正巧有一位扮演“小迷糊”儿童的演员。受到好奇心的驱使，他到后台去找到这位“变成了一个上年纪的阿姨”，与她接触后受到了深刻的素质成长启迪和教育：“也许你将来是个飞行员，／要为祖国开辟条条新航线，／也许你将来是个科学家，／会造出第一只宇宙飞船……∥也许你将来是个和平战士，／用胸膛保卫全世界孩子的安全。／那时也许你会想起‘小迷糊’阿姨，／怎样和你一起克服缺点……”没有想到，十年后他真的已成为一个设计师，“带着童年美好的记忆”，重新来到北京儿童剧场观剧，竟然又与那位“小迷糊”阿姨重逢。“现在阿姨的头发已经开始变白，／可她还在台上演一个‘小调皮’。／我坐在自己的位子上左右环顾，／孩子们也正像我那时那样入迷。／愿小调皮们也和阿姨的角色一起成长，／愿阿姨也给你们留下终生的记忆……”自从这首情趣盎然、回味无穷的儿童诗问世以来，好长一段时期，“小迷糊”阿姨的魅力简直可以和招人喜欢的偶像一比。中国儿童剧院的表演艺术家们，在剧场就曾经不止一次遭遇大幕落下“戏”还在继续。方掬芬有一次演完了《“小迷糊”阿姨》（儿艺曾将柯岩的儿童诗做成可供表演的节目），有个小朋友上来问她，阿姨这个“小迷糊”写的是不是你呀？艺术家说：不是，我没她那么好，只是有点迷糊。那小朋友急了，说：就让她出来见见我们吧，你这个有点迷糊肯定知道“小迷糊”在哪里。遇见过同样情景的女作家丁宁，在《柯岩文集》研讨会上有过一个以《至情的金玫瑰》为题的发言，对五十年代到六十年代柯岩写的那些优美的儿童文学作品，特别是那些朗朗上口的儿童诗：《“小兵”的故事》《我对雷锋叔叔说》《陈景润叔叔的来信》等等，所到之处都能见到孩子们在朗诵的情景，她是一个亲历者。1963年左右，她曾在河北涞水县一间乡村小学，听一位女教师和她的几十个学生，在课堂上，高声朗诵《“小迷糊”阿姨》。“课后，孩子们聚拢在我的周围，仰着天真的笑脸，问道：‘小迷糊’阿姨在北京吗？可以找到她吗？’”据叙事者讲，那时，就有不少人都管柯岩叫“小迷糊”阿姨了！

五十年代末，柯岩的四十首儿童诗和四个儿童剧合成一书《“小迷糊”阿

姨》，由作家出版社推出。在儿童文学界是公认的，这是她在十七年间送给孩子们的一件厚礼。十年动乱，从焚烧炉、纸浆池逃出的《"小迷糊"阿姨》，曾经创出过不少劫后余生的奇迹，柯岩虽然经历了整整十年与创作绝缘的日子，但是在地下暗中传借的《"小迷糊"阿姨》，还是给可爱的小读者提供了一份相当丰富而精致的精神食粮。曾经有一个故事，说到在这样一些风雨如晦的日子里，"小迷糊"阿姨还曾给作者带来过慰藉。文化大革命之初，就在他们夫妻俩都受到冲击，她也迷惑，不理解这场人妖颠倒的运动究竟是怎么回事时，她在已经让造反有理砸得七零八落的文化部大院里，遇上了到北京来串联的红卫兵，没想到表面上凶巴巴的一群人，有几个见着她就悄悄在走近时说话了："我们知道你，我们是《"小迷糊"阿姨》的读者，阿姨，你要保重！"

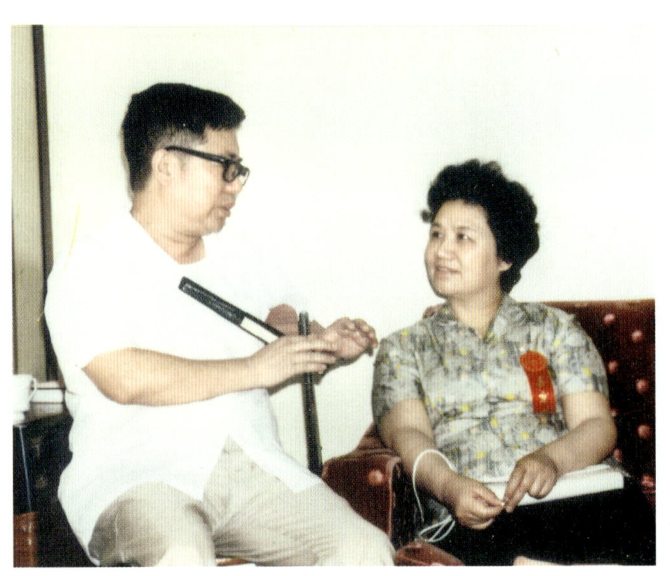

柯岩是一个随时可以公开自己观点的党员作家，她以自己是一个老共产党员为光荣、为自豪，她毫不含糊地说自己是信奉"生活是创作的源泉"的作家，她爱憎分明，心胸坦荡，国家、民族、人民，大事清楚。她敢说、敢做，勇于承当。早在1983年，她讴歌高位截瘫青年张海迪——中国大地成长起来的保尔·柯察金式的英雄事迹，回答什么样的人生才是革命的、有价值的长篇政治抒情诗《中国式的回答》，当时就被目光锐利的读者和评论家发现，也在日后被一次次证实：柯岩的许多创作都是用艺术形象回答时代所提出的迫切问题。她不间断地用充满艺术魅力的创作，实践自己的主张，作出一个又"一个典型的中国式的回答"！当西方各种"新潮流"汹涌澎湃而来的时候，柯岩保持着惊人的冷静。她努力吸收外来文化中对自己有用的东西，但从来不被别人牵着鼻子走。不论刮什么风、下什么雨、出现什么风波、涌来什么潮流，柯岩一直不改初衷。我们的"小迷糊阿姨"一点也不迷糊，正如评论家们在文章中所指出的，她是一个"醒

着的作家”。

她对日常小事时常犯迷糊的例子，倒是数不胜数。她写“小迷糊”阿姨，是不是其中有许多自己的感受？青岛诗人纪宇之所以敢于这样肯定地说“有时她迷糊得还不轻呢”，是有根据的。“有一次，我到柯岩家里去，她说要送一本新书给我，提笔就写：‘恩宇同志指正’，我说：‘此宇非那宇，我是纪宇……’

“柯岩连忙说：‘对不起，对不起，我写错了！’”

上世纪八十年代初，我们没少听过“小迷糊”阿姨的段子。特别是那一件“李致给李致写信”的趣事，常常让她自己也笑得不亦乐乎。当年四川有一位英年早逝的青年诗人竹亦青，朋友们希望能将他留下的文字结集出版，知道柯岩和当时四川人民出版社的总编辑李致熟悉，就请柯岩向李总编写信推荐。柯岩受命写信，动情地介绍竹亦青，希望四川人民出版社出版其著作。信后却署名：李致。

为去世的竹亦青著作出版信致李致，信后署名又是李致。李致总编辑先惊，后疑，再笑，他被柯岩受人之托、忠人之事的侠义之心感动。事情办成，竹亦青的著作出版了。柯岩在讲述这件往事时往往会省略了这样一个部分，那正是纪宇和我们不能不讲的，当时在计划经济条件下，讲论资排辈，出版一本书的难度很大，决非今日的作家所能理解。正因为如此，在笑过之后，让人觉得柯岩愈犯迷糊愈感人！

1 3
2 4

1 一九七九年柯岩（左一）与戏剧家王昆（右二）兰光（右一）和邓颖超同志在一起

2 一九七九年邓颖超在钓鱼台接见阳翰笙、夏衍陈荒煤等戏剧界著名人士，柯岩夫妇在座

3 柯岩与儿童文学前辈冰心、严文井叶君健、韩作黎、金近、胡奇等

4 一九八八年六月十三日柯岩（左一）表演艺术家方掬芬（中）和康克清同志在一起

收藏在柯岩私人相册中的红装照

收藏在柯岩私人
相册中的红装照

柯岩是一团火

柯岩是一团火
　　她总是那么热情，那么光芒四射
　　她总是那么年轻，那么朝气蓬勃
　　她是与共和国一起成长的人民作家
　　她却自诩为：岩石上的小树一棵

柯岩是一团火
　　美丽而不妒群芳
　　要强却尊重弱者
　　作品：给人温暖，亦善亦美
　　人品：大爱无价，崇尚精神、情操、道德

柯岩是一团火
　　“小迷糊”、“小兵”、小画家、小读者
　　把她的儿童诗当作火红的糖葫芦、小风车
　　开国总理的英灵听到她深情的呼唤
　　蓦地站起来，拥抱含泪的人民、长江、黄河

柯岩是一团火
　　第一次向全世界宣告《癌症≠死亡》
　　患者尊她为“救命的菩萨”、“涅槃的神火”
　　大墙内失足的青年重塑《寻找回来的世界》
　　视她为回头的岸，航行的舵

柯岩是一团火
　　几代人在中小学课本里
　　和她对话，听她述说
　　找到了人生的坐标，入门的钥匙
　　懂得了路该怎样走，人该怎样活

柯岩是一团火
　　为弱势群体鼓与呼
　　呕尽一腔血，捧出心一颗
　　为可敬可爱的人树碑立传
　　自己宁做丰碑的基石底座

柯岩是一团火
　　使命和责任是她脚下的“风火轮”
　　雅俗共赏是她笔下的庄严承诺
　　不追逐名利、桂冠、高官、厚禄
　　只愿做人民大众普通的一个

柯岩是一团火
　　情感源于人民母亲的怀抱
　　创作来自群众火热的生活
　　和百姓一起哭、一起笑、一起唱
　　与祖国同忧患、同荣辱、同苦乐

柯岩是一团火
　　金、木、水、火、土，广采博取
　　多才多艺，不拘一格
　　赤、橙、黄、绿、青、蓝、紫，融为一体
　　浓墨重彩，独具特色

柯岩是一团火
　　贤妻、良母，新的女性
　　诗人伴侣，平民生活
　　既是女人，又不让须眉
　　既发扬优良传统，又紧扣时代脉搏

柯岩是一团火
　　右派帽子扣不住这团火
　　十年浩劫扑不灭这团火
　　左风右浪摧不垮这团火
　　魑魅魍魉吓不倒这团火

柯岩是一团火
　　面对人民，鞠躬尽瘁
　　面对批斗，刚直不阿
　　“文革”中，“孤胆劫狱”传为佳话
　　还好人一个清白，捍卫了法律、人格

柯岩是一团火
　　野火、篝火，
　　宁把自己燃尽，让大地开花结果
　　星火，圣火，
　　甘为人间火种，让千秋历史评说

1977
2012

在成为成绩卓越的文学编辑和文学工作组织者的同时，她还自觉肩负起为多种社会公益事业奔忙的重任；她是关心下一代工作、援救失足青少年工读教育的长期参与者，她是建立北京“抗癌乐园”的推动者，她还以抱病之身不间断地充当为弱势群体提供帮助的“终身志愿者”

只有热爱别人的人才会得到爱的回报也只有经常把快乐带给人们的人自己才会真正地快乐

——柯岩

从一身玫瑰红解读一场风雨
——兼及对“重庆诗会”的追述

《寻找回来的世界》的电视文学剧本，突破重围，1986年在宋庆龄基金会儿童文学奖的评奖中脱颖而出。柯岩专门穿了一套玫瑰红的衣服去领奖，风雨过后见彩虹，当然是有寓意的！不是“一旦阳光从高空洒落，该复活的就一起复活”了吗？文化大革命经风历雨之后，重新开笔的诗人又招惹了什么样的风雨？

1991年，在“桂林诗会”最后只剩下一个小时就闭幕了，柯岩才在参加开会的上百位诗友的一再要求下，就八年前（1983年）全国二十八位诗人以诗歌名义在重庆的聚会，作了一个还历史真相的发言。

“《诗刊》不能光是发表诗的场所，既在《诗刊》工作，就有责任来做这件事情。何况当时，说来很难为情，当时我还是作协书记处书记，好像也是该管点这类事。”1991年在“桂林诗会”上旧事重提时，人们看见的是留在弯弯曲曲路上，一个端端正正人的足迹。当时朱子奇同志也在大连，他是作协的常务书记，所以柯岩立即作了汇报 。“子奇同志也是很热情的，大约也有我这种毛病，总认为我们是共产党员，该多做工作，在诗歌方向问题上特别应该发言，他说‘很好呀！应该开呀！’” 柯岩在八年风雨后的“桂林诗会”上，所作的还历史真相的发言里，首次披露“重庆诗会”的前奏曲，是几位四川诗人与初识柯岩，在1983年盛夏的大连海滨奏响的。提请《诗刊》出面召集大家就中国诗歌方向的有关问题开一次讨论会，是周纲、胡笳首次拜访柯岩同志、与她促膝谈心时提出的。

那年中国作协在大连有一个读书班，笔者是在进入一日三餐加一场海水浴的读书生活之后，才和同行的文朋诗友在食堂开饭前瞧见“小迷糊阿姨”的。她来大连避暑藏身黑石礁小楼写长篇，做客人也做主人，在邻桌落座前，一边作自我介绍，一边沿着川军的饭桌走让我们把名字报过去。然后说：这下都对上号了！不要客气，没有辣椒能不能吃饭？我们在说过没问题的第二天，周纲坐在饭桌边就开始叹气了，遇上的不是合不合口味的问题，是大米饭一人一餐只有一小碗的定量供应，天府之国大米饭娇生惯养了的周诗人面临填不饱肚子的问题。于是，在大连的整个疗养期间，每天午晚两餐，柯岩就会约了来自作协机关的丁宁，两位老作家一人拨出半碗东北大米饭，从邻桌递到我们餐桌上来。后来发展到人人给四川同志献上一份爱，馒头、窝头在“川军”的餐桌上顿顿都给换成大米饭

1 一九八三年重庆诗会全体与会者合影

了。柯主编、柯书记也就从那时起，让人改了称呼——“柯大姐”。在柯大姐被我们认为是可以推心置腹谈话的时候，如她在桂林诗会所说，我和周纲找过她谈话。（应该说我们是找到一个放心的大姐，向她倾诉近两年来见到诗坛上“令人气闷的朦胧”憋下的一肚子的气。）她在“重庆诗会”召开之际，对西南师范学院两千师生有过一个讲话，在整理成文公开见刊见报的《关于诗的对话》中，柯岩所说“‘崛起’论者确实是以轻蔑的挑战姿态出现的”，就是我们亲眼所见并告诉她的。不久前我们见过几个“崛起的一代”的代表性人物，他们从北京到成都来的目的，一点不含糊，对准的目标就是所谓“传统诗歌的保守势力”。他们当着四川老中青三代诗人的面宣读“新诗六十年空白论”；他们目空一切地宣称中国只有三个半诗人：戴望舒、徐志摩、李金发和半个何其芳（参加革命后不算，所以只算半个。）；他们在讲台上回答“新诗从什么时候开始”的提问时，答曰：“从我开始！”“现在的问题已远远不是我们允不允许他们存在，而是‘崛起的一代’允不允许我们存在了。”许多贴近生活、甚至很好的诗不但发不出去，而且备受嘲弄——面临“革新者向习惯（势力）扔出了决斗的白手套”的严峻挑战，《诗刊》是否应该召开些会讨论讨论？我们也达成了共识。后来，当时仍属四川管辖的重庆诗人、长诗《红缨》的作者王群生也加入了进来，为促成诗会最终在有着深厚的革命诗歌传统的山城召开，他返渝后去面见市委的一把手，为诗会最终争取到了“出生证”。

重庆诗会不是谜，没什么谜，就连柯岩在这之后突然离开了《诗刊》，也同时离开了中国作协书记处，也不是谜。但确实是让不设防的柯岩，遭遇了不可预见的风雨。1983年10月初的山城，虽秋雾如细雨，会期的六天之中，天气形势总体是风和日丽。柯岩回到北京，受到高规格的礼遇。作协党组书记一手拉着柯岩的手拍着她的肩说：你们开了一个非常好的会，感谢你们啊，感谢——你——们。题目叫《开创一代新诗风》的文章，是重庆诗歌讨论会的综述，《诗刊》当年就在12月，让人们听见了讨论会对三个“崛起”论对新诗所作的历史评价和中国新诗发展道路及有关问题展开讨论发出的声音。

“事实是明摆着的：重庆诗会本来开得好好的，”柯岩回顾这场风雨说，

1 | 2 | 3

1 一九八三年十月出席重庆诗会的柯岩，与西南师范学院的师生进行诗的对话

2 柯岩（左二）与诗人李刚（左一）、方敬（右二）、纪鹏（右一）、傅天琳（左三）等在重庆诗会

3 左起：周良沛、柯岩、杨益言（小说《红岩》作者）、朱子奇、杨金亭在重庆诗会期间参观红岩革命纪念馆后留影

身着红装的柯岩

“可一反精神污染，谣言立刻出来了，说我们是领了某某人的旨意去的，是要打开一个突破口，好把文艺界搞得‘白茫茫大地一片真干净……’于是我们这些在座的不在座的，许多人被打成极‘左’分子……”所谓当局者迷，柯岩就是不明白，“事情发展到后来，一些人骂我骂得越来越离奇，发展到不少认识不认识的人突然不理我了，而且从我家的信箱里出现了香港寄来骂我的剪报和匿名信。我再在《诗刊》待下去，谣言还在继续和发展，而且越来越具体：什么某某被提名编委，我不同意。某某提级，我反对。某某的稿子，又是柯岩如何如何否的，甚至干脆说我反胡耀邦同志……直到我们《诗刊》的司机老赵同志对我说：‘柯岩你倒是聪明还是糊涂？人家都说你反耀邦了，你还满不在乎，这是小事吗……你到底怎么得罪人了……’我这才恍然大悟，原来我丢开了政治大背景。其实从一开始清除精神污染，我们就被卷入了政治漩涡，而每一次政治风暴都离不开权力再分配，于是有了兴风作浪者，浑水摸鱼者，诬陷告密者，上当受骗者，以及……牺牲者。看来我再不离开诗坛怕是不行了……于是我赶紧辞职离位，以自我放逐的方式接受了驱逐，从此离开诗坛，写小说和电视剧去了”。

风雨并没有停息。人走了谣言还在继续。柯岩的长篇小说出来之后，外地有人写了评论，北京马上有人打电话过去：“不要发。她是极‘左’分子，你们不要宣传，不要叫人看她的书……”在这种情况下，柯岩写电视剧当然也得考虑考虑怎么办。所以电视连续剧《寻找回来的世界》初映时，大家看到的剧作者是楚雪、战楠。“楚雪者，初学也。因为我从没写过电视剧。战楠呢？是战胜困难因为预知困难一定少不了。”柯岩很感谢这位导演，对她改名换姓严守机密，直到

演出成功，授奖时才解密电视剧本作者和小说原著是同一人。这中间也闹笑话：

“播出之后，因为连续得奖，我是原著作者，这一点是捂不住盖不住的。于是整我、骂我的这些人中有人为了面上过得去，就对我说：‘柯岩哪，你认识这两个青年吗？’你看这事儿！我怎么说？我只能说‘认识呀！’他说：‘熟吗？’我说：还熟吧。’他说：‘这两个青年可真有才能啊！’我说：‘我看也就一般吧！’因为是我自己呀，我总不能说自己真有才能吧。结果出去又是谣言蜂起：看！柯岩狂到什么程度！人家把她的小说化腐朽为神奇，她居然说人家也就一般……”

“由‘重庆诗会’发难，我的日子一直很难过就是了。”柯岩曾经有过这样一声叹息。发展到宋庆龄基金会要给《寻找回来的世界》剧本发奖时，又是风雨交加风波迭起。在人民大会堂颁奖的前一天，柯岩突然接到一个女孩子的电话说：

“老师，你不认识我，我也不认识你，我也不报自己的姓名了，我只是代表一些年轻人，请您明天一定要去领奖。”

柯岩说：“请你务必原谅我，我身体不好，我不去了。”

女孩子说：“你一定要去。”

柯岩说：“所有的奖，我都没去领的。”

女孩子说：“但这个奖，你务必得去，而且你得穿得漂漂亮亮地去，你知道这个奖是我们怎么争来的吗？”接着她告诉老师说：“有人以当时的作协党组名义通知主办评奖的机关党委别给柯岩评奖，于是那个党委也就决定不评这个剧本啦……”这些年轻人说：“别的党组管得着你们党委吗？既然你们党委决定按他们的意见办，那还要我们这些评委干什么？”又是什么一个自称柯岩的老朋友说：“柯岩自己也不会同意评的啦！”又是什么：“贺敬之都垮台了，你们干吗还非得给柯岩争啊？”这些年轻人说：“谁是贺敬之？谁是柯岩啊？我们全不认识。跟他们有什么关系？咱们不是给楚雪、战楠评奖吗……”

这个电话使柯岩深受感动，她很感谢这些年轻同志，不是因为给困境中的作家争奖，而是因为她们公正。于是第二天柯岩专门为她们穿了一套特别漂亮的衣服去领奖，衣裳的颜色就是玫瑰红！

从《癌症≠死亡》到《CA俱乐部》

和诗人一起听歌在癌症病区

对于柯岩这种总觉得时间不够用的人，从过去的十年一字不写，到进入黄金的八十年代一年十几万、二十万字地燃烧自己，要叫老老实实地在医院卧床静养，真正做个“安分守己”的病号，她就真感到心脏是出了什么问题。当时医生开出的病假条让她揣烂在兜里已不止一次、两次，最终成为过时游戏，但她还是因为心脏问题被亲人、朋友一次次送进医院。后来才知道心脏病的厉害，经常开着会、写着东西，心一绞痛，就吃一颗硝酸甘油，好过来就接着再说、再写……到柯岩认识到这样对付心脏病是不科学的时候，已经是1981年10月，刚出院不久，由于休息得不好，心电图比住院时还糟……偏偏祸不单行，又突发大量无痛血尿，重又急诊入院，并且成了癌症的嫌疑犯，被安排进了癌症病区。

“俗话说：物以类聚，人以群分。既然有了嫌疑，就难免对此类病人格外留心起来。谁知，不留心还好，一留心，怎么？竟前后左右都是。肺癌、胃癌、肝癌、食道癌、贲门癌、胰腺癌、结肠癌、直肠癌、乳腺癌、前列腺癌……哦，原来癌症病人这么多！而且由于病因至今不明，发展期几乎全无自觉症状，往往容易忽略，待到症状明显时，大都已是晚期了。可以说是一脚已迈进了死神的门槛，死亡率极高。因此，在癌病房内外，不但家属亲友愁肠寸断，医生护士特别肃静耐心，就连不相干的路人到此也都不禁敛气屏息，压低了声音说话，好一派肃杀景象。”在以上一段口述历史中，柯岩叙述初进病区时，眼前的一片凄风苦雨。接下来是她寻医找药的一段不凡经历：

“我既有幸涉嫌，自然，亲朋好友、组织、同志都对我格外亲切和蔼。不但四处奔走为我访医求药，而且不断笑语劝慰，不少人就一再提到了气功。由于我上述的无知和偏见，我在感激之余，总是笑着谢绝说：‘气功吗？那是很深奥的东西，我这人很笨，怕是学不会的吧？我还是多吃点饭，储备体力，长瘤就开刀吧。’话虽如此说，但说的人听的人心里都明白：心脏病患者接受任何手术都很麻烦，更何况癌？！但即使如此，我仍没想到需要进一步了解一下气功，桌上好几本有关气功治病、气功防癌治癌的小册子连翻也没翻。因为，不是癌便罢，

万一是癌，时间可真是不多了……”那时正在写《寻找回来的世界》，它是柯岩的第一部长篇，那是多年的生活经历和感情，真是难舍呀！医院的领导也被惊动了，就来找她谈话，说这样是不科学的。因为当时只是嫌疑犯嘛，就劝说她是不是试着做一点体育锻炼，做一做气功？即使在充当“嫌疑犯”期间，她仍然是一个乐观主义者。而且当时她想的依然是工作，是写作。别的不怕，怕的是小说没写完，两眼一闭，烂在肚里……人家住院，桌子上一般地放满了大瓶小瓶的药，她的桌子上却摞满了书籍和报刊，还有近期的某些公开的政策性的文件(当然必备的药品也有)。她除了读书、看文件，还时常偷偷地约人去谈工作。这哪里是住院？实际上不过是易地工作。医院反而成了更为安静、更为理想的读书室、办公地。大伙儿真是心疼她。由衷希望她能够利用住院机会一面接受治疗，一面休养生息，争取早日恢复健康。探视者络绎不绝。有老有幼、有男有女，有同事，有亲戚……几乎都是在关切地询问她病情的同时，再三劝慰她老老实实地卧床静养。后来，一到了院方规定的探视时间，人们会发现病号终于按照大伙儿的意见，变得“安分守己”。被她戏称“机灵鬼”的《人民文学》编辑周明，记得去看望她，有过这样的一番奇遇：客人一到，她示意，坐下先听听音乐。周明问什么好曲子？她微微笑了，打开录音机，是作曲家谷建芬的声音：

《朋友，请不要为我哭泣》

假如明天我就死去，
朋友，请不要为我哭泣，
因为我永远不会和你分离。
因为我永远不会和你分离。
那长长的白杨林带是我们一起栽的，
那无边的良田是我们一起开的；
那宽阔的平坦大路是我们一起铺的，
那遥远的雪山是我梦里的歌曲。
假如明天我就死去，
朋友，请不要为我哭泣，
因为我永远不会和你分离！
因为我永远不会和你分离！

曲子委婉动听、扣人心弦。歌词当然更为动人。可“机灵鬼”一听，马上产生了一种联想，心头为之沉重。一时间发愣了。她却畅怀大笑，说：你怎么没

一九八一年扶病写作的柯岩

有一点幽默感。这是我新近写的一首歌词，刚刚请谷建芬谱了曲，你听好吗？周明不知所措地点点头。她这才认真告诉来者，所以写出这首词，是因为她在1980年秋天随王震同志去新疆访问时获得的感受，现在把它完成了。当然，这是不言而喻的事。但这首歌曲，却是一曲多么强烈的洋溢着革命乐观主义精神的最强音啊！她说过："因为生活中经常充满风雨，我从来害怕哭哭啼啼、软塌塌的人物，而喜欢强者。"周明的文坛旧忆中，不仅有诗人在生活中勇作搏击风浪强者的故事，也曾经忽然想起一件柯岩在住院期间的小事：一次，输液时，不小心扭伤了一只脚(右脚)。突然她的生活、行动不那么方便了，包括上厕所。按理，像这样情况，如上厕所，护士理应照料，可她坚决不干。去时，便用手扶着椅背艰难地挪步前进。汗珠挂满额头。女儿小风来探视，见此情景，几乎心疼地哭出声来。而她呢，却依然乐呵呵地。并且告诉女儿说，一个人的生活不能给别人增添麻烦，即使在困难情况下，也要养成自强不息的精神。

报告文学《癌症≠死亡》向人们讲述生命传奇

又是一天，医院来了一个我们国家的第一个领航员。他从南京来，他的癌症已确诊无疑，而且广泛转移，脖子上都出现了肿块，而且不止一块。他姓陈，住在柯岩隔壁的病房。医生已经说他活不了多久了。可他一见柯岩的面就说："听说垮下来可快了。所以，趁还能动，我赶快到北京来学气功。"他翻了翻病友桌上那本郭林的《新气功防癌治癌法》。然后问柯岩："你看了？你觉得怎么样？"

"'我……我……看不懂。'他就是上北京学气功来的，这是他的希望所在，我能说我不相信，我没看过吗？"

他深深地看了对方一眼，有些遗憾，但仍哈哈大笑着："那是因为对你，它的必要性还不像对我那么大。我，可是要争分夺秒了。我在南京就看了，我

相信。

"我老婆现在正满北京找郭林呢！听说现在可不好找了……不过听说她办了一个癌症班，不少人治好了？！"

过了几天，有了消息。"老陈的爱人好不容易找到了郭林同志，哪里只是一个癌症班，是好几个呢！分散在紫竹院、地坛等公园。"她同时带回来的神奇故事，无非是一些癌已广泛转移了的晚期病人如何绝处逢生的人间奇迹。"她动员我也去学。"

"我只是笑着不说话。她不知道，我这个自命的文明人，越带神奇色彩，就越不敢相信。而且三九天，大北风刮着，连散步都不能出楼。上紫竹院去学气功，心脏病加重了怎么办？！"

医院也不同意去。老陈呢，早就低烧，短短几天，已经开始了疼痛。出去学功？万一转成高烧，出问题是随时可能的。可老陈，他的家属，都在拼命为他争取。

就在这个节骨眼上，柯岩的检查结果全部出来了。经过研究，基本排除。

无巧不成书的是，恰在此时，十七号老陈的CT结果也出来了：已在腹部找到了原发病灶，进一步确诊了他颈部的肿块全然无误的就是淋巴转移癌。

柯岩心里突然那样难过，好像很对不住病友似的。昨天还是两个一道待判的嫌疑犯，今天却分道扬镳了。死神不知为什么暂时撇开了一个，专心致志地向另一个猛扑了过去。

还存在角力的可能吗？

柯岩马上去找了医生，悄悄地问她："十七号，还——有希望吗？"

了解到病友什么都知道了，医生垂下了眼皮，说："尽力抢救吧。"

"还——开刀吗？"

"淋巴癌广泛转移，手术已没有什么实际意义，明天就开始放疗、化疗……"

"类似病例，有过救活的吗？"

摇头。

"那么，只是时间问题？"

点头。

柯岩打了一个寒噤，突然觉得脊梁上一阵阵发凉。

"那你们还不让人去学气功？"她突然嚷了起来，"死马当作活马医嘛，人家原是奔气功才上北京来的呀……"

“我们已经反映上去了，领导正在研究。这种情况，如果病人坚持——当然，要去还得安排车、陪同……”

“你去领导那儿为他争取嘛！你就说，老陈爱人好不容易给他报上了名……你就说，陈大姐(另一位病友——笔者注）去，我也去，我们会彼此照顾的。何况，老陈的爱人是个最细心的陪同……”不知怎么，柯岩突然为能让老陈去学气功苦苦地哀求起医生来，倒好像原来就是个气功信仰者一样。

柯岩说：人，似乎总是习惯于走老路的。只有在实在走投无路的情况下，才会去开辟新路，向新的领域迈进。她就是这样一头撞进了气功的领域，或者更准确一点说她就这样接触到了撞进气功领域的抗癌明星们。在一次有关《癌症≠死亡》的访谈中，作家叙述了自己曾经参与其中的这一部有关生死的传奇：

“我们去紫竹院那天正好刮大风，冷得不得了，我寻思我怎么揽了这么个活儿。我从小就怕人家哭，这下到癌窝里来了，他们跟我哭怎么办？我就愁得不得了。结果进公园一转弯，就看到一大片人，穿得花花绿绿、嘻嘻哈哈的。我心里嘀咕天这么冷，怎么还有人游园呀？

“我听到一个人，一个军人在那儿喊：‘老癌们，你们不要在那儿生气。得癌就怕生气，要生气不如直接到阎王老子那儿去报到。’我这一听，原来都是癌症病人，怎么他们都嘻嘻哈哈的，而且有的人还穿红戴绿的。有的人还在那儿研

2008年中国协和医科大学出版社和
1987年四川文艺出版社出版的《癌症≠死亡》

究的织毛衣、头巾上的花样，怎么会是这样？我非常受感动。

“我每天都陪老陈去，既然去了也就跟着做，做了之后我的心脏病居然大为好转，而且我的无痛血尿都止住了。后来他们知道我是写东西的，就鼓励我写。我说，我不懂医，气功更是不懂，不会写，不会写。

“我们住的医院里有一个东北来的高级工程师，还有从华东来的，也是一个知识分子，有好几个人，因为晚期癌症太痛苦了，就自杀了。哎呀，我说，不行，我是应该写的呀！我不会我要学。学会了以后就写了《癌症≠死亡》。”

它让作家懂得什么样的作品才是人民需要的

柯岩的这篇报告文学，既出乎作者意料，也出乎读者意料。

出乎读者意料，报告文学带给他们的是一个古老的，却又是新奇的、不是神话的关于气功治癌的“神话”。

《癌症≠死亡》是在1981年10月—1982年2月历时四个多月初稿，5月定稿。出乎作者意料，全文刊登的7月号《北京文学》，在上市的当月杂志脱销，脱销了加印，加印了又脱销。后来杂志社在《人民日报》上登一广告：亲爱的读者，你们等着出单行本吧！

一个文学作品能引起如此强烈的反响、巨大的轰动，却也是作者始料未及的。是幸福，是痛苦，更是深受教育。

“这个时候真是给我一个很大的教育。之前我觉得我已经很深入人民群众了，这时我才觉得我和我的许多同仁其实还是把文学圈子的反应看得比群众反应重得多。所以我一点也没想到我的这个作品能引起这么大的轰动。到我家来的人，有扶着来的、搀着来的、抬着来的，还有坐轮椅来的。我说你们别来找我呀，你去找那个郭林老师。我就把他们带到练气功的地方，或者给他们开地址、再附信、再打电话。可他们还是要来看我、谢我……”

《癌症≠死亡》不是柯岩作品中最精致的，但它是让作家懂得什么样的作品才是人民需要的。正因为如此柯岩才深深地陷入到苦恼的境地。信像雪片似的飞来，甚至电话电报不断，逼得她这个心脏病患者只得离家出走，由女儿在家支应；由发表该文的《北京文学》打印了大量复信，又在报上发消息说该期刊物早已脱销，请勿再寄款。然而，两年多了，写信的、寄钱的、打电报电话、索书、咨询的……仍然不断。对《癌症≠死亡》单行本的期待，应该说，是好事，无论对作者，对文中的主人公，对发表它的报刊，对评论家，都是值得高兴的事。

柯岩却高兴不起来！

"因为，毕竟得怪我，因为病，因为忙着写别的东西，没有为把它出版成小册子而尽力奔走，这中间，有个文学观念问题，有个群众观点问题，一般来说，我们还是更重视出集子，而很少想到小册子。另外，搞了几十年创作，文学界的前辈及正经人都没教过我如何为个人出书去奔走。从而，给许多与之有关的人造成了压力。当然，这又和这几年的出版风气紧密相关：首先，一家拥有最广大读者的报纸原定摘发的，清样都打了出来，却被一些人反对掉了。继之，竟没有一家出版社愿意为它出单行本。这里，我丝毫没有为个人不能继续扩大影响而苦恼的意思，我的苦恼恰恰是因为我的心脏不好，我应付不了这样强烈的反响，何况，这篇小文还曾一再获奖，对一个作者来说，这已经足够了。我高兴不起来的原因，归根结底还是为了读者。别说是我这样一篇拙文，这些年，有多少明显对读者有益的严肃的优秀中外文学作品，无论是诗歌、散文，甚或是小说和儿童文学都被人拒之门外，而宁可去出版那些性大潮、艳尸案、多余人、敌特回忆录、形形色色的桃色故事甚或离奇古怪的乱伦描绘……为了抢这种种稿件，不止一两家出版社打得难分难解，甚至十几家出版社宁可重复出版同时发行。是的，有些读者是有这种低级趣味的，但低级趣味是不应该迁就的。更令人痛心的是，多少青少年的美学趣味因此被误导而倒错。毕竟绝大多数读者对此是反感的，甚至极端厌恶与坚决抵制的。可见，关键还是在于作家、评论家、编辑、出版家的趣味问题、眼光问题、水平问题，对本身职业和读者的误解和责任心问题……人民的需求、好恶始终是我们衡量是非正误的准则。当然，我们不会因某些篇章的些许成绩曾被人民首肯而故步自封，还应该在思想上艺术上孜孜不倦地追求，但是，历史的教训更该使我们坚定信心：人民需要艺术，艺术更需要人民。脱离了人民群众的需求，不为人民群众所关心的艺术是没有前途的，也是不会有生命力的。"

1985年夏天，柯岩在致一位业余作者的信中，首次道出了《癌症≠死亡》还有过这样一段鲜为人知的险些被压抑致死的经历。

由于这位业余作者曾为《癌症≠死亡》发表过一篇评论，因此两年来一直不停地被热心的读者们（癌症患者居多）要求代购他们称作救命的新书。柯岩写这封信的原意只是想传达一个简单的消息：就是《癌症≠死亡》给你造成的压力即将减轻，因为四川文艺出版社明年即将出版以此篇为书名的我的报告文学集

了。“四川文艺出版社从来是严肃的，我为我的这本书能由他们出版而高兴。同时我还得到消息，几个癌症康复者正在为将此文与他们的康复经过合出小册子而奔走，据说已有几家出版社准备接受。欣喜之余，不禁驰笔以告。”除此之外，柯岩还透露出另有一件高兴事：“最近还在写长篇，写的仍是许多文人雅士也许不屑一顾而与广大人民群众却是息息相关的有关教育青少年的题材。不，不是你所希望的《寻找回来的世界》的续篇，《寻找回来的世界》我已改编成电视连续剧，即将上演了。这是又一个普通中学女教师的故事。”

1990年发表于《当代》第二期的电视系列剧剧本《仅次于上帝的人》，同年8月由人民教育出版社出版，更名《红蜻蜓》的电视剧亦在中央台首播。

《CA俱乐部》赢得的殊荣不是所有作家都能得到的

由于报告文学《癌症≠死亡》的缘故，柯岩接触了更多的癌症病人。把她当作最亲的人，什么事儿都跟她说。跟自己父母不说的，跟妻子儿女不说的，全都找柯岩去说。在“老癌们”的人生旅途中，每个人都是血雨腥风的、曲折独特的，这些抗癌明星常常对新患者说：“我的今天就是你的明天，你的今天就是我的昨天。”“生命在自己手里，路在自己脚下。”他们有各种的经验，其中最主要的一个经验就是中西医综合治疗和体育锻炼。但是有些人不相信。所以柯岩想：“再影响一万个癌症病人，他们把我爱死了也没用，我也取代不了医生。不少人对我说：你有病啊，你是老弱病残呀，你不要这样硬撑着。我说不行不行，他们的事迹和精神是这样令人感佩，他们探索和实践的这条治疗之路又是这样有价值，我一定要和他们一起走下去。”

1 抗癌明星从心里发出的声音

2-3 向抗癌明星签赠新作《CA俱乐部》

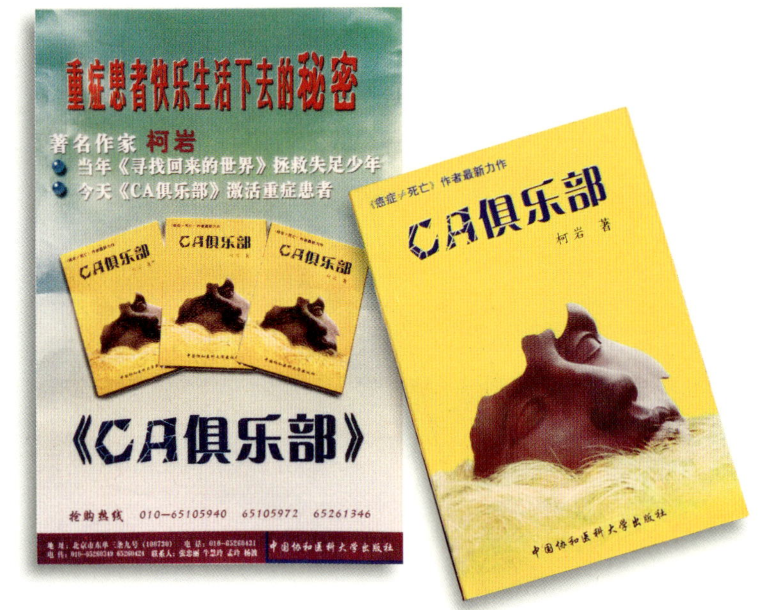

1989年一个寒风凛冽的早晨，北京玉渊潭公园八一湖畔，被“癌友”誉为“癌总理”的原北京某中学老师孙云彩，把两百多位癌症患者组成八路纵队，头部、肺部、胃部、肾部等八个“癌部长”举着自己的部标，像要出征的抗癌大军，齐唱出“癌司令”高文彬写的《抗癌歌》：“得了癌症莫悲戚，精神振作是第一……”成立了中国大地上第一个癌症患者群体抗癌组织——八一湖抗癌乐园。那些癌症患者聚在一起，相互鼓励，从痛苦中走出，精心营造了自己的温馨之家。他们对癌症由消极等待变为积极抗争，由被动接受治疗变成主动参与治疗，由孤军奋战变为群体抗癌，由单一的生物治疗变为社会的、心理的、生物的综合治疗。他们不但悟透了自己的肉体，而且更加理解了人生。作家将要写的就是这一群以乐观奔放的游戏心态和黑色幽默式的自嘲将无边的苦乐与坦诚、冷峻而坚定的生活观念结合起来的生活的勇士。她平等地走到他们中间，与他们倾心交流，理解他们，钦佩他们，因此要努力向世人张扬着他们的精神境界。

柯岩成为了北京抗癌乐园的名誉园长，抗癌乐园就是CA俱乐部。

就这样经过了五年，三十六万字的小说写出来了。为什么写长篇小说不写报告文学呢？作者在访美时，答洛杉矶华文广播电台记者，说：“因为那么多病人我不可能一个个去调查他们的病历和家庭。但我对读者是要负责的，我写的都是有生活根据，基本上有生活原型的，但是经过提炼、典型化加工写成长篇小说的。”“我写一群癌症病人的故事，不仅仅是为了病人；我写了祖国的医学遗产也不仅仅是为了医学。我为了谁呢？我说年轻的朋友们，是为了你们啊。你们如果能够被小说中凄美的爱情故事所吸引，如果你能看到他们的人生态度，怎么样面对现实，超越痛苦，做到向生命的极限挑战，而且要回归社会。即使知道自己即将牺牲马上就不行了，还要用自己生命的火，点燃后来者生命的灯。如果他们这种人生态度能成为你们人生参照系的话，那就是我的初衷，是我最大的快乐。”

2004年《CA俱乐部》正式出版。这本书由于是协和医科大学出版社出版，所以癌症病人都高兴了，认为这个出版社最具权威，他们自发地庆祝呀，开会呀，给柯岩送了一条长七八米的横幅，大写着“柯岩——我们大家热爱您”。还跑到电视台去讲“不是所有的作家都能得到这样的殊荣的”！

柯岩未能到会的作品研讨会即景

为柯岩 几百人同一天感受心惊肉跳

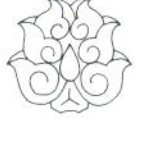

1996年9月，《人民日报》《中国教育报》《工人日报》等数十家报刊先后报道了由《文艺报》《人民文学》《诗刊》、中华文学基金会、《高校理论战线》等三十一家单位在北京国际艺苑举办柯岩作品研讨会的消息。

青岛出版社推出三百多万字的六卷《柯岩文集》，三十一家单位共同为一位作家举行研讨会，足见其作品在社会在读者中的分量；而研讨会上挂满了字画，既有学术的发言、又有激情的朗诵和歌唱，恰如其分地表现出柯岩作品多姿多彩的艺术品位。研讨会召开的当天（9月19日），二百五十多名与会者，九时许进入王府井大街的国际艺苑，直到当晚七时后才星散而去，如此整齐划一的来去，连新闻界也连声称奇。发起这次研讨会的三十一家单位，就远远超出了文艺界狭小范围。到会的人，更是来自社会各个方面，一个作家半世纪劳动的产品和她的情操、品格、为人和为文，不是被文艺界的某一个“大家”所吹捧、首肯，或被文艺界某一个小圈子的少数人所推崇、欣赏，而是受到社会各界的广泛关注、欣赏、首肯、欢迎、热爱，并给予高度评价。从老一代无产阶级革命家、文艺界前辈、文艺评论家，到青年作家、编辑工作者，以至教育工作者、少年犯罪管教工作者、关心下一代工作者、海外爱国知识分子、工人、农民、解放军战士、大学

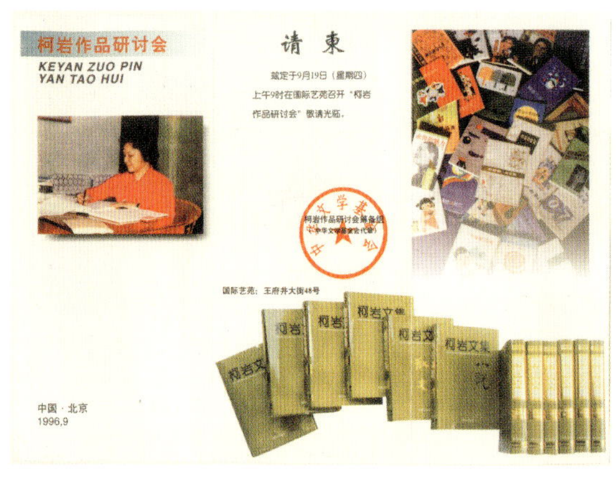

生、千千万万青少年的代表……这些不同年龄、不同职业、不同文化素养的人们，齐集一堂，从不同的角度，对一个作家的毕生的劳动成果，进行热烈研讨，陈述自己的感受，作出自己的评估，给予高度的评价。

从放大的照片上，还能大体看清楚当年那个不设主席台、与会者围桌而坐的会场大全景。由于受镜头的局限，我们无法看见大厅墙壁上那条琳琅满目的风景线——为祝贺柯岩作品研讨会而作的书画陈列。张爱萍将军写下"文采风流"四个大字；国防部长迟浩田称赞柯岩是"与人民同心和时代同步"；老诗人臧克家送来了题词，盛赞柯岩同志："才华横溢，强手多面；文苑增光，煌煌六卷；关怀人民，充满情感；切近时代，笔锋精炼；思想堪深，读者神健；品格风格，令我赞叹。"老领导朱子奇的赠诗是"理直气壮说真话，有血有肉吐真情，求得真理行真事，真善真美真诗人"。中国作协党组副书记陈昌本以"高风"的条幅"赠我师柯岩"；著名诗人雷抒雁、刘征共同书写的是"热爱人民的人，定能博得人民的热爱"；中宣部副部长、中国作协党组书记翟泰丰的"刚正巧书芸管开卷卷卷是宝……"；林默涵的题词是："南国才女，作品如林，召唤明天，教育后人。"魏巍、马烽、管桦以及高占祥、王巨才等数十位作家诗人都对柯岩同志有题词共贺。

当镜头转向大厅，依稀还可辨认出当年与会的李瑛、晏明、叶延滨、郑曼以及王震将军的夫人王季青、胡风夫人梅志的代表、张爱萍将军的代表等等。

以上记录在照片上的是研讨会的无声部分。

研讨会的有声部分，在照片上也已成为无声。当年那一个有声有彩的部分，从与会者留下的表情也可看出他们是揪着心的。

研讨会从九点开始，在柯岩被推上北京阜外医院的手术台的同一时间，研讨会同步在北京国际艺苑如期举行。会议一开始，时任中宣部副部长、中国作协党组书记的翟泰丰就向大家通报了柯岩手术正在进行的情况。他说："柯岩这次做的是心脏搭桥手术。党组织和医学界，对柯岩的手术相当重视。柯岩前年摘除了一个肾。她长期抱病工作，身体虚弱……柯岩是个极有意志力的人，我们坚信她能挺过这一关……"

时间的巧合，给这次研讨会增加了一种不同寻常的气氛。人们在就柯岩的作品和创作生涯进行热烈发言的同时，不能不对手术的成功与否表示牵肠挂肚的关注，甚至有一点紧张和不安。

阜外医院不断有消息传来，柯岩的手术还在进行中……

下午的研讨会由郑伯农、雷抒雁主持。时任《诗刊》主编的杨子敏率先发

言，他说：读柯岩的诗，最无法躲避的就是崇高，她的作品是从她高尚人生观的总根上生长出的绚烂花朵。《诗刊》常务副主编丁国成、著名儿童文学作家金波、老诗人纪鹏以及张烔、程树榛、石英、余飘等与会者从作家的社会责任感与作品的价值、创作与生活、创作的主体性与时代性、人民性、人品与文品等多个侧面对柯岩作品进行了热烈讨论。

人们在研讨作品的同时，也惦记着进行中的手术，不是所有的作家都能有这份幸福的，你在危难之时有许许多多为你感到揪心疼痛的人！

当你在手术台上接受命运的挑战的时刻，这里的分分秒秒都在发出声音，出席你作品研讨会的战友、同志、读者，甚至不远千里而来“枣庄是俺婆家”的乡亲，都在这里参与研讨会的热烈进行，在用心倾听的同时，也翘首以待那阜外医院手术室门洞开的一瞬……

晚上七时，主持人宣布：柯岩手术成功！全场响起一片欢呼声。今天最后一个节目终于登场，这是一位诗人的朗诵：《我们为何聚集在这里》。

《我们为何聚集在这里》

……你！
没有追求不朽，
没有贪求声誉，
你只用真诚和朴素的诗句，
歌唱自由、进步和友谊；
你只用你纯洁的灵魂，
热烈地追求真理。
于是，剑和火焰般的海涅啊，
就和自由与真理永存，
就永远和进步的人类在一起！

朗诵者选择的是柯岩歌颂海涅的诗篇，依他看来，这其实也正是诗人自己的写照。

《和“巨人”对话》——一本“蹲”在孩子们中间写成的奇书

在新世纪的头一二年，柯岩让熟悉她前些年优质高产的报告文学、小说及其同名电视剧、长短诗篇的读者，深感意外的是在笔墨上来了一个突变。用《小学生阅读报》总编辑孙新的话说，《小学生阅读报》开设《和“巨人”对话》专栏以来，几乎每天都有大量来信驮载着孩子们诚挚而透明的心灵飞到我们的手中，把少年朋友在学习、生活、工作中发现、发生的纷纭繁杂的问题与疑惑，坦率地提出来，热切地希望给予关注，要求得到满意的问答。柯岩就是在“一群爱您也愿意当‘巨人’的小学生”“诚挚的企盼中”，别开生面取得新的成功的。她怀着强烈的爱心和责任心，在病痛的折磨下到孩子们中间“蹲”下来，把自己与受教育者放在同一视点上，围绕着培养社会主义新人这一中心主题，使自己与受教育者成为知心朋友，和他们促膝谈心，耐心地、不厌其烦地从各个不同角度和不同侧面，把自己对世界、对生活的深刻理解，通过生动的事实和例证，深入浅出地向孩子们倾诉，帮助孩子们解决一个又一个困扰着他们的难题，启发他们应有远大的理想和高尚的道德，应努力追求健全完美的人格。和他们一起讨论面对复杂世界的许多具体现象，如何学会分析、判断和正确处理。特别是在物欲横流和世风不正的情况下，如何正确看待金钱和人生价值，如何在各种矛盾中明辨是非……

最少两次(切除结核肾、单肾条件下心脏搭桥）都从死亡的边缘告别了死神的她，用朋友们的话说，“解除麻醉之后的柯岩，又微笑着躺在病床上，又与人可以继续火一样的笑谈了”。每一天“日出而作”，和老伴一起去到离住地不远的玉渊潭公园进行晨练，这也成为一条“利好”消息传得很远、很远。这就是2000年11月，孙新致柯岩的一封信中所言：“现在，我们知道您的身体仍然不好，但已相对稳定，因为听说您又已开始写小说，并且也在报刊上不断看见您的新作。”又已开始写小说，应该是指历时五年、两度访美带回的长篇《他乡明月》出版后，敲打着1996年才学会的键盘，正用电脑开始写她的又一个长篇小说《CA俱乐部》了。在报刊上“不断看见您的新作”，由于写信给柯岩的孙新，本身就是吉林省出版的一份《小学生阅读报》的总编辑，自然不乏在报刊上“不断看见您的新作”的机缘。于是，如孙新在信的一开始就说 “又来麻烦您了”。自从被这张创刊于八十年代中期、面向全国发行的少儿报纸，接纳为长期的赠阅对象，孙新就不止一次找上门来“麻烦”。

“我们请求您必须应允，我们也相信您不会拒绝的”——“读者的要求”。

“在我们反复征求孩子和家长的意见时，占压倒多数的人提出的是您，不但要求得恳切，许多话还说得很动情。”孙总编在这里举出一个生动的例子，这是一个年轻母亲的来信，说她上幼儿园的女儿周末回来，得意洋洋地给他们唱一首歌，一边唱一边表演：“小板凳，摆一排，小朋友们坐上来……”这位母亲立即接上去唱道：“这是火车跑得快，我当司机把车开……”女儿惊讶地睁大眼睛，不依道：“这是我的歌，你为什么唱？”她说：“这也是我的歌呀！”女儿问：“也是在幼儿园学的？”她答：“当然啦！你以为光你们幼儿园会教这首歌呀？”于是，女儿认可了说：“那好吧，咱俩一块儿唱。”可她俩刚一张嘴，孩子的爸爸就用他的粗嗓门加进来使劲儿唱道：“轰隆隆隆，轰隆隆隆，呜！呜！”女儿先是把眼睛睁得溜圆，接着就咯咯地笑起来了，于是，全家笑作了一团。她还写道：“只不过，女儿的笑满是天真的甜蜜，而我和她爸爸的笑中却带着苦涩和辛酸：我们曾有过多么美好的童年，可现在，竟不知不觉地遭遇了灰色的中年……”至于说“因为朗诵您的《帽子的秘密》或《“小迷糊”阿姨》等等而获奖，或被吸收进少年宫的小朋友就更多了。

“听着这些述说，看着这些信件，我们不能不为之深深感动，像您这样能因自己的作品被不止一代人记忆和爱戴的作家是多么幸福啊！相信您一定也会被他们打动而不会拒绝他们和我们的。”

孙新致柯岩的信，第一封是在“等待您的回信”之后画上的句号。而在结束前的一段文字，就已经把以后的工作安排得有板有眼。比如“我们会很快把那些问题整理好寄给您，如果您还愿意看那些动人的原信，我们也会很快给您转去”，再比如“至于您将采取什么方式作答，栏目叫什么名字，一切都由您定”。语文教师出身的总编辑是个很细心的人，最后以照顾健康为由，“每次以不超过两千字为好”。即使是惯于“为小娃娃写大文学”的作家，面对添画在眼

前的红线，也不能不再作思忖，为小学生的报纸作文，“原来文学真是不能提纯？还是一定要再进行提纯呢？”

自2000年11月，《小学生阅读报》向柯岩发函，到同年12月，姗姗来迟的复函到达长春。在天寒地冻的北国之冬，柯岩迟复孙新总编的信，是可以让人传观之时轮流捧在手心取暖的。

“少年儿童是祖国的未来，能为他们做点什么，不但是我的责任，而且是我的荣幸。

“孩子们本来就是我最亲密的朋友，他们无边无际的想象力不但能唤回我的天真，他们的无邪还能洗涤我的灵魂。

“无论是对他们还是你们，我都是不能拒绝的。”

2001年元月，柯岩的读者从《小学生阅读报》上读到了她的《和“巨人”对话》。

新专栏有这样一个很能吸引人眼球的名字，柯岩本人都为此“兴奋得不行”，何况是那一群“爱您也愿意当‘巨人’的小学生”，新授予她一个“奶奶姨”的爱称，这就让人不发笑也不行。

“因为我们的爸爸妈妈都读过您的作品，唱过您的歌，所以我们应该管您叫奶奶，可是我们在报刊上又老看见印着‘柯岩阿姨’，所以就把我们弄糊涂了。当然，说心里话，我们最想叫您阿姨啦！因为，念着您的诗，唱着您的歌，我们觉得您非常年轻，不但不像奶奶，甚至也不怎么像阿姨，倒像是我们的同学和小伙伴似的。可我们总不能就拿您当小伙伴呀！所以我们商量来商量去，甚至吵得脸红脖子粗，才一致同意这样叫您。”

一看称呼，柯岩就忍不住大笑了起来。从此开始了通信。

早年的柯岩之所以能创造出好的儿童诗，能够以儿童的眼光看待这个世界，能够以儿童的思维去触摸这个世界，是她具备一个儿童诗作者必须具有的童心，而且也要有的一颗爱心。此后她虽然很少再写作儿童诗，但可以说，儿童诗的写作也奠定了她此后创作的基调，即使表现在《与“巨人”对话》这样直接与儿童沟通的作品中，仍贯穿着她的童心与爱心，和对未来世界的热情。

孩子们向她发信提问：

为什么要管我们叫做“巨人”呢？您比我们大那么多，又那么有名，应该是我们叫您“巨人”才对呀！当然，这并不是说，我们不喜欢这个称呼，我们简直喜欢得不得了。只不过我们想弄个明白就是了。因为既然想当“巨人”，就不能当个糊里糊涂的“巨人”呀！您说是不是？

孩子们的“奶奶姨”写信答问：

为什么要管你们叫“巨人”呢？首先，这是因为我实在爱你们，希望你们都能健康成长，每一个人都能成为力大无穷的“巨人”。其次，二十一世纪开始了，要把这个世界建设得和平美好，让人与人之间和谐友爱、国与国之间平等互惠，社会越来越公正，地球村一天比一天更繁荣，并且尽快实现我们祖先的理想：飞出地球去，认识宇宙并且征服宇宙……靠谁呢？我们这些人，已经一天比一天老了，不但很快就要退出历史舞台，而且行将离开这个世界。那么，当然只能是靠你们了。用一句文点儿的话来说，那就是：历史的重任已经落在你们的肩上了。看到这儿，你们一定会惊叫起来：哎呀，那哪儿成呀！我们还这么小，还什么都不懂哪！看，看！对了吧！这也正是我为什么非要管你们叫“巨人”不可的原因之一呀！你们今天小，明天小，后天还小吗？今年不懂事，明年不懂事，后年还不懂事吗？我怕的就是你们中有的人老是以小自居，胸无大志啊！一个人如果从小就浑浑噩噩，长大了也必然鼠目寸光。你们愿意长大了成为一个虚度年华的行尸走肉吗？当然不愿意！还记得《毕业歌》是怎么唱的吗？“我们今天桃李芬芳，明天是社会的栋梁……”唱歌也是立志，不能歌是歌、我是我，唱的时候喉咙震天响，唱完就撂一旁，是不是？那就让咱们从小就建立远大的生活目标，都成长为“巨人”吧！

其实呀，成长为“巨人”也不是那么难的。只要我们朝着既定的人生目标，一步一个脚印地走下去，理想就会变成现实的。就像小树一样，把根深深地扎进大地，广泛地吸收各种营养，又把枝叶高高地伸向蓝天，不怕风吹雨打，也不怕骄阳暴晒，永远用微笑面对生活，一点一滴地把氧气输送给世界……这样，小树就会一天一天长大，一天一天粗壮，最后成为一棵根深叶茂、绿荫浓浓、永远造福人类的大树了。聪明的小朋友，还需要我说下去吗？我看你们已经完全懂得我的意思了，你们一定会这样去做的：从小热爱祖国，热爱人民，好好学习，天天向上，永远不脱离劳动人民，一点一滴地克服前进道路上的困难，充满自信地面对生活……这样，你们不就像小树变成大树一样，从小孩长成力大无穷、能够造福人类的“巨人”了吗？！

我的亲爱的小“巨人”啊，你们是我们的未来，也是我们的希望，是早上刚刚升起来的太阳！老一代的人们都在眼睁睁地巴望着你们呢！请带着我们的祝福和期望勇敢地上路吧！

……

柯岩的这些文字，一开始见报，就在社会上、在读者中引起了巨大的反响，尤其是在孩子们心灵中引起了强烈的震动。他们奇妙而亲切地称她为“奶奶姨”，把不愿意和家长、和老师、和同学、和朋友说的心里话，一一向她展示。

他们信任她："您是我唯一可以求救的人了……快点给我回信吧！求您了！"（吉林／赵海舟）"实在没折（辙）了，只有写信求您了，我想，也只有您才能帮助我消除心头的苦闷，帮我放下沉重的思想包袱。"（江苏／一个下岗的班长）"我希望您能帮我指出一条走出困境的路。"（北京／林雪）他们说："您的话语，给人以力量，给人以智慧……愿您能为我支起奋斗的起点，伴我踏上那梦寐以求的原野！"（山西／松辉）……每天十几封乃至几十封孩子的来信，真实地反映了柯岩同志《和"巨人"对话》这一开创性工作取得的成功。

到2002年为止，在《小学生阅读报》上，见报的双边通信整整是一百封。

来信一边的署名是：一个十分苦恼的女孩子、几个爱美的穷女孩、一群正在痛苦中煎熬的孩子、还是那群正在痛苦中煎熬的孩子、一个痛苦又想不通的男孩、四个有雄心壮志的女孩、一个只想唱歌的笨女孩、一群为作文开始苦恼的孩子、一个真正伤透了心的女孩、怎么也不会服气的"小八哥"、一个爱父母却总是惹得他们生气的孩子、一个后悔死了的孩子、一个苦恼的小班长、一个气鼓鼓的土孩子、只信任你的孩子强强……

回信一边的署名是：你们的柯岩奶奶姨、你们的柯岩老师、还是你们的柯岩老师、爱你的柯岩老师、爱你的柯岩奶奶姨、诚心诚意帮助你们的柯岩老师、为你支招儿的柯岩奶奶姨、和你一起学着倾听的柯岩阿姨、永远用期待的眼光看着你们的柯岩、永远是你的朋友的柯岩、很高兴被你称作老师的柯岩、认真执行着你的命令的柯岩、你们的大朋友柯岩、你的柯岩阿姨、尊重并爱你的阿姨柯岩、你的柯岩老师、柯岩、柯岩……

"我们本拟把栏目继续开办下去，但因柯岩老师工作过于劳累，健康情况不许，所以决定暂停一下。"在总编辑不得不站出来鸣金收兵的时候，孙新在《小学生阅读报》发出的《诚挚的企盼》毫不掩饰满腹的难舍之情——"这一栏目，我们不会舍弃。如果孩子们的呼声继续高涨，如果他们提出更多更新具有普遍意义的问题，那么，可以设想，作为'为了孩子'而不顾自己的一切，被孩子们称

1 将爱加倍补偿给小外孙

2 1996年，柯岩进入了用电脑写作的时代

3 柯岩在家中接见来访的小读者

作‘专门为学生服务的知心老师’，一定会在健康允许的情况下重新操笔，再行‘对话’——这也是我们所企盼的。”

2002年，《诚挚的企盼》作为代后记收入柯岩的散文集。由广西人民出版社和大众文艺出版社同时出版的《和“巨人”对话》，被誉为一本“蹲”在孩子们中间写成的奇书。

“对革命　对人生　无法朦胧”
——柯岩自述在大学讲台上的一些事儿

柯岩说，她是“信仰马克思主义的共产党员”。对马克思主义学说，对共产主义事业必定胜利的信仰、信念、信心贯穿于她的人生和作品中。有人问她：“你们一生吃了那么多苦，你们还有信仰吗？”柯岩回答：“还信仰。因为信仰使我们向上，使我们活得充实，使我们人生有意义……”

“推测一个国家的未来将是什么样子，很大程度上要看她今天的青少年是什么样子……没有一个国家、一个民族不是用自己的理想塑造下一代、寄希望于下一代的。”“我最大的追求就是：用自己的理想塑造下一代。”

1989年，柯岩的长篇小说《寻找回来的世界》及同名电视连续剧第六次在国内获奖——首届“金盾”文学奖。由于此前与朋友们见面不多，有关她的传说听得不少，尤其是有一个她要“挪窝”的传说，因为她被聘为中国教育协会工读教育研究会的顾问，她被选为北京市关心青少年教育协会副会长，她受国家教委之约要编写一部以教师生活为题材的电视连续剧，不久前她又要办一个面向青年、对全社会开放的生理、心理咨询诊所云云，早就灌满了耳朵。趁她出席颁奖会的机会，朋友们自然想求证一下，于是有人半开玩笑地问柯岩：“有人说你要告别文艺界，进入教育界，这是真的吗？”她笑着对朋友们说：“进入教育界不假，但我从未想过，也从未离开过文艺界。”接着这个话题，柯岩兴致勃勃地谈起了她在大学里讲课的一些事儿来。

在某高校讲台上　自报家门：“柯岩是哪个流派？”

“上个世纪八十年代我常到大学去讲课，那时正是大学生不可一世的时候，天之骄子昂首天外，又正逢历史虚无主义甚嚣尘上之际，每个人到那儿之后都得小心翼翼，要看着他们的脸色说话、以免触雷。更不能提什么理想信念了，一谈就是极‘左’、僵化。一次，一个高等艺术学院接我的同志走到半路才吭吭哧哧地对我说：‘现在的学生不好教，如果他们不礼貌……你一定不要在意……’我说：‘你这不是坑我吗，你怎么不早说？’开车的师傅插嘴安慰我：‘甭管他们怎么着，您只管讲您的。反正谁来人家都是带答不理出出进进、椅子摔得噼噼啪啪地，人家呀，现在只听外国人的……’我于是到那儿干脆先自报家门：‘大家都知道作家有各种流派，柯岩是哪个流派呢？是你们认为土得掉渣的‘生活是创作的源泉’这一派，是用辩证唯物主义、历史唯物主义观察和认识生活这个流派的。在座的哪位如果不爱听我的课，请现在就退席，以免彼此浪费时间。’也许因为我这种挑战的姿态是他们没想到的，反而没有一个人退席。于是我接着说：‘我听说马列主义的课你们是不听的，教授说哪怕你们把它作为一个流派来听，也可以比较鉴别嘛……可你们就是不听，你们真是太傻了，没有比较，怎么鉴别呢？你们可真是太亏了！’说到这儿，也许是为了较劲吧，还没人退席，于是我更放松了：‘听说你们只听外国人的课，那么请允许我先给你们一点涉外的信息。你们知道大多数外国人喜欢咱们的什么电影？他们最喜欢咱们的《归心似箭》，说哎呀，中国人的爱情这样深沉，这样神圣，充满了信任、等待，这样忠贞、含蓄，这样美，而我们的时髦人却尽是性，一到周末，就忙着查电话，找性伴侣，真可怜啊……他们还喜欢你们大概正眼都不带看的《喜盈门》，喜欢它所表现出来的中国人味儿特浓的亲情、人情和民俗美，而对那些自贬自损、拼命迎合他们种族歧视和殖民心态的伪民俗的作品却嗤之以鼻……这大概是大学生们没有想到的，他们注意力越来越集中，我也就从嘲笑一些捡洋垃圾作家和美术家的什么‘给地平线加高一米’呀，什么‘下半身写作’呀，什么‘自曝（甚至编造）隐私’呀……也许可以得逞于一时，但终究是自损国格人格、低级下流之举，由此慢慢进入到任何文学作品都必然受世界观和美学品位制约的道理：读者选择作品，作品也选择读者，什么人读什么书，书反过来又必然影响你的心灵和行为；再慢慢进入到思想感情、立场、世界观的转变和改造。我以自己为例，讲我年轻时也非常狂，比你们只有过之而无不及，那会儿不像现在，大学生济济于市，那会儿简直是稀有动物。我因为念了几天大学，很不知天高地厚，每天夹着厚厚的书本出出进进，好像天下就我有学问，比谁都高明似的……可等一下农村，却连个会都召集不起来，好不容易开成了，一口学生腔，婶子大娘们先是捂着嘴笑，后来该干什么干什么，唠家常、说笑话，干脆把我晾在一边，还得那些平常我认为没文化的'土八路'给我收场。日常生活里，老乡们也是对我客客气气，却不说心里话。晚上开小组会凑情况时，大姐们的情况满筐满篓，分析得头头是道，我却张口结舌，没的可说……这才知道自己和群众有多么隔阂。慢慢地学着大姐们给老乡挑水、烧火、搂柴火、扫院子、做活路，同吃同住同劳动，几乎连说话都得从头学起，真正懂得了'百无一用是书生'，这才算勉强能进入情况，做点工作。以后参加轰轰烈烈的取缔卖淫、改造妓女的工作，下工厂老老实实给老工人当学徒，下部队和战士一起摸爬滚打，越来越明白生活是最伟大的老师，书本的知识只有通过实践和自己思想感情的过滤才能化作自己的血肉。"

"我曾参加纪念周总理逝世三十周年的会议并朗诵长诗《周总理，你在哪里》。我在朗诵之前加了一段话：周恩来同志离开我们三十年了，我们还是常常想念他，高兴的时候想，困难的时候想，痛苦的时候就更想。因为他是我们党'立党为公、执政为民'的典范。我们在想念他时，不免要反躬自省——我们还像入党宣誓时一样吗？为真理斗争，虽九死而犹未悔，遇到困难就上，赴汤蹈火在所不惜，现在是不是遇到困难就绕道走了，遇到挫折就消极了？如果是这样，就对不住那些流血牺牲的前辈。我们要坚定革命意志，这是每一个普通共产党员应能做到的。至于那些贪官污吏以及不作为者，他们在周总理面前应该洗心革面重新做人。我朗诵后，大家都来拥抱我，可见人同此心。"

被人明知故问：“您是共产党员吗？”我总是郑重回答“是”

“也许因为我是把自己摆进去和他们平等对话，大学生们对我越来越厚爱，不但每次讲课都坐得满满的，从不中途退席，对我对他们的调侃、批评不以为忤，听得津津有味，给我满堂的掌声、欢笑，还把什么心里话都说给我听，包括：恋爱、就业、生活中的困惑、对社会的看法……他们的问题往往提得五花八门又十分尖锐；我也从不回避但又掌握分寸。比如：他们问该不该迷琼瑶？我说：我原来不怎么看，可你们老问我，所以我把大陆出的她的三十来本书，看了二十多本，好和你们对话呀！她很会编故事，又有古典诗词的基础，追求友谊、爱情的真挚纯洁，很少床上戏，比我们许多共产党员作家的东西还干净。你们当然可以读，迷她也比迷那些低级下流的作品强，但是她也有她的局限性，和现实生活有一定的距离，等你们进入社会之后，面对现实生活，你们很快就会超越这些小说的。他们写条子问：‘某某的儿子走私汽车，你知道吗？你怎么看？’这事我当然知道，和他们一样痛恨，但我不能这样在公共场合当众回答。于是我把条子念了，整个会场顿时鸦雀无声，全体屏息以待。然后我静静地说：‘这事，我想，写这个条子的同志一定比我更清楚。今天我是来谈文学的，咱们还是言归正传吧。’他们心领神会，哄堂大笑。反正我总是认真地告诫他们：成长不是容易的事，学习绝不可能轻松愉快、一蹴而就，生活是这样错综复杂、千头万绪又瞬息万变，要真正能把握生活的命脉，既不随波逐流又不徘徊困惑，就必须自觉地站在人民群众的立场，运用辩证唯物主义和历史唯物主义的观点方法，才能明辨是非，分清表里。比如说，过去，提到社会主义就是无限美好，谁要稍稍说点不足，就有被扣上反党反社会主义帽子的危险；其实，社会主义从旧社会脱胎而来，只是社会发展的一个历史阶段，原本就不可能完美无缺。又比如：从前，只要是共产党员，大家就立即信任，甚至盲目依赖，其实，那会儿，也有假党员和品质恶劣的党员。而现在，因为党内出了贪官污吏，共产党员似乎就成了被嘲笑的对象。我现在经常被人明知故问：‘您是共产党员吗？’我总是郑重回答‘是’。为什么不敢承认？共产主义信仰原是神圣美好的，过去不能因为出现了甫志高之类的叛徒就否定共产党；现在依然不能把腐败分子等同于共产党。因此，我既切齿痛恨贪污盗窃分子，也同时看到我们的优秀党员。当然，首先是为建立共和国而抛头颅洒热血的先烈，然后是为了建设共和国而奋力拼搏的广大劳动人民和知识分子，这中间，就有着无数优秀的共产党员。我把他们中的许多写进了我的作品，这可以引用一首诗人的诗句说明：‘欲寻真美入下层，地心深与人心同。莫道劫后尽失落，寻到此处便相逢’。我在我的《寻找回来的世界》里也曾借我的人物之口明确地说：‘谁找，谁才能见到。’”

在北方某高校讲台上：年轻的朋友 咱们一起学习吧

“目空一切的人见不到，冷漠短视的人不去找，历史虚无主义和受这个思潮影响的人即使见到了也不肯承认或是不愿相信。我去找，于是我见到了，于是我把他们写进《奇异的书简》《追赶太阳的人》《船长》《东方的明珠》《葡萄承认》《她爱祖国的明天》《中国式的回答》《癌症≠死亡》《人的一生，都在路上》……这里，我特别要说说《人的一生，都在路上》，这写的是我们党一位高级干部——广州市委工业书记、中组部副部长曾志同志，过去她当红军的时候身经百战、出生入死就不用说了，难得的是和平建设几十年，身居高位依然勤俭廉洁，平时一张餐巾纸都要撕成几半用。她一个亲戚在民航工作，回来时带回来一点飞机上没用完的咖啡和小塑料杯盏，她居然为此专门给民航领导写信，要求他们加强对青年的教育。她自己一生不顺，做地下工作时为了给党筹措经费，竟把亲生的儿子卖了一百块现大洋；几次蒙受不白之冤，受过不止一次不应有的批判和处分；可是在她入党七十周年，敬仰她的同志自发地为她举办的纪念会上，她却历数自己的缺点和不足。在她临终的时候，让女儿找出没用完的薪金袋，几十个袋子里也就几万块钱，女儿一边往一起凑，一边扔袋子，她却叫女儿不要扔，说：‘因为它可以证明这是我的劳动所得，每一角一分都是干净的。这钱也不能给你们，要交给中组部老干部局，留给外地来看病困难的老同志用……’在她去了之后，女儿在收拾遗物时，发现她留下了一个旧牛皮纸的信袋，上边写着：‘我生命熄灭时的交代’。打开信封，只见妈妈写道：‘死后不开追悼会；不举行遗体告别仪式；不在家设灵堂；京外家里人不要来奔丧；北京的任何战友都不要通知打扰；遗体送医院解剖，有用的留下，没用的火化……绝不要搞什么仪

式，静悄悄地，三个月后再发讣告。只发消息，不要写生平……'女儿为了完成妈妈的遗愿，让妈妈死后成为一名彻底的丧事改革者，就真的让她这样走了。我为此在《人的一生，都在路上》的结尾处写道：于是她就这样从从容容、坦坦荡荡地走了，像清风明月一样静静地走了。于是，她也就像清风一样永远吹拂着我们，像明月一样永远照耀着我们，岁岁年年，直到永远……但愿我们每个共产党员在人生的路上都能像她一样既追求崇高，又甘于平凡；只执著于自己的信仰，而淡泊于功名利禄。这样，在我们临终的时候，也许我们也就能像她一样说出：'我的一切都是干净的，是清白的，清清白白的'了。

"其实像她这样的老同志又何止一个，战争年代千千万万，和平年代同样千千万万。特别在基层劳动人民中多，煤矿工人曾把这种心情写成诗说：'黑色的煤壁/是古老的传说/黑色的巷道/是历史的长河/捧出的是黑太阳/把黑色的寂寞，揣在心窝/理想和信念/在黑色空间支撑着。'电力工人的诗说：'煤是我们的躯体/火是我们的心脏/电是我们的灵魂/光是我们的翅膀/燃烧自己把世界照亮/我们是新世纪的火凤凰……'

"这些诗写得是何等的好啊！表现了劳动人民博大的胸襟和奉献的品格。

"年轻时不懂得为什么'要知朝中事，去问乡下人'，上了年纪才知道，这是因为王朝中人大多有着自己的山头、派系和各不相同的利害，因此说话做事就难免受到种种因素的制约和干扰。而朝中每一项政令的贯彻落实，都关系着家家户户老百姓的身家性命，因此，哪个好哪个孬？哪部分正确，哪部分不符合实际？老百姓看得最清，想得最细，体会最深。所以无论哪朝哪代，只要以民为本，体恤民情，就必定政通人和，繁荣昌盛；反之，则必定矛盾重重，社会动乱，民不聊生，甚至官逼民反。这原是不言而喻的，历史不也是一再证明了吗？

"如果我们能真正站在人民的立场，又能多读好书，就会不断地锤炼自己的感情。现在非常流行一首歌：'我爱你，我爱你，就像老鼠爱大米……'多么粗俗低劣！有的专家提出：这对青少年影响不好，就不说艺术表现，光从思想上说，老鼠和大米是占有和被占有的关系，爱情怎么能是这种关系呢？可有的领导居然说：这有什么？市场欢迎，又通俗顺口，我看很好嘛！是的，一个人有一个人的活法，人都是以自己的方式爱人的：有的人爱情就是占有，有的人却是奉献，是自我牺牲。有的人认为爱情就是非理性，有的人认为人类与低级动物之分恰恰在于人有理智，人会劳动和思考，人不仅仅服从于动物本能。我曾给一本《古今中外爱情诗选》写序，引用了各种各样的爱情：有的人海誓山盟，转瞬即忘；有的人忠贞不贰，至死不渝；有的诗人用时针和分针比喻相爱双方你追我赶、时聚时分却终身厮守。‘我俩在同一轨道上转圈儿/只是你我有不同的速度/日复一日，年复一年//路遥遥，永远也走不完/我们的离别是多么漫长/相会的时间却极为短暂//我们从来就这样生活/各人的职责各自分明/我的命运是匆匆赶路/你的本分是缓缓而行//岁月压弯我们的身躯/我们却仍在不停地旋转/一面期待着每一次重逢，一面回忆着前次的会见//。’有的人认为爱情只是青春欢畅的时辰，婚姻是爱情的坟墓，彭斯却说：‘祝福你那一片风霜的白发，我的爱人！让我们搀扶着慢慢走，到山脚下双双躺下，还要并头。’叶芝说：‘多少人爱你青春欢畅的时辰，爱慕你的美丽，假意或真心；只有一个人爱你那朝圣者的灵魂，爱你衰老了的脸上痛苦的皱纹。’被人称为诗圣和情圣的泰戈尔说：‘让我的爱情像阳光一样，包围着你，而又给你光辉灿烂的自由。’裴多菲就更上了一层楼，说：‘生命诚可贵，爱情价更高，若为自由故，二者皆可抛。’这些，不但说明感情有高低雅俗之分，还说明随着人的追求、立场和世界观的变化，感情层次的提高和变化。我自己就深有体会，当我还是一个小小中学生的时候，一下就被李清照的‘寻寻觅觅，凄凄惨惨戚戚’，徐志摩的‘我轻轻地走，正如我轻轻地来，挥一挥手，不带走一片云彩’，戴望舒的《雨巷》，勃朗宁夫人的十四行诗所征服，简直到了痴迷的程度。但随着慢慢长大，特别是逐渐建立了革命的人生观，就很自然地爱上了裴多菲、席勒、惠特曼、鲁迅、郭沫若、艾青、臧克家、高尔基；等到越来越深入劳动人民的生活，就自然而然地更接近涅克拉索夫、马雅可夫斯基、田间、李季、魏巍、柳青、赵树理……了。这种随着成长成熟的感情变化的经历，我想大家都会有，这里，我就不赘述了。

“说了这么多读好书、读好作家的话，最后，我还想加一句：也不妨读几本坏书和不那么好的平庸之作。当然，这是说如果你有足够的自制力和判断力的话。因为没有高山，就没有平地；没有比较，哪里能不断提高鉴别力呢？总之，我对青年朋友们的建议就是：文学和我们的关系巨大而密切，建议多读，而且结合着生活这本大书读，怀着对最基层劳苦大众的尊重和感情读。毛泽东曾这样说：看一个青年是不是革命的进步的，要看他是否和工农大众结合。如果他今天结合，他今天是革命的进步的；如果他明天不结合了，他就是不革命、甚至是反革命的了。血淋淋的历史和现实生活，都一再证明这话真是颠扑不破的真理。

“年轻的朋友，咱们一起学习吧！让我们努力读书，认真地生活，不断地开拓视野，不断地丰富我们的感情，深化我们的思想，提升我们的灵魂，使我们不但能做好我们的工作，而且活得健康又美丽！”

电视系列剧《红蜻蜓》组照

1
2

1 写《仅次于上帝的人》（红蜻蜓）时

2 和年轻人在一起的时候，柯岩总是神采飞扬

她的读者群有很大的一块是属于橄榄绿

李殿仁中将是一位忠实的读者。《仅次于上帝的人》，也就是后来的电视剧《红蜻蜓》，是柯岩为新时期电视剧奉献出了《寻找回来的世界》之后，发表于《当代》的一部以教师生活为题材的新作，仅文学剧本就曾让这位带兵的人“一气读罢，爱不释手”。

这是发生在1987至1989年春中国北方的一个故事，是一首深情的人民教师的颂歌，也是讨伐资产阶级自由化思潮的战斗檄文。全剧的主人翁杜嵋“这样美丽的女性，有着艰辛却又辉煌的生命历程”。她是一位平凡而伟大的人民教师，像“一支小小的蜡烛”，为培养造就社会主义事业的接班人无私心地心甘情愿地奉献着自己的一生。她的这种奉献，尤为可贵的是在“停电”的艰难境况中，仍然以“越黑——就越需要光明”的坚定信念执著地坚持着：针对那个年代社会上流行的“人人为自己，只有上帝为大家”的人生态度，杜嵋自称“仅次于上帝的人”。这是多么崇高的人生信条啊！剧本里的主人翁创造了人生的知觉之光、理智之光，达到了人生的最高境界，寓意极为深刻，这部精彩之作就是作家深入到学校体验生活后得到的，读起来朴实生动，真实感人。

李殿仁中将曾应邀参加过在京举办的柯岩作品研讨会。军人在平时一般是不参加这类活动的，但是这一次他不但参加，而且还要发言，主要原因之一，是军队许多读过柯岩作品的同志由于各种原因到不了会，他们再三嘱托李政委代表他们参加，代表大家表示一下心情。原因之二，是他本从小就喜欢读柯岩的作品，从某种意义上讲柯岩的作品教育了他、鼓舞了他。作为军人的读者，他向大会报告“我们军队读过柯岩作品的同志”送上的感谢和祝贺。

柯岩所说的“进入教育界不假”，在李政委的贺辞中得到证实，“从未想过，也从未离开过文艺界”的柯岩，这些年的重要讲台在大专院校，也在部队和部队的军事院校。她的读者群有很大的一块是属于橄榄绿的。一些部队领导常常在激愤于许多靡靡之音影响部队时，就用她的作品教育官兵，请她给部队作“树立正确人生观”的报告。李政委曾先后在几个部队高等院校工作，发现不少军校生非常钟爱她的作品，看到许多官兵特别是青年干部战士，手里都有柯岩的作品，有些领导干部在对部队进行“人生观”、“价值观”教育时，也常引用她作品中的人物和观点，均收到了很好的效果。一位总部领导读了她的报告文学《希望在哪里》后，当即给她写信，称赞她说“这才是我们人民的作家”；李殿仁将军读完长篇小说《寻找回来的世界》后，情不自禁地写了首顺口溜：“柯岩的世界，总是那么美好！／柯岩的世界又大又小／大到无边无际／小到伸手能摸着／读着她的书啊／心中一团火烧。”决心“学习柯岩精神／丢掉一切烦恼／把我们的世界／建设得更加美好”。部队官兵对柯岩很尊重、很敬仰，从一个例子可以看出我们军队为有这样的好作家、好战友感到骄傲和自豪。当听说柯岩又一次住院需要做肾手术时，很多干部战士，有的是将军，有的是士兵，有的是基层干部，纷纷赶到医院或打电话找到医生，主动要求为其献肾献血……以致医生都感到惊奇。其实原因很简单：从个人的角度来说，就是觉得像柯岩这样一个人民的作家比一个士兵、一个将军要重要得多，我们军队的同志很希望多一些柯岩这样的作家，柯岩同志和人民心连心，和我们军人心连心，她热爱人民，热爱人民的军队；人民热爱她，军队也热爱她，需要她。一位军委首长出访前夕，得知柯岩重病住院，登程在即，便安排秘书代表他前去看望，出访归来的第二天，便亲自赶到医院看望，连说：“你与人民同心，我们愿与你同行。”并再三叮嘱医院领导及医生：“要千方百计尽快治愈她的病，她是人民的作家。”

1 二〇〇五年，柯岩在国防大学副政委李殿仁中将（右）的陪同下参观该校教学设施

2 一九八三年柯岩应邀出席全军诗歌座谈会与军旅诗人合影于北京西山

人生就是越过障碍 走向未来
人生就是为了创造更美好的人生
——柯岩

当作家听见“救救我们”的呼唤时

1989年春节，一本名曰《人生咨询》的新杂志在北京问世。《人生咨询》是社会知识性和文学性的综合刊物。通过小说、报告文学、诗歌、通讯等种种文学样式，同青年人进行心与心的交流，举办各种信箱，直到“门诊咨询”。《新闻出版报》上，有人爆料：收到朋友送来的几本杂志，一翻开，竟放不下手，一连几个晚上连电视也没去看。噢，还有一个重要的发现，《人生咨询》的主编，就是著名作家、诗人柯岩，她可是一位真正的青年教育家。一声惊呼，似乎再次印证了柯岩笑着对朋友们说的：“进入教育界不假。”要办这样的刊物，作家、诗人还非得身兼教育青年的专家不可。否则，它怎么向一切不能或不愿向父母、向老师提出问题的年轻人提供咨询？这种咨询，不局限于简单的有问必答，更注重高层次的引导，用自己的理想塑造下一代，也正是柯岩的理想。

几年前，也就是那次赴山城开诗会，在开往重庆的轮船上，她曾动过要办一个“干净”杂志的念头。那是出于“我为我的某些‘同行’羞愧！”几位教师、工人告诉作家：他们每月只挣几十元工资，但每月都要拿出两三元给孩子买一两本文艺杂志。他们总想给孩子买点“干净”的刊物，但每次去挑选杂志，几乎每本当中都或多或少总有那么一点他们不愿让孩子看的有关“性大潮”、“暴力展览”或民族虚无主义等的“时髦”玩意儿。真正让这位在文坛老一辈人眼中还是“小柯”，但在实际生活中已是一位子孙绕膝长者的柯阿姨，重又风风火火操办刊物的原因是她还经历了这样一个过程，那就是长篇小说《寻找回来的世界》问世以后，来自全国各地的读者来信中，有不少是从管教所、劳改农场和监狱里寄来，这些正在受审或服刑的青年都不约而同地在信中向这位怀着深厚的母爱拯救他们的作家发出“救救我们”的呼唤。还有不少刚刚步入社会的青年朋友在来信中向她请教各种各样有关人生的问题，读着这一封又一封的来信，柯岩不知怎么办好，一封封地回信是不可能的，怎么办呢？俗话说一个巴掌拍不响，恰好另一只巴掌拍了过来——北京关心青少年教育协会和工读教育研究会提出请她办一个为广大青年所需要、所喜爱的刊物。一拍即合，柯岩在1988年岁末写好了《人生咨询》的发刊词，“经过半年多的筹备，克服了各种想象不到的困难”，在1989年春节前，终于出了印刷厂。柯岩致读者的《人生咨询》发刊词，是专门为年轻的朋友们准备的过年礼物。

……

年轻的朋友们：

也许有人会问：在当今纸价飞涨、报刊林立、竞争激烈的时刻，你们为什么还要创办一个新的刊物？

那是因为：我们爱你们。

推测一个国家的未来将是什么样子，很大的程度要看她今天的青年是什么样子，她的年长一代是怎样教育和引导着下一代。没有一个国家、一个民族不是用自己的理想塑造下一代，寄希望于下一代的，因为晚辈不但是前辈生命的继续，后人还是前人事业的继承者。

检阅我们的编辑部，看看我们从顾问到编委的名单，你们就会发现：虽然我们今天都已白雪积满头顶，但这仍然是一批青春似火的“年轻人”。尽管我们的人生坎坷，历尽艰辛，但我们对生活的执著和信念一如既往，难以变更。你们也许会说：哦，这张名

单展示出了我国司法界、教育界、文学界的一些著名专家、学者，都是强人，但我们要告诉你们的是，我们切盼着你们超过我们。我们也许不是生活中的弱者，但我们的生活不无遗憾。为了使你们的人生比我们更充实、更完满，我们将从教育学、心理学、社会学、犯罪学、伦理学、文艺学、美学的各个角度，展开和你们的广泛对话，从正反两个方面向你们剖析真实的人生。

……

我们不是说，我们尽知一切，我们只是愿意和你们一道学习；我们不敢说，我们有多高的水平，但我们敢说，我们会和你们通心。因为我们也曾，也曾青春年少，青春年少，一如你们；我们也曾，也曾满怀痛苦，满脑子纷乱的云，大睁着疑问的双眼，面对人生……

我们走向你们，年轻的朋友们，这也就是说，走向整个社会。因为整个社会，无论是关心你们成长的师长、父母，还是仰望你们的如花少年，都满怀热爱地期待着你们！

亲爱的读者们，帮助我们吧，同时也怀疑我们吧！不断地向我们提问，咨询一切你不能或不愿向父母、向老师咨询的问题。直到证实《人生咨询》确是你们真诚的、可靠的、知识渊博、阅历丰富、眼界开阔而又脚步坚定、年长却又贴心的朋友。

让我们携起手来，为丰富我们的生活，提高我们的素质，锤炼我们的灵魂，直到我们一起成长为健康的、美丽的、思维敏捷、胸襟开阔的现代人。

人生，就是越过障碍，走向未来。人生，就是为了创造更美好的人生。

访问北美归来 带回《他乡明月》

访问北美归来，带回《他乡明月》

1 长篇小说《他乡明月》书影

“这两年到大学去讲课，看起来好像只是输出，其实，我也从老师和同学们那里学到了不少东西，使我真正触摸到了社会的脉搏，这实际是对我的创作给予了最好的营养。”正如柯岩在1989年伊始对来访者所说，在她笑称“进入教育界”的这些年，办刊物是份手脑并用、劳心费力的力气活，但那也没能中断她收获颇丰的创作。就在电视台正在放映柯岩反映教师生活的电视系列剧《红蜻蜓》的同时，1992年2月15日《人民日报》海外版报道了她将于6月出版新书的消息：柯岩又将奉献给人们一部反映中国留学生在美国生活的长篇小说《他乡明月》。1980年代初期刚刚开始改革开放，在青年中出现了盲目汹涌的出国潮，柯岩在海外有不少亲友，信息很多，1986年访美之际她通过许多老朋友深入了解中国留学生在美国的学习、生活、工作。她在那里还结识了许许多多的新的青年朋友，坐在他们的汽车上，坐在他们的家中，倾听他们讲述那一个个感人的真实故事。说从1986年在旧金山开始构思，到1990年在美国讲学期间，她也亲眼目睹了不少同胞、特别是女同胞在国外的悲惨遭遇，于是决心以此为题材创作一部作品，她通过这个题材所把握的是时代思潮，并对其中出现的倾向加以引导，期待以自己的笔减少这类的不幸。

《他乡明月》历时五年成书。创作的过程是很艰苦的，那时年过半百的她患了严重的肾病，后来不得不动大手术切掉一只肾。当时她的腰腹部日夜剧痛，痛得无法以普通的坐姿写作，她就坐在床上，不时还要变换姿势地写，身边放着尿盆——严重尿频、尿急，每十几分钟就得排尿，那尿是浑浊的，因为其中有血。就是忍受着这样的受刑般的折磨，一天还要写出几千字。

《他乡明月》这部小说是写二十世纪八十年代“新移民”的悲怆故事——

两个歌舞团的年轻美貌的歌星紫薇和朵拉，为了报复团长对她们的打击，愤而出国。也许毫无思想准备的她们以为美国会是施展才华、实现理想和生活的“天堂”，而弱肉强食的现实终于给她们开了一个悲剧式的玩笑。没有爱情的婚姻，使她们尝尽了无奈的痛苦和艰辛。紫薇在婚姻失落中又遇台湾巨商，这几乎使她沉沦；而“心高气盛，性子刚烈”的朵拉，不甘心做家庭主妇，离开吉米后打工求学，最后成功。她们都经历过数次爱情纠葛，但遭际和最初对美好和善良的追求终使迷茫中的她们从“悟”中清醒；最终那一曲能使中国人记起母亲的嘱托、能给怯懦者以坚强、给勤奋者以收获的《母亲河》的歌唱，使得那么多中国人“泪流满面”、“心事重重”、“肝肠寸断”。朵拉（和她的恋人吴天亮、美国导师舒尔茨）上了飞机。飞机越升越高。“行程万里，好像离月亮也越来越近。哦，这究竟是他乡的明月呢，还是故乡的明月？”“她就这样带着歌声、乡情，带着自己和那些离人的故事，向自己的祖国、故土飞去。”

1992年2月，长篇小说《他乡明月》由中国文联出版公司出版。曾在同年的大型刊物《当代》《长城》及《四海》杂志上全文刊载。5月起在中央人民广播电台及全国五十二家广播电台连播。6月1日—9月1日《北京晚报》连载。7月在《文汇报》连载。仅从以上一个统计数据上看，完全可见当年柯岩这一长篇力作，曾经有过怎样的轰动，如果不是海内外正悄然兴起《他乡明月》热，怎么会有多家名刊名报争先恐后地转载连载，全国的广播电台的小说连播刚刚登场，电视连续剧的拍摄就已经启动。

柯岩的祖籍是广东南海市。1994年8月，广东省作家协会主席、著名小说家欧阳山先生，“在大家都说文学创作和文学评论同时陷入低谷的今天”，亲自主持在广州召开了一个座谈会，为“讨论柯岩这样一位广东女作家所创作的、描写两个女孩子在美国旧金山唐人街广东华侨里面所碰到的种种奇妙遭遇的长篇小说《他乡明月》”，他在开场白里说，“是一件非常有趣味又有意义的事情”。

他说研究这本书的理由，一共只有两个。一个是好看，一个是爱国。

他赞扬书中到处充满了艺术的美。这种美，在语言运用的生动活泼方面，在环境描写的绚丽多姿方面，在情节结构的出神入化方面，在典型性格的传神塑造方面，都发挥得淋漓尽致。特别在典型性格的塑造上，柯岩使出了她的独特本领，使得以朵拉和紫薇为中心的中外男女人物，都像一个个会叫人的雕像，矗立在面前，使得看的人俯仰逡巡，一时舍不得离去。

1｜2

1 广东省作协为《他乡明月》举行的座谈会会场全景

2 为《他乡明月》签名售书的柯岩

收藏在柯岩私人相册中的北美行剪影

收藏在柯岩私人
相册中的北美行剪影

1 | 2
3

1 访问旧金山唐人街

2 旧金山渔人码头留影

3 一九八六年在古巴马场

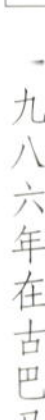

1
2

1 与黑人保姆合影

2 与友人交谈

收藏在柯岩私人
相册中的北美行剪影

在美国洛杉矶迪斯尼

1 「看见你们格外亲」柯岩到哪儿都是这般模样

2 在美国图南大学校园

1
2
3

1—3

「他乡明月」电视剧照

1
2
3

1—3

「他乡明月」电视剧照

珍藏在柯岩私人相册中的亲情 友情 师生情

1 柯岩探望前辈作家冰心

2 柯岩与剧作家许雁在人代会上

3 与诗人芦荻、冰夫、柯原、纪宇

1 | 2

1 长篇小说《他乡明月》在中央人民广播电台连播后，柯岩与各界名家出席《小说连播》座谈会

2 和前辈张天翼

1 柯岩与电影艺术家田华（左一）、白杨（右二）、秦怡（右一）

2 八〇年代柯岩与作家田地（右一）师生在杭州大学

1
2
3

1 在纪念郭小川诞辰七十周年座谈会上

2 与作曲家傅庚辰切磋歌剧《记着啊，请记着》

3 文艺界的朋友们聚会后合影

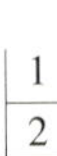

1 柯岩与老友作家丁玲观赏新书

2 一九八七年柯岩在前辈作家丁玲逝世周年纪念会上。左为诗人朱子奇，右为作家曾克

3 一九八〇年柯岩到天津孙犁寓所看望前辈作家孙犁

1／2

1 柯岩（中）与业余作者，右二为李玉树

2 一九九二年在北京管桦寓所。柯岩（左一）与作家管桦夫妇

珍藏在柯岩私人
相册中的亲情
友情 师生情

1 一九九一年在全国电视剧研讨会上柯岩与电视艺术家们

2 一九九二年柯岩、贺敬之与作家史莽（中）在绍兴鲁迅雕像前

3 一九八五年在山东青岛，贺敬之、柯岩夫妇与作家刘知侠、刘真骅夫妇（后二人）

1 柯岩与表演艺术家李默然

2 擅长朗诵的诗人柯岩

3 柯岩（中）与青年工人在山东齐鲁石化公司

1 柯岩参加「世界百城诗歌对话」

2 二〇〇一年，贺敬之、柯岩与歌剧《白毛女》作曲张鲁（右一）、瞿维（左二）在石家庄合影留念

1 | 2

1 诗人犹俪与老友诗人野曼相会于华人国际诗人笔会

2 柯岩在美国与中国留学生合影

1
2

1 在杭州创作之家听贺敬之谈诗

2 贺敬之、柯岩在大连海滨

柯岩与贺敬之在大连出席华人国际诗会

爱情的最高境界就是互相仰慕　互相欣赏

2005年，年龄加在一起一百五十七岁的二老，共同应对中国国际广播电台主持人李昆的一次访谈。就夫妻之间这一话题，有过一次没有彩排的二重唱：

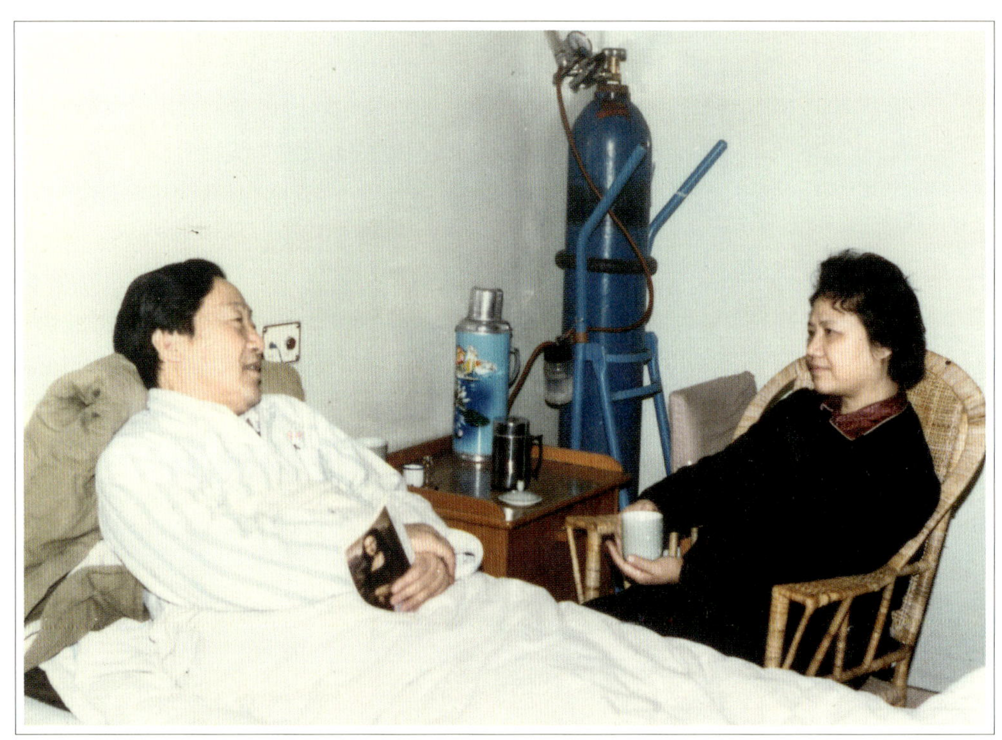

贺敬之：

“反胡风”也罢，“反右派”也罢，后来到反“右倾”，我不断受批判、受处分。柯岩也因为受我的牵连而日子难过。一直到“文革”期间我们俩同时挨整，我成了“四人帮”的“钦犯”，她也成了“黑帮”进了“牛棚”，在这十年的磨难中，她和我之间思想感情更加深了了解和信任。我得到的是莫大的支持，使我面对厄运却完全没有什么后顾之忧。我这老伴儿那个时候还不老，可真是伴啊！即使彼此都老了，她仍然是使我感到给我支持的年轻的、强大的力量，直到八十年代以后在新的复杂情况中仍然如此。

一九九四年贺敬之夫妇留影于淮海战役碾庄遗址

柯岩：

多年来我也不断挨整，我知道被人不公正对待的时候最需要理解，特别是亲人的理解和支持。另外，我们俩最一致的地方，就是写作不是敲门砖，其本身就是我们的最爱，一写起东西来忘了一切。

至于说到爱情，我认为最巩固的爱情就是以共同的理想和信念为前提，以友谊为基础的。那么在碰到各种挫折或者被别人说得一无是处的时候，你也会有一个基本的信任，而且在不断加深理解的过程当中进一步加强信任。我想作为一个女人，对爱情常常比男人看得更重。随着年龄的增长就懂得了什么叫做真正的爱情：爱情是信任、理解、一定程度的宽容。在互相磨合的过程中添砖加瓦，增添智慧。我觉得到了老年就更要增加智慧，两个人都慢慢地成长了、成熟了，有了智慧了，爱情就越来越巩固了，要不然到老了，忽然想我这辈子亏了，赶快追个美女，那不是很可笑吗？可笑而且可悲。偏偏这些年还不少见。对不对？

1/2

1 又一次「奇迹」出现的时候，亲友们在柯岩病床前留影

2 互相仰慕互相欣赏的写照

2 摄于浙江绍兴「柯岩景区」

1 诗人伉俪摄于春光明媚的日子里

爱情的最高境界
就是互相仰慕 互相欣赏

1 2 3

1 祝贺小柯新作出版，用上了贺式幽默

2 「憨」外婆带外孙，外公不「憨」也带外孙

3 祝你生日快乐

1 真情流露

2 二〇一〇年十月应邀访问香港的诗人伉俪留影于太平山狮子亭

3 结伴重游桂林山水

爱情的最高境界
就是互相仰慕 互相欣赏

即使彼此都老了 她仍然是使我感动
给我支持的年轻的 强大的力量
直到八十年代以后在新的复杂情况下仍然如此
——贺敬之

“留言”“遗书”及九十年代有关亲情的深层记忆

时至今日，贺敬之仍非常感激柯岩在他危险的时期所给予的爱和支持，他深情地对《诗人之恋》一文的作者吴绪彬说：“她留给我的最深印象，不是在我得意的时候，而是在我不怎么得意，甚至受到迫害的时候，过去是如此，今天也是如此。”

“如果说我对他有所帮助的话，可以说我是他的一个可靠的朋友，在关键时刻，不要说叛变，而是决不动摇。越是困难时刻，我越想方设法给他以温暖和力量。”在贺敬之成了“钦犯”，被送到首钢炼钢厂去“监督劳动”时，按规定允许他两星期回家休息一次，只要他一回家，柯岩就要求儿女必须在家陪着父亲，让他享受天伦之乐，并亲自下厨精心烹调，为贺敬之准备美味可口的饭菜。

在那腥风血雨的岁月里，身处逆境的贺敬之无法照管自己的儿女，柯岩就毅然挑起了料理家务和教育子女的重担。尽管整整十年，她没写一个字，眼见许多作家的笔也变成了放猪棍、牧羊鞭，自己一家人也同全国千千万万个家庭一样，日夜浸泡在苦难之中。为了不让幼小的儿女受流氓学生影响，她想尽办法让儿子发愤读书，进业余体校，以便能进入好学校（当时只有体育班是挑选的）。柯岩强忍怜子之心，说什么也要儿子走拼命攻读的成材之路。

柯岩写起东西来，是一个经常把命搭进去的人。因此也有遗憾，心里也有亏欠，对自己的儿子、女儿和亲人，再刚强的女人，心中也有柔软的部分。

1996年那个天气出奇的热秋天，柯岩住进了医院，如贺敬之所说“生病就吓死人”——只有一个肾，心脏搭四根桥。术前的一些情景，她记得的是：深夜，心绞痛得厉害，一个呼救的电话惊动了急救中心，转送阜外医院抢救之后做了心脏搭桥术，才从死神手里抢回了生命。她记得要把她推往手术室时，那个平时爱跟她谈心、也读过她的诗的女清洁工，扑上来把她抱住哭喊大姐是好人的情景。同时也记住了有泪不轻弹的丈夫，躲在一边悄悄成了落泪的人。

术后躺在医院的病床上，恢复了知觉的功能，让她想起了一件对儿子来说颇感亏欠的事情。

“房门一响，儿子笑嘻嘻地捧了一束鲜花进来。”

“今天是我生日。三十六年前，您为我吃苦了……”儿子贴着母亲的耳朵

1 母亲与成长中的儿女总有说不尽的话题

2 贺敬之与儿女

说，不禁让人悚然一惊。“可不是吗，今天是他生日，这些天光忙着病，竟忘得一干二净。我们家孩子少，偏偏还聚少离多，由于种种原因，从小常无奈地把他们寄养在别人家，长大了又各干一行，天各一方。我们的亲情除了从小对他们严格要求外，最温馨的也就是他们生日的那天，不管他们在不在家，都要为他们写几个字，说几句话，煮上一碗热气腾腾的祝愿面。可今天……唉！”

柯岩在她的散文《儿子的鲜花》中，还不无遗憾地忆起“还有过这么一回，也是忘了他的生日”。尽管“那是为了工作”。“事后我从儿子的笔记本上偶然看到：‘今天，我十六岁了。没有一个人记得。有什么办法呢？姐姐不在家，爸爸妈妈老是那么忙……我只好悄悄地为自己倒了一杯热开水，为自己举杯说：祝贺你，寂寞的十六岁……’”

当时，这个做母亲的“我”，曾为这几行字落了泪。

“可现在，儿子毕竟大了，他不但没有埋怨妈妈，还知道说：‘您为我吃苦了……’

“每个妈妈都心甘情愿地为孩子吃苦，可我为他，千真万确，差点送了命。那正是1960年三年困难时期，物质十分匮乏，可那会儿我们正年轻，仍是干起活儿来不要命。记得那天，我正在剧院讨论一个剧本。导演、编剧、艺委们争得大呼大叫，面红耳赤。我肚子忽然疼了起来，开头我没在意，后来忍住没说，仍然沉浸在那热气腾腾的氛围里，十分认真地参与争论。可毕竟时间到了，肚子疼得一阵紧过一阵，我不时地蹲到地上。有几个年长的同志注意到了，说：‘哎，你该上医院了吧？’我说：‘那也得让我把意见说完。’可意见是一时半会儿一致得起来的吗？就这样，从早上直到正中午。我一会儿蹲下，一会儿用椅背顶住肚子，几次要走，都被年轻的同志拦住：‘不行，不行！你说完了我还没说完呢！’……大家都不去吃饭，就这样一直争到一点多，这才勉强散了会。我骑上车子就往妇产医院跑，一进甬道就倒在了地上。医生护士连病房都没让我进，直接就把我送上了产床，一边责备我一边照顾我……

“儿子是两点出生的。我正高兴呢，忽然呼啦啦进来一屋子大夫，不停地问我：‘怎么样？怎么样？’

"'很好呀！'我说。

"'有什么感觉？'

"'就是想睡觉。'

"'别，别，得问你几个问题……'

"我却已昏了过去，等再睁开眼睛时已是晚上八点多了。

"我侧眼一看，坐在我床边的这位大夫长得怎么这么像我丈夫呀！可他又全套手术室的穿戴：手术衣、消毒帽、绝大的口罩、只露着两只眼睛。待转头细看时，头却侧不过去，身上到处插着管子……

"我正纳闷儿呢，那人说话了：'你吓死人啊你！整整抢救了你六个小时。各种办法都用尽了，中西医综合治疗，你看，输着血，输着液，腿上、脚上又扎着针，大夫还在给你艾灸着呢……'

"我看不见自己的腿脚，却看得见满屋子青烟袅袅，也闻见了浓浓的艾香味。

"原来这人正是我丈夫。我很奇怪：'你怎么来了？怎么会让你进来的？'

"'病危通知呀！大出血，怎么都止不住，床下放个桶，血就那么哗哗地流。

"'给你输血，嫌血库里的血不够新鲜，大夫护士就直接从自己身上抽，到现在，已经输了两千CC了'……我虽不懂医，但我知道两千CC血是很多的。那时正是困难时期，大家营养都很差，每一CC血都极其珍贵。可为了我，竟从同志们身上抽了这么多！"

于是，柯岩立刻就大哭起来。

听过妈妈讲过去的事情，儿女们才真正懂了母亲。

柯岩就是这样告诉自己儿女的，"当我血管里流着同志们鲜血的时候……从那时到现在，长长的三十多年过去了，我珍贵保存的那张出院证明也丢失在'文化大革命'的风暴中了。但所有的一切始终清晰地镌刻在我的心底深处。这些年党风不正，社会风气不好，每当我稍有消沉的时候，我就想想为建立共和国而牺牲的烈士，想想现在像孔繁森、徐洪刚一样战斗在自己岗位上的好同志，想想生活在艰难困苦中的劳苦大众，想想自己血管里同志的鲜血，于是，无论是风雨泥泞，还是香风金雾，就是再大的委屈，谣言的风暴，我都能咬着牙越过，而且含笑面对：不敢迷途，不肯转向，也不热昏……

"想想自己血管里同志的鲜血，重又想起那些拯救了我生命的不知名的同志，我不禁反躬自省：难道那些为我们牺牲了的先烈，那些为我们共和国的富强至今还在流血流汗的同志们对我的期望仅止于此吗？我决不欺世，也不媚俗，我的作品不但不诲淫诲盗，而且时时不忘一个文学工作者的社会责任，仅此而已。我们年轻时那种是非分明、疾恶如仇，‘位卑未敢忘忧国’，为了真理而舍生忘死的劲头儿在我身上还有多少？当年人与人那种美好真诚的关系还有没有可能再现，并进入更高的层次？当我们前辈、同辈中的某些人也开始转向，我们下一代中的许多人被某些‘青年导师’教唆着丢失了信念，没有了理想，只热衷于‘追星’、‘享受’，迷醉于那些脂粉男女，灯红酒绿，甚至唱不全国歌，而在高中毕业晚会上却集体高歌什么：‘江山不要，开怀一笑……’时，我除了在我的作品中有所表述外，还做了什么？为了一个美好的新社会的实现，为了理想，为了我们的下一代，我是真竭尽了我的全力了吗？”

柯岩的散文《儿子的鲜花》是在1996年7月13日见报的。在同一时间段问世的《他乡明月》已不再是纸本上的长篇小说，而是正在全国各省市电视台热播的二十六集电视连续剧。青岛出版社首次推出的《柯岩文集》共六卷，从里到外的装帧精美而大气，柯岩用“今天穿戴得整整齐齐”来形容“他们”——“我另一种意义上的子女”。积劳成疾的柯岩，这个夏天一直在病痛的不断熬煎中，只等天气凉下来，她两年多以前坐过的，被老伴亲自推出家门的轮椅，又将再次被亲友们推动起来，已近古稀之年却不得不再次被抬上医院的手术台。上次是摘了一个不争气的肾，这次是给不堪重负的心脏搭桥——给血液搞一个畅通工程。从三四十岁开始，有过多次参加“复活赛”经历的柯岩，每一个回合她都要为“此去，将不再回来”的“如果”，提前有所准备。所以就有了小凤在妈妈赠女的《柯岩文集》上，一翻开封面就闯入眼帘的亲笔留言。“为了他们，妈妈曾让你和弟弟从小到大吃了许多苦。”在道出满腹歉意这一句话之后，从“留言”中接踵而至的“他们”——凝聚柯岩大半生心血的六卷诗文，什么时候进入儿女视线什么时候就使儿女“会立即产生一种血缘似的亲情”反应，会像兄弟姐妹一样接纳“他们”。做妈妈的人对子女最不缺的就是这一点自信。

“母亲在三十岁时生我／可我，直到三十岁／还一点儿也不了解母亲／母亲在六十四岁时弃我而去／我在向六十四岁的跋涉途中／才一点一滴地读懂了母亲”——柯岩曾在一首短歌里如此咏叹自己的母亲。

女儿小风比老一辈人幸运，她在初入不惑之年的时候，就通过母亲赠书的留言找到了真正了解母亲的途径，一页页地读着她的诗文，女儿才一点一滴地读懂了母亲。

谁说诗不能纪实？柯岩就曾经以《女儿》为题，把自己和女儿一起放进了诗里：

电话铃在病榻边轻悄地响起
半晌，半晌，却了无声息
“喂！喂——”我大声应答
话筒里传来了轻轻的啜泣
“我……是我……妈妈！对不起……”
哦，是女儿从大洋彼岸打来
“对不起……不能在身边照顾你”

我微笑着抑制住叹息
“没关系……女儿……没关系
我知道你工作离不开……
医生很好，朋友很多
对我都照顾得很细……”

月儿朗朗地高挂在天际
微风柔柔，铃声重又响起
急急抓过电话：“喂，喂……”
遥远的铃声却来自深层的记忆
多次这样如出一辙的通话
也是在这样月色明媚的长夜里……

我不禁全身战栗，极力
强忍住喉头的哽咽
我病危的母亲也曾如是说
“忙你的……工作吧，我不要紧……”
我也是这样啜泣：“妈妈……
哦，妈妈！妈妈……对不起……”

柯岩与女儿

1996年　柯岩亲笔书赠女儿留言

柯岩书赠女儿留言的原件影印

这些，是我另一种意义上的子女，为了他们，妈妈曾让你和弟弟从小到大吃了许多苦。但是，当他们今天穿戴得整整齐齐地走到你们面前的时候，相信你们会立即产生一种血缘似的亲情。因为，虽然他们也像你们一样有着许多缺点和局限，但作为你们的兄弟姐妹，他们也像你们一样刚直不阿、奋发向上、富有感情并具有顽强的生命力……

希望你们能经常交谈，友好相处。

……

妈妈

1996夏病中

柯岩1994年1月6日手术前留给孩子也留给老伴的“遗书”

柯岩1994年1月6日
手术前留给孩子
也留给老伴的“遗书”

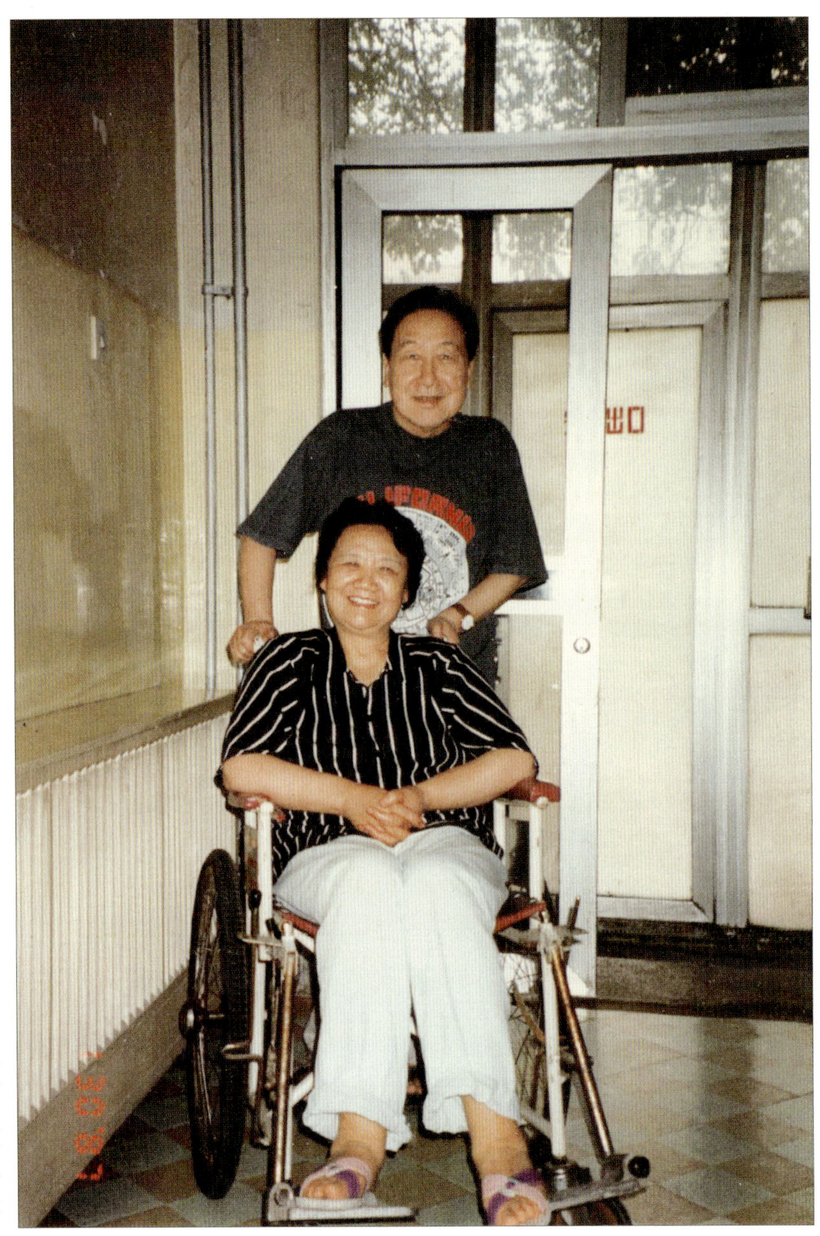

一九九六年九月十九日，柯岩进入心脏手术室前

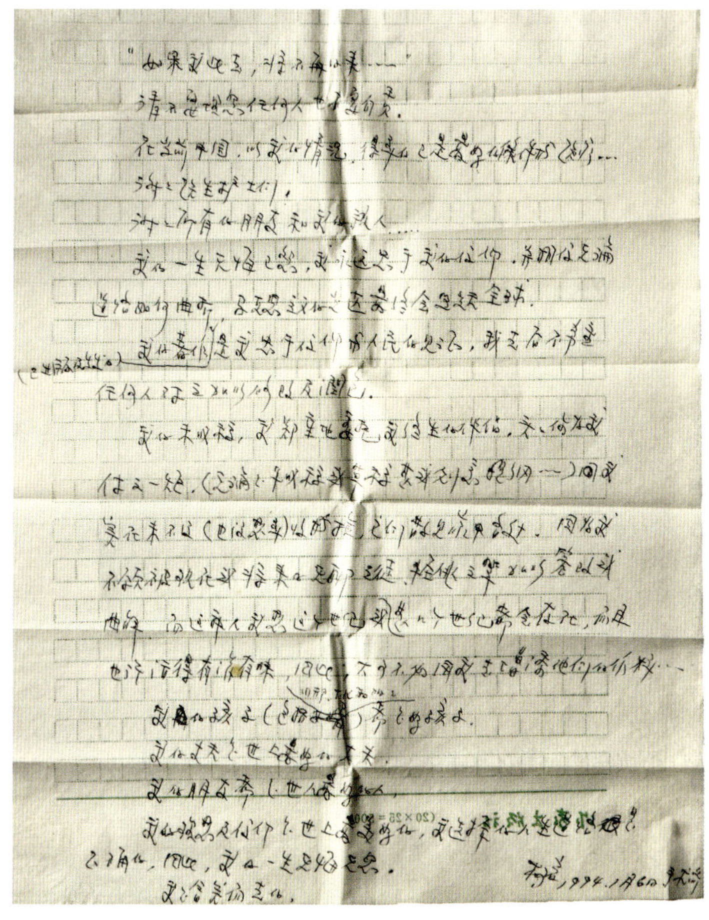

“如果我此去，将不再回来……”

请不要埋怨任何人也不要自责。

在当前中国，以我的情况，得到的已是最好的条件与医疗……

谢谢医生护士们，

谢谢所有的朋友和我的亲人……

我的一生无悔无怨，我永远忠于我的信仰，并相信无论道路如何曲折，马克思主义的光芒最终会照耀全球。

我的著作（已出版及发表的）是我忠于信仰与人民的见证，我去后不希望任何人对之加以修改及润色。

我的未成稿，我郑重地委托我终生的伴侣……你为我付之一炬（无论是半成稿或草稿甚或创意提纲……），我实在来不及（也没想到）收捡，它们散见家中各处。因为我不愿被现在或将来的无聊之徒、轻佻之辈加以篡改或曲解。而这种人我想这个世纪甚或几个世纪都会存在，而且也许活得有滋有味，因此，大可不必用我去增添他们的作料……

我的孩子……都是好孩子。

我的丈夫是世上最好的丈夫。

我的朋友都是世上最好的人，

我的理想及信仰是世上最美好的，我选择的人生道路是正确的，因此，我的一生无悔无怨。

我是含笑而去的。

柯岩

1994年1月6日手术前

抗衡历史虚无主义负面思潮的一次努力

2004年，建国五十五周年纪念日到来之前，柯岩和贺敬之在北京三里河南沙沟的住地。即使是在多种疾病一天天在身上抬头的日子，这所被壁立的书橱占去太多空间的“诗人之家”里的生活也是不会缺乏诗意的。但像那晚那样，震荡在空气里的全是诗人的名字和他们的诗歌，却是近年难见的一个奇迹。

引爆了满屋子的诗歌，是因为当代中国研究所的几个同志来看望柯岩，问能不能帮他们搞一台朗诵会？

因国庆，想到诗歌，“这可是我没想到的”。“问怎么想起来要搞朗诵会呢？”柯岩在《与史同在——当代中国新诗选》的“前言”中，对当代所同志们的回答有过一段追述，“他们说：原来有多少好诗啊！现在怎么都听不到了呢？到书店也找不到……比如《枪，给我吧》《向困难进军》《柴达木小唱》；再比如《黄山松，我为你呼好！》说着说着竟背诵起来：‘枪给我吧／松一松手／同志，是同志在接你的枪啊！’//‘车过鸭绿江／好像飞一样／祖国，我回来了/祖国，我的亲娘！’//‘骑马挂枪走天下／祖国到处都是家’//‘我走遍了／我广大祖国的／每一个地方／啊，每一个地方／我的／每一个故乡……’”（贺敬之

《放声欢唱》）

一霎时，刚解放时初升的太阳，共和国的黎明时光，上甘岭的焦土、血衣，波涛万顷海防线上的巡逻小分队，皑皑雪原上的单身防空哨，祖国大规模的经济建设，第一个五年计划……都热气腾腾地齐现眼前；阮章竞、郭小川、李季、张志民、公刘、严阵、张永枚、未央……好像也都带着歌声笑声列队大步走来……柯岩的喉头一下哽住了，半晌才缓缓说出：“你们竟都记得。那会儿，你们都戴着红领巾吧？”

他们高声大嗓地笑了起来，笑着笑着眉头皱起来了，说：“可现在的孩子，怎么老忙着追星呢？”哦！原来这些书斋里的学者也不是光埋头做学问的，柯岩的心一下子温暖起来。尽管在余下的对话中，不再背诗诵诗，但与柯岩谈话，什么时候都是一种充满诗情的生活。就在刚才的一瞬间，小平同志所说“这些年我们最大的失误就是教育”成为了共同关心的话题。于是，国庆日到来的前夕，“中国所”企望把一台诗歌朗诵会调制成浓酽的爱国主义培养基的设想，不但得到柯岩的赞赏，而且是立刻加入了策划。为了使影响长久一点，她即兴提出建议，并当即受邀主编一本当代中国诗歌的选集。

“无须讳言，革命征途上曾有过错误，有过曲折，但千百万仁人志士为了建立新中国抛头颅、洒热血，千百万工、农、兵、知识分子满腔热情、奋不顾身地投身建设，初步形成了独立的比较完整的工业体系和国民经济体系……却也是不争的事实。无数诗人也曾为这些倾心而歌，为什么我们就不该实事求是地把这一切指给孩子们看，讲给他们听呢……要知道：没有比较，就没有鉴别。一个不了解历史的人，就绝不可能正确地认识现在。孩子们的生态环境如果老被历史虚无主义的烟雾环绕和被某些‘精英’有意或无意地误导，实在不能不令人忧虑。在这样的情况下，有条件能为年青一代做点事，把历史的脚步指给他们看，把被尘封了多年的某些诗歌重新唱给他们听，就不但是我们这些年长者的责任，而且是幸福。”上述一段文字摘自柯岩为《与史同在》亲笔撰写的“前言”，笔者当年被力邀与她共同主编上下两卷的《当代中国新诗选》时，就在电话线另一端，聆听过千里之外热传至耳畔、意思完全相同的一段肺腑之言。这就是柯岩所说的，“我怎么可能拒绝”和无须受托就有了的回答：“我们怎么可能拒绝呢？”

诗选所选之诗，由于具有多种美丽，它受到的喜爱，也必然是多方面的。

有人的喜爱，从封面就开始。封面上除主名之外，还有四个大字：与史同

在，点出了这部诗选有史的价值。“诗选”既有建国以来的社会史，也有建国以来的诗歌史。获如此共识，足见编者与读者是心有灵犀。

有人的喜爱，以诗选的开篇为最。这首诗和当年热播的一部同名电视专题片，都是出自非专业诗人任先青之手。它的第一小节：“你用平平仄仄的枪声／写诗／二万五千里是最长的一行”。而结尾对称用：“……天安门城楼上只那一句／便站成了世界的诗眼／嘹亮了东方！”柯岩在初见时，两眼发光，在过目之后，兴奋异常，从《诗人毛泽东》开篇，以诗人毛泽东统领全编，开门见山编者之取向，力透纸背如同阳光。主席的诗以政治家的气魄、思想家的深邃、诗人的奇思妙想而独步当代，只有伟大的诗人毛泽东，才配揭开新中国诗歌的第一章。

有人的喜爱，最简单的理由就是曾经爱过。如诗人徐鲁所说：“这些年来有多少诗歌和诗人，似乎是不知不觉地从国家和民族的生活土壤上拔出了自己的根，如同镜花水月和无根植物，自绝于读者，沦为一种自娱自乐式的写作了。”“人间已无好诗可寻”，在这个时候，人们期待重温那曾经有过的美好和激情燃烧的阅读记忆，只要是能回过头来，《与史同在》上下两卷都是能止饥解渴的书。索引。诗人贾漫把阅读称作仰望，“那些闪光的文字，那些我的前辈和同辈，以及后来崛起的晚辈，他们各自有着不同的经历；不同的曲折与坎坷，甚至不同的委屈与苦难，但是当我走进他们的诗，走进他们真诚地为之激动的时代，不由得随之重返我的少年和青春岁月，重闻泥土的芳香，重听滚滚历史车轮的轰响，重看挥汗如雨的工农，在阳光下大步前进”。

“……那封面第一眼看上去，有一种久违了的感觉——古朴而淡雅，朴实而端庄。而当你从头至尾细读一遍，扑面而来的依然是浓烈的激情燃烧的感觉——”

有人因为喜极而发出惊呼：“一个真正人民诗人的责任和良知，在一个人心中能够焕发出多么强大而热烈的激情和干劲？柯岩老师显然又一次以实际行动告诉我们：‘那是无可估量的。’就像她曾经告诉人们‘癌症≠死亡’一样信心十足。”（原文见忽培元“喜读当代中国新诗选《与史同在》”，“柯岩”后“老师”二字是原有的。）

“读着这部诗集，你就走进了共和国的历史，像走进大森林一样，眼前绿浪翻滚，耳边百鸟歌唱，空气纯净宜人，阳光温暖柔和，天蓝水湛、云白风清，各种各样的动植物，和睦地生活，自由地生长，人们的理想与想象，像蜜蜂一样在意境里飞舞，把一切都描述得那样的美好和谐。读者终于明白了，为什么在此时此刻，会有这样一部诗选问世，这是献给孩子们最好的礼物呀，是留给历史的最

有力的见证。是的，这个时代，有人的确是得了健忘症，他们数典忘祖，企图否定和忘记新诗辉煌的历史，但广大读者不会忘记，人民群众不会忘记，祖国的历史不会忘记！读着这部经典诗选，你会情不自禁地深深感到，《与史同在》的选编者是以真正诗人的眼光和良知，在祖国新诗的海洋中徜徉。他们认真遴选出的这些诗的精品，是一道横跨历史长空的美丽彩虹，更是一串深深的脚印，把昨天与今天相连。其中那么多人民热爱熟悉的也有不知名的诗人，他们站在不同时期的不同领域和角度，用自己独特的歌喉放声歌唱，是那样动人心魄，又那样发人深省。连同那些肤浅含糊的‘汉字游戏’相比，立即显出本质性的‘真’‘假’之别来。‘最动人的花朵／是劳动者的眼睛’（杨山诗句）打开诗集，随手引出一句，就是如此动人。唯有深厚的生活土壤中，才可能生长出如此富有生命力的艺术之花。是的，这些诗歌是有生命力的，因为它来自生活，以赤子之情，歌颂祖国、人民、领袖、劳动、母亲、土地和爱情。这些诗——伟大祖国半个多世纪的足迹，她们深印于人民感情的土壤之中，反映着祖国的律动，跃动着时代的脉搏，必将是永恒的，必将与史同在！”

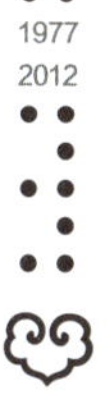

情歌晚唱“不老美人松”

1
2

1 八十初度的柯岩和贺老在北戴河

2 北京三里河南沙沟旧居——柯岩八十岁生日在此度过

贺小柯八十华诞

老贺作

柯生岩石上，
情燃风雨中。
赤诚德才女，
何幸偕同行！
赴难共肝胆，
文筑独秀峰。
巍巍八十寿，
夕返朝霞红。
终生植我心，
不老美人松！

2009.7.7.
小柯生日前1周.

1 著名画家王琦绘浙江「柯岩景区」赠贺敬之、柯岩

将这首“贺小柯八十华诞”的新作送到“赴难共肝胆，文筑独秀峰”的爱妻手中。这一年，柯岩同时收到的礼物之中，《柯岩文集》十卷，令人爱不释手，赢得八方称颂；而尺余素笺手书之新古体诗一首，是老贺平平仄仄一周所得，堪称“礼轻人义重”，当时未公开发表，即被柯岩直接收藏入心中……

最后一部书和最后一封信

最后一部书：
愿意永久珍藏并与
孩子和朋友们分享的
厚重之书

最后一部书：愿意永久珍藏并与孩子和朋友们分享的厚重之书

事隔五年，“新诗选”变了“散文选”，煌煌大书《与史同在——当代中国散文选》，共和国六十周年过后，在北京首发了。

为这本散文选写序的周克玉将军，祝贺之前，先表敬意。前年读到诗选，他是“甚为欣喜”，而今接到书稿，却“不禁惊诧”，再就是感叹不已……

惊奇和诧异的理由，散文选和诗选相差无几，四个字——来之不易！

“风雨六十年，征程千万里。这段光辉而又曲折的历史，难为他们是怎样从千千万万篇散文之海里打捞出来的？”

何其相似！有人的喜爱，竟然也和喜爱同名诗选一样，从封面一直爱到封底。朴素的封面使她格外端庄素雅，没有大家点评、捧场的封底，却有着实实在在的分量——一百三十六万字，上下两卷，两百多篇美文，近一千三百页，不说所收文章写作时间跨度六十余年，囊括百十来位优秀作家精心之作，单说这个选本涉及的领域之宽广、思想容量之大、内涵之深，就足让人读到四个字：来之不易！又四个字：壮心不已！柯岩同志，已逾八十高龄，并有重病缠身。对于一个习惯于靠眼睛观察世态人情，看表情揣摩人心，凭阅读开阔视野间接生活的写书人来说，如果眼睛越来越不给力，那真比要了命还难受。一万套上下两卷《当代中国新诗选》的成功推出，只是抗衡历史虚无主义负面思潮的一次努力。在精神世界变得越发精致乃至发嗲的时下，即使读一读劳动者雄健有力的诗作，听一听他们热情洋溢的歌声，看一看他们对新中国未来的憧憬，也会让人变得青春靓丽，热血沸腾，浩然正气沛然而升。如此收获，给耕耘者带来的是不知劳苦继续努力的兴趣。在几年前做“新诗选”那份活时，就已经测试过了，“责任和良知，在一个人心中究竟还能够焕发出多么强大而热烈的激情和干劲？”好在是三十年前出访德国时，见识世界上有一个社长兼主编兼编辑，兼做茶叶蛋待客的巴伐利亚施纳得夫人出版社。现在她憧憬做第二个吗？

2010年夏天，柯岩在北戴河海滨疗养地，再次邀我联手续编《与史同在》。和有关方面支援来的秘书一起动手，我们把压缩在U盘上、事先从各种渠道找来的百余篇当代散文，用黑字大字打印装订成册，让同时请来的，我那位搞声乐的夫人，为她字正腔圆地念读了三个多星期……

《与史同在——当代中国散文选》，是循着新中国走来的足音揭开第一页的。有一篇关于国旗国歌创作的故事，柯主编在听的时候，是一边流眼泪一边喃喃地发问："为什么在国歌中要留下'中华民族到了最危险的时候'这句歌词？现在，我们并不是可以高枕无忧了，我觉得老一辈革命家看得是很深很远的，这个故事一定要原汁原味讲给后人听！"还有一篇是《两个美国间谍的自述》，讲的是改造美国间谍的故事。一对美国夫妇来中国搜集情报，被捕后原以为会受很多酷刑，他们打算在被遣返后向媒体讲"红色地狱亲历记"，并以此暴得大名。但入狱后，我们的监狱不打、不骂、不侮辱犯人人格。监狱里本来大家都吃粗粮，但这两个间谍说自己胃不好，我们的管教人员就给他们熬粥喝。当时并没有一开始就对他们进行劳动改造，而是让他们每天学习。他们回国之后，美国人认为他们一定受过酷刑，就反复对他们进行身体检查，没有发现任何伤痕。而他们对此也予以客观说明。面对记者们的疑惑，他们说："我们没有说共产党的好话，只是说出了事实。"这是柯岩年轻时读过的，像这样早期出版的文章，现在都很难找到了，但是很有教育意义。于是，柯岩早早地开始了寻找，翻译出版此文的原群众出版社也无样书可查，她托亲属在国家图书馆的基藏书里找到这薄薄的一本，可真是费了大劲。还有改造妓女、改造末代皇帝等文章，都是她亲力亲为动笔圈定，一起编入文选的。

《向建设中国的亿万同胞致敬》出自台湾学者颜元叔之手，和颜文一起入选的美文，无论是出自茅盾、郭小川、杨朔等声誉卓著的文学大家，还是出自深入基层的青年记者，或是港澳台地区和海外同胞，有一个最鲜明的主题，就是真

实反映祖国强大、繁荣的历程，这些情意深挚的文字，让读者看到了中国人民对一个国家由积贫积弱到自立于世界之林的由衷自豪。翻开厚厚的书页，人们看到作家们所记录的新中国一个个建设的奇迹：中国的第一桥——武汉长江大桥，中国的第一车——红旗牌轿车，科学家让《东方红》响彻环宇，袁隆平用一粒种子改变世界，屹立太行的“人工天河”，“5·12”汶川大地震从悲壮走向豪迈的英雄诗，西气东输、北京奥运、上海世博、载人航天……都有浓墨彩绘的“创业史”、“问世记”。而在对所有的辉煌给予深情的赞美之后，这些作品对祖国富强的深厚感情溢于言表，足以令人感动。

华夏出版社的新书上架后不久，就有不少书评跟进。此时作为曾经的编者，最乐意做的一件事，就是从有关书评里摘出一二句，落墨在这本共和国风雨历程六十年形象信史的扉页上，签章之后用双手捧出送友人。评论家梁鸿鹰的两句话，被我多次引用，以至于感觉是像从自己心里涌出来的，和我们的初衷竟是十分的一致。

这是一部我们很久未读到的百科全书式的散文读本，

我愿意永久珍藏并与孩子和朋友们分享的厚重之书。

2012年6月，“锦泰一汽丰田助学阿里”的志愿者，将《与史同在——当代中国散文选》带到了西藏阿里
图为该县文教局局长从志愿者手中接过捐赠的图书

柯岩致胡笳：《与史同在——当代中国散文选》付印前的一封信

1 病中的柯岩坐在床头审看新鲜出炉的《与史同在——当代中国散文选》

《谁说俺们的“八零后”油盐不进》，是2010年秋到2011年春，柯岩新写的一篇散文，也是她生前亲自校对后才送去与读者见面的最后一个作品。作家的生前，从她走后的那一天起就被人追思，弄得从冬到春好像不止一个泪雨纷纷的清明。有人为纪念柯岩，把这篇曾被青年读者叫好的文章放到网上。之后，我才一字一惊地清楚了文章开头的百十来个字，就是事后也能灼伤人心。

“……春节伊始，我就发起了高烧，十几天后好不容易高烧退了，却缠缠绵绵地一个多月低烧不退，于是视力急剧减退，两只眼睛从双双的0.8降到了0.3和0.2，不但根本不能看书了，而且一丈开外连人都看不清了。”

已经病得不轻，工作照旧进行。有人在追思柯岩的文章中，道出有幸常到她府上去，每次不是见她坐在电脑前写作，就是看她斜卧在床上校对书稿的情景。柯岩何以如此用心用力用功呢？是高度的事业心和责任感？是强烈的布道心和完美感？是炽热的才情和热忱？

“她在编辑、校改《与史同在——当代中国散文选》时，正是她此次重病发作的前期。腰疼得下不来床，她就在床上校改；一天三次地服用中药，一天到晚地编选文稿和照片，谁也劝止不住。”撰文的军旅作家东方鹤是柯岩拼搏精神和忘我精神的目击证人。

柯岩致胡笳的一封信，也就是《与史同在——当代中国散文选》付印前的最后一封信，大约是2011年“5·1”长假后发送到达成都的。（因为我负责的制作团队基本上都是川人，分工做书的前期，如排文字、拼图片、校对等在成都；做书的后期，如三审、印刷、出版则在北京完成。）全国人民都在放假的时候，她用忘我的劳动度过了劳动者的节日。“昨天晚上小葛（华夏出版社责任编辑——笔者注）把清样送来，我一直看到今天你来电话。”信开头的第一句，就让我们看见了她那间兼作书房的卧室里，灯在今宵是不灭的灯，人在今宵是不眠的人。

《与史同在——当代中国散文选》翻过三五页，是回头看完一段历史里程，再翻三五页，是又见一个精彩人生。“毛主席”、“周总理”、“老将老帅”、“容国团”（中国乒乓球的第一个世界冠军），还有李季、柳青，特别是那张“亲历第一面红旗诞生的人们”——马思聪、胡风、丁玲、田汉……的合影”。“不断要大叫和送过去让老贺看——”柯岩在信中指名道姓的，都是创造历史，被历史留下名字的人。“老贺”就是我们以“贺老”尊称的柯岩的先生，夫妻安放床榻和书桌有各自的房间，“背对背”，也是“门挨门”，更是“心连心”。今晚展读即将付印的书稿，重睹“风雨路上来故人”，共对的是一盏灯，“不但心潮澎湃而且热泪滚滚”，哪里只有一个柯岩是动情的人！

信中唯一一行加粗的黑体字，道出的才是柯岩写信的根本原因：“你还不能撒手，还得细心加油干。”于是，被挑出的问题，上卷有一、二、三、四、五、六、七；下卷有一、二、三、四、五、六、七；一个也不少地写满了两页纸。为一部人们很久未读到的百科全书式的散文读本，柯岩用最后的目光，完成了一个完美主义者自觉的责任！

亲山爱水走四川——柯岩上世纪八十年代末与四川诗人周纲（左一）、胡笳（右一）、葱葱儿（右二）合影于乐山大佛前

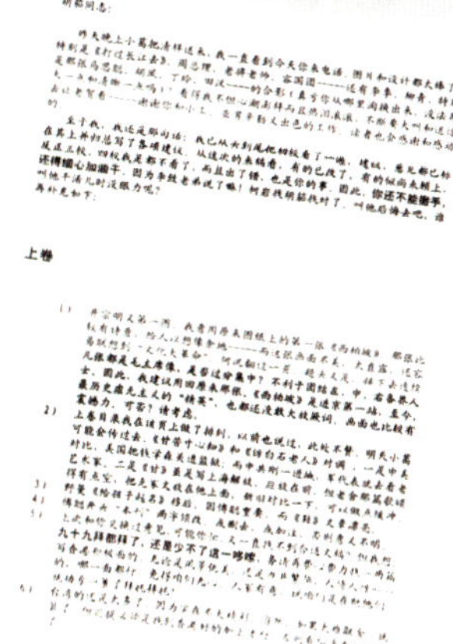

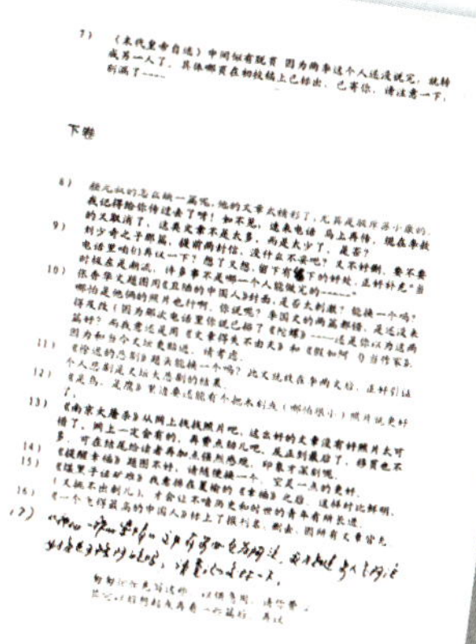

生前见报的最后一张新闻照片和照片新闻

2011年5月27日《人民日报》海外版刊出的《柯岩的书房》，是5月23日上午，记者潘衍习又一次来到北京三里河南沙沟小区摄影报道的。根据现在掌握的情况，经当事人确认，这是柯岩生前见报的最后一张写真。

陪伴在她的左面的是书、右面是书，书柜里、书桌上、床上、地上，都是书。这几年柯老都是在写书、编书中度过的。2009年，中国作协举办了“柯岩创作生涯六十周年座谈会暨《柯岩文集》首发式”，继《与史同在——当代中国新诗选》出版后，柯老又开始编《与史同在——当代中国散文选》，记者继续报道的是今日新闻：“上周刚刚编好最后一稿已送到出版社”。接下来还有记者代广大读者的一问：还有没有主编与共和国史同时期的又一本？

柯岩的作品及生平简介，还登载在同期的《人民日报》海外版上：

柯岩 当代著名诗人、作家。

1949年开始专业创作，已出版著作五十余部。主要有：诗集《“小迷糊”阿姨》《周总理，你在哪里》《春天的消息》；报告文学集《奇异的书简》《一个诗人眼里的宋庆龄》《癌症≠死亡》；长篇小说及同名电视连续剧《寻找回来的世界》《他乡明月》《红蜻蜓》《CA俱乐部》等。

其作品在艺术上刻意求精，既豪放壮阔，又清新明丽，具有鲜明的个人风格和独特的艺术魅力，深受广大读者欢迎，多次获得全国性大奖，多部作品被译为英、法、德、俄、日及西班牙等文字。

读书沙龙
11
名人书斋

1 二〇一一年五月二十三日上午柯岩接待来访的《人民日报》记者 摄于家中

历任中国作家协会书记处书记、主席团成员，中国诗歌学会副会长，中国人民保卫儿童委员会全委等。曾多次被选为全国少儿先进工作者、全国青年思想教育先进工作者、全国妇女先进工作者。系第八届、九届全国人大代表。

上述文字也是新闻媒体在柯岩生前最后一次发布有关她的生平、作品简介。一文一图的新闻、只能称作简介的生平见报后的半个月零几天，《与史同在——当代中国散文选》令人放心地进了北京西单等图书城，并向全国发行。一个月零几天的时候，无法让人放心的柯岩因病情加剧住进了北京协和医院。7月、8月、9月、10月、11月、12月……一百六十多个日日夜夜在重症监护室出出进进，一个无人可比的顽强生命未能再次创造奇迹，一去不复返的日子，终于在隆冬时节来临——

这是一个天空中飘雪，人心里结冰的时辰，柯岩八十二岁的生命定格在2011年12月11日13时35分。

“贺小雷是柯岩和贺敬之的儿子，在他的眼中，妈妈就是一个‘工作狂’：‘她身体一直不好，做过心脏搭桥手术，摘除一个肾脏，还有高血压、糖尿病……直到临终前，母亲也没有放下手头的编辑工作。’

“‘妈妈，又出差了。’贺小雷说，他无法面对母亲已经去世的事实，就好像母亲生前‘永远都在路上，永远都在处理事情’一样，这一次，她的离去，就当作她生命中又一次的‘出差’吧。据小雷透露，柯岩在住院期间出现呼吸困难等症状，一直深陷在昏迷中，因此没有留下最后的话语。”

上述文字摘自2011年12月19日见报的消息：“当代杰出诗人、作家柯岩同志遗体告别仪式在京隆重举行。”与之同时见报的是贺敬之送别亡妻的诗行，泪光中尽显悲壮。

《写在小柯灵前》贺敬之原稿影印

《写在小柯灵前》
贺敬之原稿影印

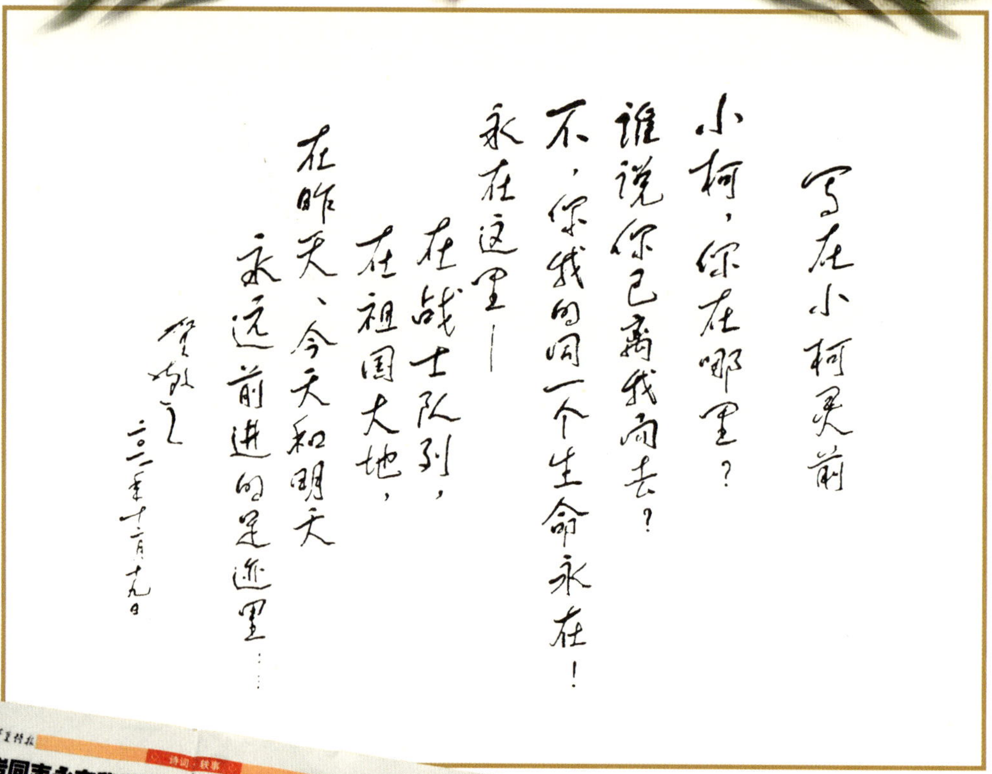

写在小柯灵前

小柯，你在哪里？
谁说你已离我而去？
不，你我的同一个生命永在！
永在这里——
在战士队列，
在祖国大地，
在昨天、今天和明天
永远前进的足迹里……

贺敬之
二〇一一年十二月十九日

华夏诗报
柯岩同志永在我们心中
柯岩的坚持
首页篇
当代杰出诗人、作家柯岩同志遗体告别
火依然在燃烧，故我柯岩

美丽的遗产
——柯岩作品研究、遗作整理出版

1
2

1-2

潜心整理柯岩遗作的贺敬之二〇一二年四月摄于北京三里河南沙沟旧居柯岩书房

哀思绵绵的贺老
在《写在小柯灵前》一诗墨迹未干时，
便携儿女着手对柯岩遗物进行全面整理

在当代著名诗人、作家柯岩逝世一周年之际，由贺小风、贺小雷编，作家出版社出版的《永远的柯岩——悼念柯岩专集》面世了，《文艺报》以大篇幅摘录了迟浩田《痛悼柯岩》、郑伯农《别柯岩》、石祥《柯岩是一团火》、涂途《大家都在思念你》以及黎辛、黄懿芬《一滴小水，一棵小树》，贾漫《信仰成仁、事业成功》等诗文，以资纪念。作家出版社出版的《美丽的遗产：柯岩画传》，即将进入筹建在运河之滨台儿庄的贺敬之柯岩文学馆，与广大读者见面，《柯岩文集续编》和《柯岩研究文集续编》的编辑工作正在顺利推进。

她留给这个世界的厚重的作品和对她的深切怀念与史同在，与世长存！

《美丽的遗产：柯岩画传》

《美丽的遗产：柯岩画传》

《永远的柯岩——悼念柯岩专集》

柯岩 文集
第二卷·小说
第三卷·小说
第七卷·文论
第八卷·戏剧 影视
第九卷·戏剧 影视
第十卷·剧本

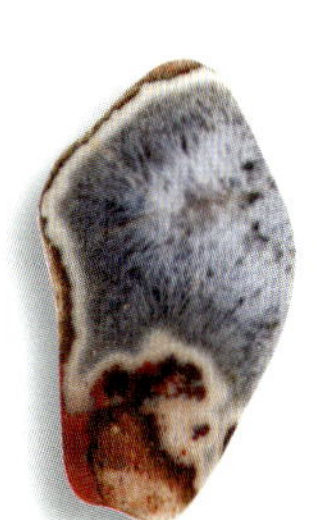

梦里柯岩

背影 渐行渐远 思念 汹涌向前

图书在版编目（CIP）数据

美丽的遗产：柯岩画传/胡箭 编著.–北京：
作家出版社，2013.7
ISBN 978–7–5063–6837–7

Ⅰ.①美… Ⅱ.①胡… Ⅲ.①柯岩(1929–2011)–
传记–画册Ⅳ.①K825.6–64

中国版本图书馆CIP数据核字（2013）第027568号

美丽的遗产：柯岩画传

作　　者：胡　箭　编著
责任编辑：罗静文
装帧设计：王红卫　乔琳格
出版发行：作家出版社
社　　址：北京农展馆南里10号　　　邮 编：100125
电话传真：86 – 10 – 65930756（出版发行部）
86 – 10 – 65004079（总编室）
86 – 10 – 65015116（邮购部）
E – mail：zuojia@zuojia.net.cn
http://www.haozuojia.com（作家在线）
印刷：北京市雅迪彩色印刷有限公司
成品尺寸：210 × 285
印张：21
版次：2013年7月第1版
印次：2013年7月第1次印刷
ISBN　978–7–5063–6837–7
定价：290.00元(精)
